ダン・カーター自伝

オールブラックス伝説の10番

[著] ダン・カーター＋ダンカン・グレイブ
[解説] 野澤武史　[訳] 児島 修

TOYOKAN

THE AUTOBIOGRAPHY
OF AN ALL BLACKS LEGEND

DAN CARTER

5歳頃。写真スタジオで撮影。

父さんは歩き始めたばかりの僕にボールを蹴らせた。友達のサム・マンソン、姉のサラと（サラは僕がこの写真を選んだことを喜んでくれるはずだ）。

仲間たちと夢中でラグビーをしていた頃。1998年、地元サウスブリッジの少年チームで後列右。
（Carter Collection）

両親。僕の最大のサポーター。このグラウンドは二人が僕のために家の隣につくってくれたものだ。僕は毎日のようにここで草ラグビーをし、キックの練習をした。（Jane Wyles）

地元のハイスクール「エルズミア・カレッジ」では3年間スタンドオフとしてプレーした。左手前が僕。テムカ・ハイスクールとの試合後に。（Carter Collection）

強敵相手にディフェンスラインを突破。毎年恒例のクライストチャーチボーイズ対クライスト・カレッジの対抗戦で。僕たちは負け、試合後の更衣室は死体安置所みたいだった。（Simon Baker/Digiflicks）

夢のようなオールブラックス・デビューになった、2003年のハミルトンでのウェールズ戦。僕はトライを1つと多くのゴールキックを決め、20得点を挙げた。 (Getty Images)

初めてのテストマッチ・キャップを与えられた、誇らしい瞬間。ハミルトンで両親と。(Carter Collection)

僕の恥ずかしい下着姿。クライストチャーチのコプソーンホテルの巨大広告板に掲示された下着メーカー「ジョッキー社」の広告。僕はこの広告板の前を通りたくなくて、スタジアムまでのいつもの道のりを変えた。（Fairfax NZ/The Press）

テストマッチ2試合目となったウェリントンでのライオンズ戦は、僕の代名詞とも呼ぶべきゲームになった。僕は後半の2トライを含む33得点を記録。絶好調で、1本だけゴールキックを外してしまったときには、パーフェクトを達成できなかったと落胆したくらいだった。　(Getty Images)

2005年の年末ツアーでのウェールズ戦、この日2つ目となるトライを決めたところ。ジミー・カーワンが嬉しそうにしている。この日僕が挙げた26得点は、対ウェールズ戦のオールブラックス記録になった。
(Photosport)

(右)ニュージーランド年間最優秀選手に選ばれ、ケルビン・トレメイン・メモリアル・トロフィーを手に。(Photosport)(左)IRB(国際ラグビーボード)の年間最優秀選手にも選出。2005年は特別な年になった。(Getty Images)

2007年のラグビーW杯。(上)カーディフでの運命の準々決勝、フランス戦を前にしてコーチに自分の考えを伝えているところ。(中)フランスに主導権を握られ、苛立ちを顕わにする。(下)空港では罵声を浴びせられると思っていた。だが、クライストチャーチに到着した僕たちを、ファンは温かく出迎えてくれた。
(Getty Images)

2010年のオールブラックス最終戦となった、カーディフでのウェールズとの試合。(上)ペナルティゴールを決めて、それまでジョニー・ウィルキンソンが持っていたテストマッチ通算得点記録を更新。(中)新記録の達成は、ミレニアム・スタジアムの電光掲示板にも表示された。(下)この試合の勝利と、この6年で3度目となるグランドスラム[イングランド、スコットランド、アイルランド、ウェールズに全勝すること]を祝って。

(Getty Images)

2011年2月22日に発生したカンタベリー大地震は、シャーリー地区にある僕の自宅周辺にもはっきりとした爪痕を残した。(上)液状化現象で泥水が溢れた庭の前の芝生。(下)公道と敷地を結ぶ小さな橋も陥没して傾いた。 (Carter Collection)

プレースキックの練習中、鼠径部に激痛が走り、叫び声を上げながら倒れ込んだ。苦しみに喘ぐ僕の10メートル先に、ボールが力なく転がっていた。僕のW杯の夢は、またしても終わった。
（Getty Images）

2011年のW杯決勝後に、イズラエル・ダグ、ジェローム・カイノ、ミルズ・ムリアイナ、キーラン・リードらと。僕はチームメイト、コーチ、ニュージーランドの勝利を心から祝福した。（Getty Images）

2011年12月9日の結婚式。(上)ブライダル・パーティーに囲まれたホナーと僕。(下)両親、姉のサラと。
(Carter Collection/Emma Bass)

イーデンパークでのオーストラリア戦に22-0と勝利を収め、ブレディスロー・カップを掲げる。2012年。（Photosport）

2012年4月、スーパーラグビー通算100試合出場達成を祝したプレゼンテーションを終え、ウェリントンのウエストパック・スタジアムを後にする。（Getty Images）

祖母と、IRBの年間最優秀選手賞のトロフィーを手にして。2012年年末。（Carter Collection）

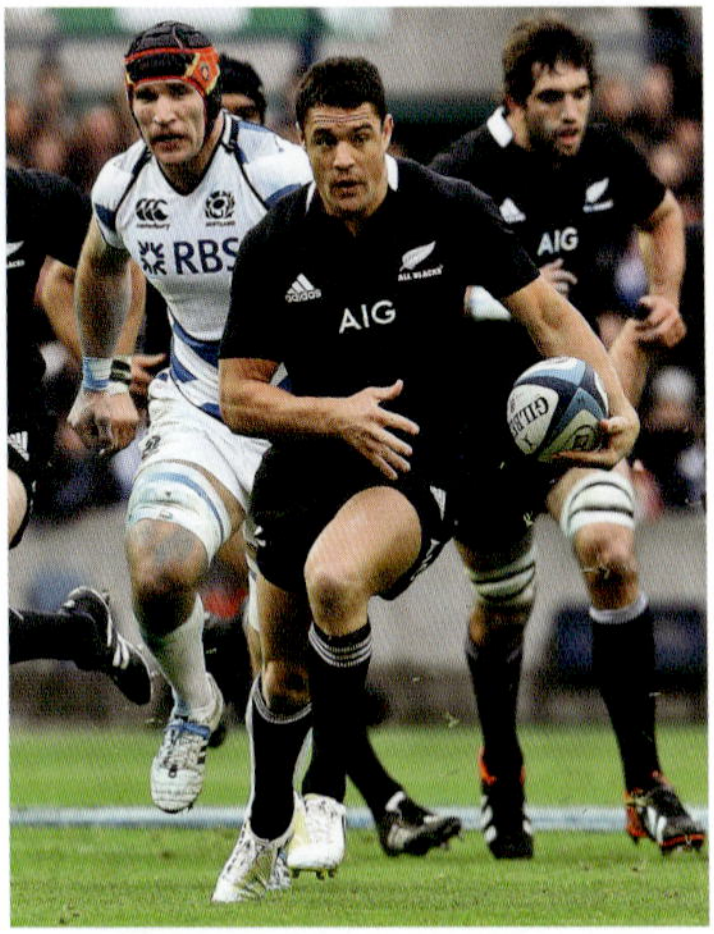

2012年の北半球ツアーで、スコットランドに攻撃を仕掛ける。オールブラックスとしての自分のベストゲームの1つだと思う。（Getty Images）

テストマッチ通算100試合出場を達成した、2013年のトゥイッケナムでのイングランド戦。（上）アディダスがこの試合のためにつくってくれた特製シューズ。早く履きたくてたまらなかった。（Carter Collection）（中）リーアム・メッサムが、ハカの途中で僕のジャージをつかんで引き上げた。それは最高のリスペクトを意味するものだったが、僕は意表を突かれて圧倒されてしまった。（Getty Images）（下）試合後、〝100試合クラブ〟のメンバーである、トニー・ウッドコック、リッチー・マコウ、ケヴェン・メアラムと。（Getty Images）

2015年、クライストチャーチに最後のお別れ。（上）クルセイダーズの一員としてレッズに勝った試合の後で、リッチーと。（Photosport）（下）オールブラックスの一員としてアルゼンチン戦を終えた後で、同じくリッチーと。（Getty Images）

オーストラリアを相手に、デイン・コールズにパスをする。コールズはこの直後、長い距離を独走してトライを決めた。イーデンパークでの2015年のブレディスロー・カップ最終戦。 (Getty Images)

イーデンパークでのブレディスロー・カップ後、コンラッド・スミス、マア・ノヌー、ケヴェン・メアラム、リッチー・マコウ、トニー・ウッドコックと最後の勢揃い。全員のキャップ数を足すと700を超えるほど多くの試合をオールブラックスで戦ってきた。 (Photosport)

2015年のW杯決勝、69分にドロップゴールを決める。ボールは僕の想いを乗せてポストのあいだを通過していった。（Getty Images）

何年も夢見ていた光景が現実に。リッチーや仲間たちと、世界最高のラグビー大会の優勝トロフィーを掲げる。（Getty Images）

序文

ダン・カーターとの出会いは、いささか風変わりなものだった。「新素材の発売を記念し――」下着メーカーのジョッキー社が発表したプレスリリースにはこう書かれていた。「メディア向けにダニエル・カーター選手とのインタビューを手配します」

この手のインタビュー記事は何度か目にしたことがあった。ダン・カーターが聞き手の質問に答えてラグビーの話をしている。その言葉を読み進めていくと、最後に小さな斜体の文字で「ジョッキー社（または他のスポンサー企業）提供」と書かれているのだ。

本来なら、私はこのような仕事にはあまり気乗りがしない。それでも、あのダン・カーターに一対一でインタビューができる（そして、彼に下着について踏み込んだ話が聞ける）のは、面白い機会だと思った。メトロ社の編集者サイモン・ウィルソンも同じ考えだった。私たちは、ジョッキー社の誘いに乗ることにした。

インタビューの当日、私はインタビュー場所である、オークランド中心部にあるランガムホテルに向かった。しばらく待った後、ツールームのスイートに案内された。そこにはモデルのサラ・テトロもいた。テレビのリアリティー番組『New Zealand's Next Top Model』のホストで知られるテトロは、数人の若い女性モデルに囲まれて圧倒的なオーラを放っていた。ダン《D》・カーター《C》は、部屋の奥で座っていた。少し疲れているようにも見えたが、和やかな雰囲気を醸し出していた。

順番が来た。私はダンの前に座り、一五分間にわたって彼の下着人生についての質問をした。「人生で初めて穿《は》いた下着は?」「一〇代の頃はどんなタイプのものを穿いていた?」「相当な数を持っていそうだね。何枚くらいある?」「好みではないのはどんなタイプの下着?」――などなど。

カーターは実に気の良い人間で、この馬鹿げた詮索的な質問に丁寧に答えてくれた。私は嬉しい驚きを感じながら会場を後にし、このたわいもないインタビューを記事にした。この記事は今でも私のお気に入りだ。しかし、ずいぶんと不躾《ぶしつけ》な質問もしてしまっただけに、自分にはカーターにインタビューをする機会は二度と与えられないだろうとも思っていた。

だから、一年後にウォーレン・アドラーという人物から電話があったのは驚きだった。面識はなかったが、私の友人のルビー・ミッチェルと仕事をした経験があるとのことだった。私たちはミッチェルがいかに素晴らしい女性かということについて少し話をした。出版社アシェットの出身者が設立したアップスタート・プレス社に勤めているというアドラーが、本題を切り出した――あるニュージーランドの著名なスポーツ選手の本を書くことに、興味はないか?

私は、そのスポーツ選手が誰かによる、と答えた。頭のなかでは、〝本を書くに値するほど有名〟で、かつ〝私が本を書きたいと思う〟何人かのスポーツ選手の顔が浮かんでいた。ダン・カーターもそのうちの一人だった。

とはいえ、そのときに私がカーターについて抱いていたイメージは一般的なものにすぎなかった。彼は間違いなくニュージーランドのスポーツ界最大のスターであり、華やかな存在だった。エアコンのＣＭでのコミカルな演技、魚油カプセルのパッケージ写真の笑顔、マウンテンバイクにニアミスした後にパワーエイドを飲み干す姿――。ダン・カーターは至るところにいた。だが、私は彼について何を知っているというのだろう？

カーターはおそらく、私がこれまで見てきたなかでもっとも並外れたバックスの選手だった。ラグビーの国際試合《テストマッチ》での通算得点記録では、二位に圧倒的な差をつけての一位に輝いている。国際リーグの「スーパーラグビー」でも通算最多得点選手で、三度の優勝も経験。一五人制ラグビー「ラグビーユニオン」の国際統括団体であるワールドラグビーが認定する世界最優秀選手を二度受賞し、他にも二度ノミネートされている（二〇一五年に三度目の受賞）。

国民には、驚くほど魅力的で、信じられないほど謙虚な人間として知られている。二〇〇五年にニュージーランド代表オールブラックスの一員として臨んだ二度目のテストマッチ、対ブリティッシュ＆アイリッシュ・ライオンズ戦では、おそらくラグビー選手として史上最高と称賛されても過言ではないほどのパフォーマンスを披露した。

しかしカーターの肉体は、残酷なまでに彼を裏切ってきた。しかも、彼がそれをもっとも必要としたときに。だが怪我に見舞われても、カーターは平然としているように見えた。つまり、私が知るダン・カーターという人間の特徴は、三つに要約できた。一、至るところにいる。二、並外れたスポーツの天才。三、無感情とすら思えるほどに超然としている。

まるで、人間ではないみたいだ。だが、私が前年に会ったダン・カーターは、面白く、控えめで、寛容な、紛れもない人間だった。私がこれまでに会った何人かのラグビー選手に見られた、生まれついてのガキ大将のような雰囲気は微塵《みじん》も感じられなかった。私は世間一般がカーターに対して抱くイメージと、実際の彼のあいだに乖離《かいり》があることを知っていた。それは、どんな著名人にも言えることなのかもしれない。だが私は、カーターの場合はそれが特に大きいのではないかと思った。

アドラーは私に、これまでに書いた長編記事を何本か送ってほしいと言った。アップスタート社の代表ケビン・チャップマンと共に、この仕事に対する私の適性を見定めたいというのだ。数週間後、再びアドラーから連絡があった。アップスタート社は私の仕事を気に入ったのだという。そして、今回の仕事の対象となるスポーツ選手の名も初めて明かしてくれた。それは、ダニエル・カーターだった。

嬉しく、胸が高鳴った。だが不安も覚えた。チャンスさえあれば書けるだろうとは思っていたが、私はこれまでに本を書いた経験がなかったからだ。ともかく、こんな機会はおそらく二度とはないだろう。少なくとも、会って話を聞いてみるだけの価値はある。

キングスランドの自宅を出て、徒歩でマウント・エデン・ロードにある待ち合わせ場所のカフェに向かった。歩く時間を少なく見積もってしまうのは、私の悪い癖だ。カフェに到着したときには、一〇月のシーズン外れの暑さもあって汗だくになっていた。店の奥に、ダン・カーター本人と、彼の代理人のディーン・ヘーガンがいた。三人で四〇分ほどかけて、今回の仕事について大まかな話をした後、ディーンが中座した。

二人きりになったカーターと私はさらに一時間、この本によってお互いが何を得ようとしているかについて話し合った。私は、彼が私のことを細かく気遣ってくれることに心を打たれた。カーターは、この本に関わることが私にとって適切なタイミングなのかどうかや、私にとって最初の本がラグビー選手の自伝になることが望ましいのかどうかを気にしてくれた。私はそんな彼の優しさや気遣いに感謝しつつも、カーターが自分の本の書き手として私が相応しいかどうかを確かめているのかもしれないとも思った。

連絡先を交換した後、カーターが車で家まで送ってくれた。いい人なのだとあらためて思った。それから数週間にわたって、正式な契約を前にしたアップスタート社とエッセンシャリー社（カーターのエージェント）の交渉は続いた。それでも、カーターと私は契約が成立することを前提にして、電子メールやスカイプを通じて話を続けた。

この期間を通じ、私は何度もこの本で何を語るべきかについて考えた。ラグビーのことは大好きだったが、ジャーナリストとしてはこれまでにこのスポーツについて何かを書いたことは皆無に等しかった。オールブラックスを除けば、ニュージーランドのラグビーのあり方に不満を覚えてもいた。私は、国を問わずどのプロスポーツの世界でも見られるような、公正な競争を促す民間のオーナー制度が好きだった。

それだけに、ニュージーランドラグビー協会《NZRU》の旧態依然とした中央集権的なやり方が好きではなかった。私には、協会そのものが抱えているこうした根本的な問題が、能力のないヘッドコーチやチーム経営者が長いあいだその地位に留まることができたり、選手にもある種のおごりがあるように見えたりすることにもつながっているのだと感じられた。ラグビーの世界は、私にとって高い壁だった。そして、無理をしてまでその壁をよじ登りたいとも思えなかった。私はバスケットボールや総合格闘技、サイクリング、ゴルフなど、ラグビー以外の競技についての記事を書き続けた。

私にとってダン・カーターの本を書くことは、閉ざされていた秘密の世界の奥深くに潜入するような刺激的な機会になった。ニュージーランド人にとってラグビーは生活の一部だ。この国のラグビーは、一九九五年のプロ化を契機にして大きな変革の時代を経験した。カーターは、この激変の時代をラグビー界の内側で目の当たりにした世代の人間だ。世界に名だたるオールブラックスの中心選手の一人として、この変革を象徴する存在であり続けてきた。私もラグビー協会にはいくらかの問題があると感じてはいたものの、オールブラックスの目覚ましい活躍ぶりについては、手放しで称賛するしかなかった。

この本では、こうした時代の変遷を描くことも大きな魅力になるだろう。しかしそれ以上に興味深いものになると思えたのは、なんといってもダン・カーターその人の物語だった。何度か連絡を取り合っているあいだに、私はカーターがプロのスポーツ選手として味わっている生々しい現実や、日々感じている不満について、ごく率直に話をしてくれるだろうという確信を抱くようになっていった。それは、彼のいつも変わらぬ笑顔の背後にある、真の人間の姿だった。それはカーターが生身の人間として体験し、心に抱いている疑念や夢、失敗だった。そして私は彼となら、その物語をうまく伝えることができると思った。

今、初稿用のデータを提出した後でこの序文を書いている私は、私たち二人はそれを成し遂げたという実感を味わっている。長い執筆期間には、その道のりが果てしなく遠くに感じられたこともあった。私はこの一年を通じて、立ち上げたばかりのウェブサイト「The Spinoff」の運営で忙しくしていた。それまでに八〇〇〇ワード以上の文章を書いたこともなかったし、本を一冊書くことのなんたるかもわかっていなかった。

この本の刊行日を、二〇一五年九月六日の父の日にするという案もあった。しかし、それを実現するためには大きな問題があった。まず、カーターはその時点でニュージーランドラグビー協会との契約が残っていたので、公に自分の考えを世間に発表することには慎重になる必要があったということ。そして、そもそも彼の物語はまだ現在進行形だったということだ。怪我によってその実現は危ぶまれてはいたものの、カーターはまだ、自身最後となるワールドカップで活躍するという夢を諦めてはいなかった。

また、私はカーターの意図に反して、この本の内容が幾ばくか味気ないものになってしまうのはある意味で避けられないだろうという小さな懸念も感じていた。原稿には何人かの関係者が目を通すことになる。さまざまな人々の意見や立場に配慮するために、思いの丈をすべて正直に語ることに躊躇《ちゅうちょ》してしまう局面も出てくるに違いない。

ただ、こうしたあれこれは、私たちが書いたこの本に大きな影響を及ぼしたりはしなかった。〝私たち〟としたのは、文章を書いたのは私ではあるものの、カーターがあらゆる面でこの本の執筆に深く関わってくれたからだ。私は契約書に署名した後、スポーツの選手やヘッドコーチのなかには、自伝の制作に協力的ではなく、しぶしぶと最小限の時間しか関わろうとしてくれない人もいるらしいという恐ろしい話を耳にした。原稿に目を通そうとすらしないケースもあるらしい。そして、本の刊行後に、事実とは異なることが書いてあると気づき、驚いてそれを否定するのだ。

ダン・カーターはそれとは正反対だった。彼は私が今までに会ったなかで一番忙しい人間だったが、この本のために膨大な時間を費やしてくれた。特に彼が拠点としているタウポやクライストチャーチでは、長い時間をかけて話を聞いた。クライストチャーチからは、彼の両親に会うために生まれ故郷のサウスブリッジにも向かった。

オークランドにあるカーターの自宅にも何度も通った。何十回もの電子メールや携帯メール、スカイプでのセッションの記録は、彼がこのプロジェクトに献身的に関わってくれたことの何よりの証拠だ。作家が誰かの自伝を執筆するとき、本人からこれくらいの協力があるのは当然だと思う人もいるかもしれない。だが私が話を聞いた限り、今回のカーターのような関わり方をしてくれるアスリートは本当にまれな存在だ。

とはいえ、だからといってこの本を書くことが簡単だったというわけではない。出版社側の打ち合わせでは、当初は三人称の語りにするという案もあったが、議論の末、読者はカーターの視点で物語が語られることを望んでいるはずだという結論に至った。つまり、私はジャーナリストのダン・カーターとしてではなく、ダン・カーターとして一人称で物語を紡ぐことになる。三人称の文章で用いられる、さまざまなテクニックを使うことはできない。

さらに、とてつもなく謙虚なカーターという人間の視点を通して、彼の偉大な功績を読者に伝えていくという芸当も求められる。彼は、傲慢に見られることをひどく恐れているかのように、どんなときでも控えめに振る舞う人間だ。何気ない会話のなかで、彼が成し遂げてきた偉業（私たち一般人にすればまったくの別世界のように感じられるものだ）について触れるときですら、そのような謙虚さが見られた。

私はこのすべてを、ダン・カーターの声と言葉で表現しなければならなかった。どこまでそれを実現できたかどうかはわからない。だが、カーターがこのプロジェクトにできる限りの力を注いでくれたことは間違いない。この本には、ファンの大半が知ることのできなかったダン・カーターの本当の姿と、彼のチーム、彼の時代についての真実が記されている。

私はこの本が、オールブラックスとダン・カーターの秘密の世界の扉を開くカギになることを願っている。そしてカーターが現在の成功をつかみ取るために、どれほどのたゆまぬ努力を積み重ねてきたかを、多くの人に知ってもらえれば幸いである。

ダンカン・グレイブ

目次

妻のホナー、二人の息子マルコとフォックスに捧げる。

プロローグ

栄光と原点

求めていたのは、トロフィーをこの手に掲げることだけだった。それを勝ち取るために、チームの一員として役割を果たすことだった。万全に近い状態で、ラグビーワールドカップを体験することだった。

だけどこの一年というもの、それはほとんど不可能に感じられた。考える価値がないことにすら思えた。スタンドオフとしては、アーロン・クルーデンやボーデン・バレットの方がはるかに活躍していた。僕は所属チームのクルセイダーズでもスタンドオフとしては試合に出られていなかった。ずっと脚の故障を抱えたままだった。

今、ノーサイドの笛が吹かれてから数時間が経過したところだ。僕の首には、優勝チームのメンバーに与えられるメダルがかけられている。僕はオールブラックスの一員としての最後の試合として臨んだこのワールドカップの決勝で、マン・オブ・ザ・マッチに選ばれた。夢にも描いていなかったようなシナリオだ。

僕たちオールブラックスがこの大会を通じて何度も口にしていたのは、結果は考えるな、ということだった。僕たちは、結果は後からついてくるものだと考えようとした。ドライな考え方だと思う人もいるかもしれない。だが、この数年間を振り返っても、このチームが大切な試合で敗北するのはいつも、試合前に勝利を意識しすぎていたときだった。戦いを終えた今、僕は準決勝を終えてからのこの一週間、ずっと心のなかで繰り広げてきた戦いからようやく解放された思いだった。それはある意味、僕が二〇一一年以来、心のなかで繰り広げてきた戦いだった――この大会に勝つことや、そこから得られるものにとらわれないようにするという戦いだ。

四年間、この瞬間は果てしなく遠い道のりに思えた。それは、決して起こり得ないようなものに感じられた。僕のこうしたネガティブな思考を取り除くために協力してくれたのが、チームのメンタルコーチであるギルバート・エノカだった。僕はエノカが作成してくれたプログラムに従うことで、ネガティブな思考を心からシャットアウトしようとした。プログラムは数週間を対象にしたものもあれば、一日、ときには数時間単位のものもあった。

だが、この一週間は特別だった。僕を待っていたのは、リハビリでもセレクションでも単なるテストマッチでもなかった。それは、僕が生涯を通じて追い求めてきた瞬間だった。一九八七年の第一回ラグビーW杯でデビッド・カーク擁するオールブラックスがニュージーランドじゅうを熱狂させて以来、ずっと夢見てきた瞬間だ。

その夢の果てしない大きさや、それを手に入れられるかどうかがたったの八〇分間にかかっていることを考えすぎてしまえば、自分を見失ってしまうだろう。だからこの一週間は、土曜日にトゥイッケナムで開催される決勝戦のことは、できる限り考えないようにしてきた。目の前の出来事に集中しようとした。

今朝、目を覚ますと、ＳＮＳのアカウントをすべてログアウトした。周囲のあらゆる期待をシャットアウトしたかった。ファンからも、友人からも、家族からも。オールブラックスとして試合に出るのがこの日が最後になるという事実さえも忘れたかった。ただ、この日の試合のことだけに集中したかった。チームとしてどう戦うかということだけを考えたかった。

試合開始の笛は、僕を解放してくれた。それまでは、わき上がってくる雑念を振り払うのに必死だった。いったん試合が始まったら、後はフィールド上で起こることに本能的に反応するだけだ。普通、それがどんな試合になるかは、すぐにはわからないものだ。しばらくプレーをしてみないと、そのゲームの感触はつかめない。だけど、この試合は別だった。これはW杯の決勝だ。フィールド上の誰もが、試合開始と同時に持てる限りのパワーを全開にしていた。僕は序盤、あまりタックルをする機会がなかったが、チームメイトが「ワラビーズ」ことオーストラリア代表に全力でぶつかっていく姿を見て畏敬の念を抱いた。

壮絶なぶつかり合いだ。ジェローム・カイノが、ワラビーズの選手に猛烈なタックルを見舞う。コンラッド・スミス、ブロディ・レタリックも続く。凄まじかった。それは試合全体のトーンになった。僕が今までに経験したことのないような激しさだ。そしてそれこそが、僕がこの試合に求めていたものだった。

試合開始から間もなく、僕はレイトタックルを食らった。たいして悪質なものではなかったが、エキサイトした僕は、ペナルティキックを必ず決めてやるという決意を新たにした。しばらくして、今度はハイタックルを受けた。その場所は、キックの届く範囲内だった。絶対に決めてやる

――僕は集中した。キックを決めて、反則をすればその代償を支払わなければならないと相手に教えてやろうと思った。

点差が開き始めた。前半終了間際には、オールブラックスが見事なショートパスをつなぎ、最後はウイングのネヘ・ミルナースカッダーが右隅にトライ。最高の形で前半を終えた。ハーフタイム、僕たちはうまく後半をスタートさせることだけに集中した。そして後半開始早々、マア・ノヌーが見事なランで敵陣を切り裂きトライ。これで二一対三。願ったり叶ったりの展開だ。しかし、そのことでオールブラックスにはわずかな隙が生まれてしまった。僕たちもそれに気づいていたが、どうすることもできなかった。オーストラリアが必要としていたのは、そのわずかな隙だった。ベン・スミスが危険なタックルをして一〇分間の一時退場《シンビン》になってしまったあいだに、ワラビーズの猛反撃が始まった。この一〇分間の彼らは強烈だった。戦術も際立っていた。僕たちはたちまち二つのトライを奪われ、前半から積み重ねてきたリードはあっという間にわずか四点差に縮まってしまった。

ベンが戻り、再び一五人になった僕たちは、試合の主導権を取り戻さなければならなかった。それは簡単なことではなかった。僕もその時点では消耗しきっていた。チームの誰よりも動けると思いたかったが、脚が言うことを聞いてくれないのだ。だが相手には、自分たちが弱っていることを悟られてはいけない。疲労で判断が鈍ってしまうのも避けなければならない。

試合はオールブラックスのキックで再開される。セオリーに従うのなら、ここでは敵陣の奥深くにロングボールを蹴り込むべきだと思えた。だが、ベンがシンビンになっていたときには、この戦法はうまくいっていなかった。そこで僕たちは、ショートキックを使うことにした。

この攻撃的な選択をしたことが、僕たちの気持ちを立て直すのに役立ったようだった。チームは僕にドロップゴールを狙わせるための動きをしたが、うまくポジションをとれない。それでも、僕には自信があった。

二分後、不意にアーロン・スミスからのパスが回ってきた。次に何をすべきかを考えていない状態でボールを受けとったことで、身体が本能的にプレーを選択した。僕はドロップゴールを狙った。これを決めればリードを七点に広げられる。ボールはうまくゴールポストのあいだを通過してくれた。

数分後、今度は敵陣のハーフウェイライン近くでペナルティキックを獲得した。キャプテンのリッチー・マコウと僕は、直接ゴールを狙うべきかどうかを話し合った。僕はゴールを狙うことにした。距離的には限界ギリギリだったが、アドレナリンに満ちあふれた今日の自分なら、決められると判断したのだ。ここでもキックは成功した。

これで一〇点差。僕たちは一息入れることができた。ただし、油断するわけにはいかなかった。それがどれほど危険なことかは、もう十分にわかっていた。残り数分、途中出場のボーデン・バレットが決定的なトライを決めた。僕はもうワラビーズに逆転のチャンスはないことを確信しながら、最後のコンバージョンキックを蹴るための準備を始めた。溢れる思いを抑えるのに苦労していると、キックティーを持って駆け寄ってきた控え選手のリーアム・メッサムが言った。「右足で蹴れよ」

メッサムは、僕がこの大会の始めに、チームメイトのアーロン・スミスとしていた会話を覚えていたのだ。僕は左利きだが、何年も前から右足で蹴る練習もしてきた。たいした理由があるわけじゃない。子供の頃に、裏庭でいろんなキックをして遊んでいたときと同じような感覚だ。僕はアーロンに、引退する前に一度は右足でキックを決めてみたいと言った。言葉にしたことで、それはある種の予言のようなものに感じられた。

そして僕は今、自分にとってラグビーの国際試合での最後のキックを蹴ろうとしていた。しかも、勝負はもう決まっている。もちろん、あのワラビーズを軽んじるようなことがしたいとは微塵も思わない。でも、最後のキックを右足で蹴るという考えには抗《あらが》いがたいものがあった。それはまるで、一本の線に導かれているような感覚だ。その線は、今回のW杯につながっていた。W杯の二〇一一年大会で僕が味わった痛みと、二〇〇七年大会でチームが味わった痛みにもつながっていた。ワラビーズとの定期戦ブレディスロー・カップにも、英国連合チームとの定期戦ライオンズシリーズにもつながっていた。その線は、僕のラグビー選手としてのキャリアすべてにつながっていた。

その先には、僕の原点があった。サウスブリッジの実家で、隣の空き地で泥だらけになって遊んでいたあの頃。そこには、ラグビーだけが最大の楽しみだった僕がいた。

国際試合の最後を締めくくるこのとき、僕は自分を導いてきたその線のスタート地点に戻っていた。僕は迷わなかった。ボールをセットし、右足を振り抜いた。

僕のオールブラックス最後の試合は、こうして幕を閉じた。

第1章

暗くなるまで遊び続けた

ニュージーランドの南島中部、広大なカンタベリー平野の真ん中に、サウスブリッジという小さな町がある。クライストチャーチからは南へ五〇キロ。東にあるエルズミア湖の南端よりも少し上、カンタベリー湾のてっぺんの近くに位置している。僕の父方のカーター家と母方のブレアー家の一族はみな、何世代も前からこの町で生まれ育ち、土に還っていった。

サウスブリッジは、農業地域に囲まれた田舎町だ。パブとカフェとガソリンスタンドが一軒ずつ。小さな食料雑貨店も二軒あったけど、今はどちらも閉鎖してしまった。通りの数も数十しかないし、人口もたったの七〇〇人だ。だけど僕は、子供時代を過ごすのにこれ以上に素晴らしい場所を想像できない。

僕は一九八二年三月五日、隣町リーストンの産科病院で生まれた。父と母がこの世に生を受けたのもこの病院だ。リーストンもサウスブリッジと同じで、どこにでもあるような小さな町だけど、僕にとっては特別な場所だった。サウスブリッジよりも町の規模が少し大きくて、店も多くあったし、やがて通うことになる高校もあった。しかし、こんなふうに自宅からそう遠くない場所にあり、多くの時を過ごしたところでありながら、僕にとってリーストンはいまだに〝敵地〟だ。物心がついたときには、リーストンは絶対に負けたくないライバルチームがある町だと心に刻まれていたからだ。

子供にとって、サウスブリッジは巨大な遊び場だった。僕と悪ガキ仲間たちの世界は、毎年少しずつ広がっていった。最初は家の前の通りだけで遊んでいたのが、それがやがてブロックになり、ラグビークラブになり、最後には町全体がテリトリーになった。溝のなかで野宿したこともあるし、家の近所にあったツリーハウスに夜遅くまで籠《こ》もり、霊術ごっこをして遊んだこともある――興奮が収まったら急に怖くなり、家まで走って帰ることがほとんどだったけれど。僕たちは、あるときは自転車で、あるときは徒歩で、いつも町のあちこちを移動していた。燃えるように暑い日も、凍えるように寒い日も、外で遊び続けた。そこには完全な自由があった。それが、小さな田舎町で生まれ育つということなのだと思う。

両親はどちらも大家族だった。父のネヴィルにはきょうだいが六人、母のビバリーには四人いる。だから僕には町じゅうにいとこがいた。しかもみんな同じような年頃だった。遠い親戚まで含めれば、町の半分の人たちとは何らかの血のつながりがあった。だから、思春期を迎えるにつれて何かと気まずい思いをしたこともある。鬼ごっこをしてつかまえた異性にキスをする〝キス・アンド・キャッチ〟をするときにも、ひょっとしたら相手と血縁関係にあるかもしれないと思うとなんだか落ち着かない気持ちになった。とはいえ小さな子供にとっては、いとこが多いのは嬉しいことだった。何もしなくても、大勢の仲の良い友達を手に入れたようなものだったからだ。僕と姉のサラは家では二人きょうだいだったけど、親戚のイベントがあればそこに群れ集う子供たちの一員になった。休日や誰かの誕生日にはしょっちゅう集まりがあり、僕たち子供たちは手に負えない暴徒のように大騒ぎしながらはしゃぎ回った。

母方の祖父母が経営していた農場にもよく遊びに行った。農場はサウスブリッジよりも海側の、ラカイア川と太平洋が合流する辺りにあった。そこの牧羊場は僕の大好きな場所で、どれだけ遊び回っていても飽きることがなかった。だから八〇年代後半に祖父母がこの農場を手放したときには、ものすごく悲しかった。祖父と祖母はクライストチャーチ近郊のホーンビーで隠居生活を始めた。幸い、父方の祖父母はサウスブリッジに住んでいた。

僕の家はブロードストリート沿いにあった。町の南東に向かって伸びる幅広の舗装路で、周辺は閑静だった。百メートル先には祖父母の家があった。僕たちはそこでトラクターのタイヤのインナーチューブを膨らませたりして、典型的な田舎の子供の遊びをした。毎日、いとこのジャッキーと一緒に学校へ行く途中に祖父母の家の前を通り過ぎ、帰りにもよく立ち寄った。両親からは、この祖父母の家までは自転車に乗ってもいいと許されていた。僕はそれに従い、自転車で祖父母の家まで行き、そこから先は歩いて遊びに行った。だけど次第に、どこにでも自転車で出かけるようになっていった。

父もこの祖父母の家で育った。結婚を機に家を出て隣のブロックに土地を買い、家を建てた。僕が生まれ育ったのもこの家だ。数年前に小さな改築をしたけど、それ以外は七〇年代後半に建てられたときから何も変わっていない。父は今でもブロードストリートのこの家に住んでいる。これからもずっと住み続けるだろう。

この辺りは農業地帯だけど、僕の家は農家ではなかった。父は一八歳からずっと大工の仕事をしている。町の半分の家は、父が建設やリフォームに関わったものだ。二〇一五年の一月にサウスブリッジに立ち寄ったときも、父は地元の消防署の修復作業をしていた。父は今でも、毎日のように町のどこかで建物を建てたり直したりしている。母はスプリングストン小学校の教師だ。周辺の町にあるいくつもの小学校で教えてきたから、この地域に住む四〇歳以下の人間なら、誰でも一度は母の授業を受けたことがあるはずだ。

僕が子供の頃、母はこの地域一帯の小学校で臨時教師をしていた。そのことは、僕にとってちょっとした問題だった。なぜなら、ときどき自分のクラスを母が担当することがあったからだ。僕は特別に素行の悪い子供というわけではなかったが（少なくとも教師につかまって大目玉を食らうことはめったになかった）、それでも自分の母親が教壇に立っているのを見て穏やかな気持ちにはなれなかった。母親だから少しは甘く見てくれるのかもしれないと思っていつものように悪さをすればいいのか、それとも天使のような良い子として振る舞えばいいのか――結局最後までどうすればよいのかわからなかった。

学校は大好きだった。といっても、勉強が好きだったのではなくて、友達がいたからだ。現在の僕が知っている、この世の中に関する知識、たとえばビジネスや数学や科学についての知識の大半は、学校で習ったというよりも、ラグビー選手として好奇心に駆られたり必要に迫られたりして身につけたものだ。授業中は時が過ぎるのをじっと待ち、終業のベルが鳴るのをカウントダウンした。僕はランチタイムと放課後のために生きていた。屋内に閉じ込められているよりも、仲間と一緒に外で遊び回ることの方がはるかに好きだった。午後三時に学校が終わると、その瞬間に表に飛び出した。日が沈んで真っ暗になり、くたくたになるまで遊び尽くした。

自転車に乗ったり、かくれんぼをしたりしても遊んだけど、僕と悪ガキ仲間——コネル家、テイラー家、ウィットフォールド家のきょうだいたち——が幼い頃から夢中になったのは、なんといってもスポーツだった。僕たちは夏のあいだじゅうクリケットをして、冬のあいだじゅうラグビーをした。スポーツをしなかったのは、四歳の頃に腕を折ったときだけだ。友達の家の近所でトランポリンをしていたら空中で押され、そのまま地面に落下して着地の際にひどい腕の着き方をした。重度の複雑骨折で、肘の近くの皮膚から骨が突き出していた。しばらくのあいだ入院し、医者には腕が元に戻る確率は半々だと言われたが、幸いにも完治した。この年には他の怪我にも見舞われた。保育園で遊具から落ち、眉毛の回りを縫ったのだ。今でもこの傷跡は残っている。人はこれを見て、ラグビーで頭をぶつけたときの傷だと思うみたいだ。

ニュージーランドの小さな町では、スポーツが社会生活の中心だ。それは人々を結びつける役割を担っている。大人はクラブハウスに集い、子供はフィールドに集う。都会ではそうではないのかもしれないが、田舎では他にすることがないのだ。町のあちこちには空き地や公園があり、誰もがスポーツを楽しめるスペースがあった。サウスブリッジ小学校の校庭にも、ラグビーのフィールドが四面もとれるほどの芝生のエリアがあった。百人が同時にプレーできる広さだ。

生まれつき運動神経は良かったのだと思う。だけど、僕がラグビー選手として成功したのは、なんといっても父の存在が大きい。今でも母がよく口にするのだけど、父はまだよちよち歩きをしている僕に、ラグビーボールで遊ばせようとした。父は実践派だった。家にはそこらじゅうにラグビーボールがあって、いつも僕と一緒にそれで遊んだ。僕をオールブラックスに入れようとして英才教育を施していたわけではない。スポーツマンだった父は、ラグビーを愛していた。よちよち歩きの息子にこのスポーツを教え込むことに、純粋な喜びを感じていたのだ。僕が歩けるようになると、今度はボールを蹴らせようとした。いいぞ、息子が歩き始めた。よし、今度はキックを教えよう――というわけだ。それに、僕はかなり小さな頃から母親の脚めがけてタックルをしていたらしい。おそらくラグビーは、僕の血のなかに流れていたのだ。

ラグビーは社会生活の中心だった。スポーツをしていなければ、地域社会の真の一員とは言えなかった。僕たちの家族は、いつも地元のスポーツに深く関わっていた。カーター家の人間だけで、セブンズのチームをつくれた。父と四人の兄弟、そしていとこたちだ。父はサウスブリッジのラグビー界における伝説的な存在で、一七歳からずっと人生の一部を地元のラグビークラブに捧げてきた。長年、地元エルズミア地区のチームでプレーし、カンタベリーカウンティの代表選手でもあった。七歳以下のチームや女子チーム、シニアチームなど、サウスブリッジのあらゆるチームでヘッドコーチもした。シニア・クラブで四〇代後半までプレーし、三〇〇試合以上に出場。六〇歳になった今も、ゴールデン・オールディーズでプレーを続けている。この地域のラグビー界の人間なら、誰でも何らかの形で父と関わったことがあるはずだ。オールブラックスのヘッドコーチ、ウェイン・スミスとロビー・ディーンズもそうだ。実際、父はディーンズと同じポジションだったため、カンタベリーカウンティの選抜チームで一〇年もレギュラーになれなかった。当時は、ベンチでスタートした選手が入替で途中出場することはめったになく、誰かが怪我をしたときにしか交代しないのが普通だった。

幼い頃の記憶と言えば、父とラグビークラブにいたときのことばかりが浮かんでくる。ラグビーを始めたのは六歳のとき。土曜日の午前中に、サウスブリッジの低学年のチームでプレーをした。友達とラグビーをするのは最高に楽しかった。父はラグビーに真剣に取り組むことを大切にしていた。だから僕はプレーをする前日の晩には、シューズを綺麗に磨き、ジャージや道具などきちんと用意しておかなければならなかった。金曜日の夜はわくわくした。翌日土曜日の試合を控えた儀式として、父が毎週フィッシュ・アンド・チップスを買ってきてくれたからだ。頭のなかにあるのは翌日の試合のことだけだった。いつも、早くラグビーがしたいとうずうずした気持ちを抱えながら眠りについた。

楽しかったのはプレーだけではなかった。クラブで体験するすべてに興奮した。試合が終わった後に、クラブハウスで敵味方が一緒になって軽食をとりながら歓談するアフターマッチも好きだった。シニアのチームの試合向けに、ゴールパッドやフラグの準備をするのを手伝ったりもした。シニアの選手は憧れの的だった。子供たちにとって、地元の英雄だった。

シニアの選手がプレーしているあいだ、僕たちはその試合を夢中で見ているかと思えば、サイドライン脇のスペースで遊んだりもした。子供の集中力は、一試合をずっと見ていられるほど長くは持たないのだ。大人たちのゲームが終わると、僕たちはフィールドに飛び出し、日暮れまで遊び続けた。

日が落ちかけると、父に手伝いを頼まれた。コーナーフラグやゴールポスト用パッドを片付けたりする仕事だ。ご褒美にもらえるチョコレートバーの「モロ」やコカ・コーラは、僕にとって大きな報酬だった。クラブハウスは重要な社交場になっていて、地元の名選手を目の当たりにできた。幼い僕は、毎週土曜日にクラブで体験するすべてを崇拝していた。ラグビーはまさに人生の中心だった。日曜日にもラグビーと関わることがあった。若い頃からボランティアで地元の消防団の活動をしていた父が、消防団のラグビーチームのメンバーとして、日曜日に催されるさまざまな大会に出場し、警察や軍のチームとよく試合をしていたのだ。土曜日以外にもラグビーに関わっていられるのは幸せだった。

父は普段は気立てのいい人間だけど、仕事に関しては生真面目で、とにかく働き者だった。いつも文句ひとつ言わずに長時間働いていた。地元のラグビークラブをとても愛していて、クラブが必要としていることがあれば率先して力を貸した。町全体のためになることもしていた。困っている人がいれば、誰であれ助けようとした。そんなふうにして大勢の人たちから頼りにされていたにもかかわらず、父はいつだって僕の一番の味方だった。広場でラグビーをしている僕たちのところに頻繁に訪れ、コーチ役を務めてくれた。ときには一緒にプレーをした。父はいつもサイドラインのすぐ側から僕を応援してくれた。父のラグビー哲学は、そっくりそのまま僕に受け継がれている。シーズン前に身体をしっかりとつくっておくことや、クロスカントリーを練習に取り入れることなど、僕は今でも父の教えやそのラグビー精神に従って鍛錬や調整を実践している。

現在でも、所属クラブのクルセイダーズやオールブラックスの試合に出るときには、キックオフ前に必ず父から連絡がある。ほんの数年前からはメールに変わったが、それまではずっと電話だった。ラグビーを始めてから三十年近く経つが、父はその間ずっと僕が出る試合に熱心に注目し続けてくれた。子供時代はもちろん、選手として、そして一人の人間として、僕は父から計り知れないほど大きな影響を受けてきた。

こんなふうに筋金入りのラグビー好きの父にとって、僕がオールブラックスの一員になり、ラグビー選手として多くの実績を残してきたことは、大きな誇りなのだと思う。僕は、父の夢の人生を生きている。ニュージーランド代表は父にとって特別なチームだった。若き日の父は、オールブラックスに入るためにできる限りのことをした。結局一度もメンバーには選ばれなかったが、このチームでプレーしている息子を見て大きな満足感を味わっているはずだ。

初めてオールブラックスを知ったのは、一九八七年のワールドカップだ。そのときの僕にとって、それは遠く手の届かないチームに思えた。僕が憧れていたのは、毎週土曜日に目の前で見る地元の選手たちだった。とはいえ、オールブラックスが特別なチームだと感じる瞬間はたしかにあった。イタリア戦でジョン・カーワンがフィールド全体を独走してトライを決めたプレーや、決勝のフランス戦でのデビッド・カークのトライ、カーワンがコーナーフラグを倒しながら決めたトライなんかをよく覚えている。僕はビデオを何回も再生してプレーを目に焼き付けると、表に出てさっそくその真似をした。こうした名シーンは、その後もテレビなどで何度も目にする機会があったので、記憶に残りやすかったという面もある。だけどそれを差し引いても、当時の記憶は今でも鮮明に心に刻まれていて、大会の熱気や興奮をありありと思い出すことができる。

この八七年大会のオールブラックスには、地元サウスブリッジ出身の選手がいた。巨漢で知られるアルバート・アンダーソンだ。まだ現在のようにスーパーラグビーがなかったので、当時のオールブラックスの選手は国内トップリーグのニュージーランド州代表選手権《NPC》でプレーしていた。幼い頃はよく、クラブハウスの周りでアンダーソンを見かけた。子供たちはみな、畏敬の念を抱いていた。僕は、サウスブリッジ出身の二人目のオールブラックスということになる。

スター選手に憧れるようになったのも、この八七年大会からだった。試合を見終わった後は、トライを決めるカーワンや、プレースキックを決めるグラント・フォックスになったつもりでプレーをした。僕はキックが得意だった。七歳か八歳のときには、角度のある位置から三五から四〇メートルのキックを決められた。父によれば、その頃から周りの人たちは僕を将来のオールブラックスだともてはやし始めたらしい。だが幸いにも、僕はそうした期待をかけられているとは露ほども感じていなかった。スクラムハーフだった僕は、よくグレアム・バショップの真似をした。バショップのパスのスキルは、個人的には史上最高だと思っている。後に、スタンドオフやスリークォーター・バックの位置でプレーするようになってからは、アンドリュー・マーティンズがお手本になった。僕はマーティンズに心酔していて、部屋の壁にはポスターを貼り、世界最高の選手だと崇めていた。数年後に、彼と並んで靴紐を結ぶようになるとは思いも寄らなかった。

僕が真の意味で栄光への道のりを踏み出したのは、ワールドカップの翌年の八八年、一五人制のラグビーをプレーし始めたときだ。それまでは少人数でもプレーしやすいタッチラグビーや、ラグビーリーグをして走り回っていた。だけど、なんといっても僕たちの町で、そして僕の家族にとって重要だったのは、ラグビーユニオンと呼ばれるこの一五人制ラグビーだった。

にもかかわらず、そしてクライストチャーチからそう遠くない場所に住んでいたにもかかわらず、僕たちはめったにランキャスター・パーク（現ＡＭＩスタジアム）には行かなかった。初めてこのスタジアムで試合を観戦したのは五、六歳のとき。フィジー代表対カンタベリー選抜のゲームを、父と友達の三人で観に行った。それまでに味わったことのない体験だった。ファンの大歓声と熱気、巨大な競技場、カンタベリーチームのレベルの高さ――。それから一、二年後、僕はカンタベリーカウンティの年代別の選抜メンバーに選ばれ、このスタジアムで初めて試合をした（その後も、八歳から九歳にかけて、何度もここで試合をすることになる）。この日、僕たちはフィールド全体を駆け回った。更衣室でカンタベリーカウンティ選抜のジャージを渡されたときの、天にも昇るような気持ちを今でもよく覚えている。

この日のことは鮮明に心に残っているけど、試合結果についてはほとんど覚えていない。おそらくボロ負けだったはずだ。カンタベリーカウンティは、クライストチャーチのチームにはいつもこてんぱんにやられていた。相手は僕たちよりもはるかに身体が大きくて、たいてい三〇点から四〇点差をつけられた。とはいえ当時の僕にとって、それはたいしたことではなかった。

僕はラグビーが大好きだった。だけど、そのすべてが大好きなわけではなかった。試合中にはよく泣きべそを掻いていた。だいたい一試合に二、三回は泣いていたはずだ。自分はとても小柄だったのに、相手はみんな体格が良かった。それでも、僕は果敢にタックルを仕掛けた。よくある決まり文句も教わった。相手は大きければ大きいほど、ひどい倒れ方をする――。それは身体の小さな選手に、捨て身のプレーをさせるために使われた言葉だった。そして、それは僕には効いた。怪物みたいに屈強な相手にタックルをすれば、猛烈に痛い目に遭うこともあった。無様にもタックルに失敗して、地べたに叩きつけられることも少なくなかった。それでも、それは良い学びにもなった。小兵ながらも大柄な相手に向かってタックルを繰り返していたこの時期に培った技術は、今でも僕の血肉になっている。

僕は試合中に最高のタックルを連発するような選手ではないが、低く相手に当たればかなりのタックルができると自負している。それはあの頃からずっと変わらない。今でも身体は大きくはないが、ようやく現在の身長になったのは一九から二〇歳の頃だ。だから、小さい頃からずっとフィールドで一番背が低かった。スクラムハーフをしていたのもそのためだ。一六歳になったときに、ようやくスタンドオフになるチャンスがやってきた。

僕は、幼い頃からラグビーを競技としてプレーしてきた。だけど、それよりも圧倒的に長い時間を、仲間との遊びでのラグビーに費やしてきた。放課後に夢中になって遊んだあの果てしない時間のなかで、僕の技術は磨かれていった。低学年の頃は、ラグビークラブのグラウンドが遊び場だった。たいていは六人から八人くらいで、リーグやブルラッシュ、タッチラグビーをした。何をするかはそのときの人数次第で決めた。公園まで行くこともあったけど、母は近くで遊んでほしいと考えていた。当時、家の隣の土地では両親が小キュウリを育てていて、瓶詰めにしたものを売って生活の足しにしていた。ある年の夏、父が畑を潰して芝生を植えてくれた。家の隣にラグビー場ができたのと同じだった。それから十年、僕たちはほぼ毎日、学校が終わるとそこで夢中になってラグビーをした。もしあのとき両親が副収入を捨ててまで芝生の広場をつくってくれていなかったら、僕の人生はたぶん今とは違ったものになっていたはずだ。あの広場があったからこそ僕はラグビーにとことん熱中できたのだし、遊びのなかでひたすらに繰り返して身につけた技術もたくさんあるからだ。

ただ、母は少しばかり後悔していたかもしれない。毎日、泥だらけの服を洗濯しなければならなくなったからだ。僕たちはゴールラインの両端からスプリンクラーで水をまいて滑りやすくし、ダイナミックなトライができるようにしていた。毎日二、三時間、暗くなり、母が呼びに来るまで、ぶっ続けで遊んだ。泥んこになり、汗まみれになり、くたくたになった。プレースキックの練習もした。仲間とのラグビーは何年も続いた。それは当時の僕にとって生活の中心だった。テレビゲームに夢中になったことはないし、テレビもほとんど見なかった。楕円形のボールと仲間、ちょっとした広さの芝生があれば、何時間でもラグビーに没頭できた。

おそらく僕がオールブラックスのメンバーになれたのは、こんなふうに純粋な喜びに導かれてひたすらにラグビーをした子供時代があったからだ。僕たちは遊びながら、知らぬ間にラグビーの練習をしていた。タックル、パス、キック——。年下の友達、シェーン・テイラーとデレク・ウィットフォードは、僕のタックルバッグだった。ボールを持たせて走らせた二人をめがけて、何度もタックルを繰り返した。

自分の家をゴールポストに見立てて、プレースキックの練習もした。ボールはしょっちゅう屋根にぶつかり、転がって雨樋《あまどい》越しに下に落ちてきた。父は何度も屋根の修理をしなければならなかった。大変な手間だったはずだが、怒られたことは一度もない。僕はのんきなもので、大工の父にとっては屋根を直すくらい簡単なことなのだろうと思っていた。

あるとき、父のこうした息子への思いが、プレゼントに形を変えた。それは、僕がこれまでの人生で受けとった最高の贈り物になった。八歳の誕生日の朝、目を覚ました僕はベッドから飛び起きると、廊下を歩いてキッチンに向かった。キッチンに入ると、窓越しに広場を眺めていた父がこっちを振り返り、僕にも表を見てみろという身振りをした。そこには、朝の太陽の下でキラリと光を放つ、ラグビーのゴールポストがあった。クラブにあるゴールポストと同じ本格的な造りのもので、サウスブリッジのチームカラーである青と白で塗装されていた。このゴールポストは今でも残っていて、地元のちょっとした名所になっている。父と母は朝食をとりながら今日もそれを眺めているし、ときどき観光客が来て写真を撮っていくのも目にするらしい。

おかげで僕はますますプレースキックにのめり込むようになり、暇を見つけてはあらゆる角度からゴールポストめがけてボールを蹴った。最初は広場の正面から蹴っていたが、次第に家の隣の場所からも蹴るようになった。そこからだと、フェンスを二つ越さないとクロスバーの上までボールは届かない。他にも、植木や私道を越えないといけない位置からも蹴った。当時はキックティーがなく、芝生をむしって鳥の巣のようにしたり、盛り土をしたりした。

この頃のことは、今でも鮮やかに覚えている。それは僕の土台をつくった。オールブラックスを目指していたわけじゃなかった。子供らしい純真さで、ただ喜びに溢れ、ラグビーに夢中になっていただけだった。だがこの時代に培った技術は、プロのラグビー選手になってからの一三年間のキャリアを通じて、僕を支える基盤になった。

ニュージーランドのラグビーは、才能を見つけ出し、チャンスを与えるのが得意だ。高校、地区、地域、島、国と、選手には年代別でこうした選抜チームに選ばれる機会が多くあり、そこで実力を発揮すれば上にのぼっていけるようになっている。オールブラックスのメンバーの経歴を見ても、随所で各年代の選抜メンバーに名を連ねながら、国家代表への階梯《かいてい》をのぼってきたことがわかるはずだ。この国のラグビー界には、どの選手に資質があり、どの選手が化けるかを見極められる目利きがあるし、埋もれた才能を底辺から探し出すことにも長《た》けている。

僕が、これまで選手として多くを成し遂げてきたにもかかわらず、若い頃にはあまり野心を持っていなかったのもそのためだ。こう言うと、へりくだり過ぎだと思う人もいるかもしれない。だけど、僕の経歴を見れば、それも当然だとわかってくれるはずだ。たしかに年代別の選抜チームのメンバーには選ばれていたが、小学校からハイスクール前半にかけては、地区や地域を越えたレベルのチームに選ばれたことも、選ばれかけたことも一度もない。でも、そのことについて特に悩んでいたわけではなかった。それが現実なのだと思っていたし、そもそも上のチームに選ばれることについてもめったに考えなかった。自信がなかったわけではない。地元のエルズミアでは、トップレベルの選手だと自負していた。ただ、僕たちの地域はクライストチャーチのようなラグビーの本場ではなかったので、ニュージーランド全体で見たときに自分がどれくらいのレベルの選手なのかがよくわからなかったのだ。

ハイスクールでは、現在のプレースタイルの基礎が形づくられた。低学年のうちはそれまでと同じくスクラムハーフでプレーすることが多く、キックを多用した。攻撃面は、試合でトライを決められなかったらひどく落ち込むくらいに向上していた。選抜メンバーに選ばれたチームは、若き日の父と同じ。地元のエルズミア地区と、カンタベリーカウンティのチームだ。カンタベリー州全体の選抜チームには、結局一度も選ばれなかった。

だけどこの頃の僕にとって、一番重要なのは地区内の対抗戦だった。近くにあるチームほど、ライバル心を刺激されるものはない。前に書いたように、僕たちサウスブリッジにとって、最大のライバルは隣町のリーストンだった。それはお互いを憎しみ合ったりするようなものではない、健全な関係ではあった。だが、真剣であることに変わりはなかった。僕たちは、赤と白の色の服を着るのを禁じられていた。それは、リーストンのチームカラーだからだ。

リーストンとサウスブリッジの人間は、個人としての付き合いにおいてはみな仲良くしていた。だけど、ことラグビーに関しては誰もが本気だった。二つの町のライバル関係は、数十年前から続くものだった。子供の頃、大人たちがよく「リーストンだけには負けてはいけない」と口にするのを耳にした。そういう言葉を何度も聞かされることで、それは次第に自分自身の信念へと変わっていく。僕たちにとって、サウスブリッジとリーストンのダービーマッチほど、気合いの入る試合はなかった。

他にもリンカーンやダーフィールド、ワイホラといった町のチームと地区対抗の試合をした。スプリングストンのチームはいつも手強かった。あそこはバーナムの陸軍基地の近くにあって、軍人の子供たちはみな体格が良く、力も強かったからだ。僕が小学校からハイスクール卒業までプレーした年代別のチームは、それぞれ二年で区切られていた。だから一年目は一学年上の身体の大きな子供に交じって、おっかなびっくりプレーすることになる。逆に二年目は、新しく入ってきた年下の小柄な子供たちを圧倒してやろうとする。この力関係が、一年ごとに繰り返されるのだ。

ハイスクール時代を通じてさまざまな選抜チームに選ばれたし、ラグビーは大好きだった。だけど、それが自分の職業になると思ったことは一度もなかった。リーストンのエルズミア・カレッジに通っていたハイスクール二年生のとき、初めてハナンシールド地区のチームに選ばれ、チームメイトのフィリップ・ドーソンと一緒に、クライストチャーチで開催された地域対抗戦の大会に参加した。そこで僕はいきなり、ニュージーランドじゅうから選ばれた同年代のトップ選手たちと対戦することになった。みな名が知られている、華々しい経歴のスター選手ばかりだ。こんなふうにレベルの高い選手ばかりで構成されたチームと戦うのも、味方のチームにも一番から一五番まで才能ある選手ばかりがいるのも初めてだった。自分でも意外だったのだけれど、僕はこうしてレベルの高い場所に放り込まれても、びびったりはしていなかった。むしろ、その状況を楽しんでいた。それは、着実ながらも地味だった僕のラグビー選手としてのキャリアに、さらに大きな可能性があるかもしれないということを垣間見た初めての機会になった。

僕はそのとき決意した。自分がどこまで行けるのか、とことん試してみようじゃないか、と――。

第2章 ティーンエイジ・キック

一〇代の頃には、ちょっとした悪さもした。だけどそれは典型的な田舎の子供のすることで、笑ってしまうほどスケールが小さなものだった。僕は母と父が用意していたミルク代を少しずつちょろまかし、金が貯まると学校に行く途中でパイやコーラを買った。仲間と一緒に何か面白いことはないかと町をぶらついたりもした。人の家の屋根めがけて石を投げるという遊びも流行った。家の主が出てくると、僕たちは脱兎《だっと》のごとく逃げ去った。八〇年代のサウスブリッジで子供たちが起こしていた問題は、その程度のたわいもないものだった。

僕の少年期の反抗的な行動のなかで、おそらくもっともみんなの記憶に残っているのは、ハイスクールでの〝口パクコンテスト〟での出来事だろう。僕は悪友のフィル・ケイブにそそのかされて、完全に普段の自分のキャラクターとは違うことをすることにした。何か羽目を外すようなことがしてみたかった。その結果、どういうわけか僕はミニスカートを穿き、『プリティ・ウーマン』の主題歌に合わせて踊ることになった。女装した僕が、ステージ上にいるフィルの目の前を誘うようにして通り過ぎる。最後に、フィルがたまらず僕に抱きつくというオチまでついていた。今振り返っても、なぜこんな馬鹿げたことをしたのかはさっぱりわからない。ともかくこの出し物は全校生徒の爆笑を誘い、僕たちは「ベスト・オーディエンス・リアクション」賞をもらった。後で校長室に呼ばれて、大目玉を食らった。

親の酒を掠《かす》めて、友達とこっそり飲むようにもなった。僕たちは若い頃から酒の味を覚え、一〇代前半にもなると仲間と集まって酒盛りめいたことをするようになった。学校のラグビーチームのレギュラーになると、さらに大胆になった。僕がこんなふうにして仲間と初めてビールを飲んだのは、たしか一五歳のときだ。酒を飲むと自信が生まれ、いつもの内気な自分を抜け出して開放的になれるのが好きだった。

大人に見つからないようにして仲間と密かに酒を楽しむための方法もいろいろ考えた。その一つは、家の庭でテントを張って、そこで酒を飲むことだ。親は、僕たちがテントのなかで無害な遊びをしていると考えていた。あるいは、実際には何をしているかを知っていて、見て見ぬ振りをしていたのかもしれない。親のキャビネットにある蒸留酒を少しずつ混ぜ合わせて、ロケット燃料みたいな強烈な酒をつくる仲間もいた。ひどい味がしたが、酔いは回った。

学年が上がると、もう少し洒落た方法で酒を飲むようになった。先生や親がいないときを見計らって、学校のホールや誰かの家でパーティーをするのだ。僕たちはそんな機会を楽しんではいたが、アルコールが日々の暮らしのなかで特に重要だったわけではない。それは退屈から逃れるために、チャンスが巡ってきたときに口にする程度のものでしかなかった。

『プリティ・ウーマン』のパフォーマンスを除けば、僕は周りから注目されるのをひどく恐れていた。いつも頭を低くし、できるだけ目立たないようにしていた。授業中に先生から質問されても、正解がわかっていても手を上げたことはない。得意な科目のときでもだ。今でもそれは変わらない。チーム全員で対戦相手のビデオを見るときにも、僕は積極的に意見を口にしたりはしない。僕にとっては、八万人の大観衆の前で勝負のかかったゴールキックを蹴る方が、数十人のチームメイトの前で質問に答えるよりも楽だ。おかしな話だが、それが僕という人間だ。フィールドは僕にとって、安らぎと自信を与えてくれる安全な場所なのだ。

それでも、引っ込み思案な性格は、ある程度は改善された。オールブラックスの一員になれば、コミュニケーション能力は否が応でも高まる。僕は今、一〇代の頃の自分なら緊張してカチカチに固まってしまうような状況のなかで、スポンサーやメディア、大勢のファンに向けて話をすることができる。これはプロスポーツ選手であることがもたらす、意外な副作用だ――それは、自分を成長させるための素晴らしい手段になる。

小学校が終わると、人生に大きな変化が起こった。サウスブリッジの小学校《プライマリー》では、生徒全員が知り合いだった。一学年に一クラスしかなかったので、必ず友達と同じ組になれた。小学校卒業後に進学したのは、隣町のリーストンにある七年制のハイスクール「エルズミア・カレッジ」だった。サウスブリッジの友達は全員この学校に通うことになったが、クラスが三つあった。僕は人生で初めて、幼馴染みの友達と別のクラスで学ぶことになった。心底がっかりした。

最初の三年間は辛かった。別の地区から来ていた年上の子供たちは、大人のように見えて怖かった。全校生徒が友達か親戚だった幸福な小学校時代が恋しかった。だが、四年生になってクリケットとラグビーのチームでレギュラーになると、そんな状況も一変した。

僕はエルズミアで、自分にスポーツの才能があることに気づいた。ラグビーと同じくらいクリケットもプレーし、どちらもかなりの腕前だった。だけど、それは僕だけではなかった。同級生のブレンドン・マッカラムも抜群に運動神経が良く、この二つのスポーツがうまかった。ブレンドンとは今でも友達だが、会う度に彼はその事実を僕に思い出させようとする。

僕はラグビーだけではなく、クリケットでもカンタベリー州の年代別チームでプレーした。クリケットにもかなりの自信があった。僕はクリケットの、チームスポーツでありながら個人競技としての側面もあるところが好きだった。バッターとボウラーの一対一の心理的な駆け引きや、じりじりとした勝負の瞬間がたまらなかった。社交的な側面も気に入っていた。このスポーツは試合時間が長いので、自然とチームメイトとの仲間意識も高まるし、会話も弾む。僕はカンタベリーとサウスブリッジのシニアチームでのプレーを楽しんだが、一七歳で背骨を疲労骨折してしまったことがきっかけで競技をやめた。

それまでは、僕はサウスブリッジのクリケットのシニアチームで大活躍していた。試合後には、メンバーが順番で全員にビールをおごり合う習慣があった。僕はまだ一七歳だったので、自分の番のときは父親に頼んで酒屋でビールを買ってもらわなければならなかった。

その頃には仲間との集まりにも積極的に参加するようになっていて、ときには無茶もした。思い出すだけで今でもぞっとする出来事もある。ある金曜日の夜、ハウスパーティーで朝方まで楽しんだ。家に帰って二、三時間だけ眠ると、土曜日にクリケットを一日中プレーし、夜になるとまたパーティーに出かけた。その日は友達の運転手役だったので酒は飲まなかったが、家に帰ったのは朝方だった。日曜日の朝に目覚めると、二日間で合計四、五時間しか睡眠をとっていない状態で、クリケットをプレーするために西海岸に車を走らせた。試合場所は、サウスブリッジの五〇キロほど北にあるシェフィールドという町だ。僕は眠い目をこすりながら、馴染みのある道を運転した。途中で、何度も居眠りしそうになった。路肩に停車して休憩をとるべきだと思ったが、目的地が近づいていたので、そのままアクセルを踏み続けた。

気がついたら、僕は道路の反対車線を突っ切り、草地の上を走っていた。パニックになりながらブレーキを踏むと、車は蛇行しながら再び道路を横切り、フェンスの支柱の一メートル手前で急停車した。もし目覚めるのが一瞬でも遅れていたら、対向車が来ていたら——。考えるだけで、アドレナリンが全身を駆け巡った。道路にはスリップ跡が描かれていた。安堵と恐怖が入り交じった巨大な感情が押し寄せてきた。震え、冷や汗をかきながらシェフィールドに向かってハンドルを切った。しばらくして、助手席にいた友人に運転を代わってもらった。動揺が激しく、車内では眠れなかった。

皮肉にも、その日の僕は良いプレーをした。それでも、アドレナリンとショックで一日中気分が悪かった。二度とあんな状態では運転はしないと心に誓った。

高学年になると、僕の世界はさらに広がり始めた。ラグビーチームのレギュラーになったのは、何かと面倒なことでもあった。レギュラーのなかでは最年少だった僕は、年上の選手の習慣を真似るようになった。どのチームでもそうだけど、チーム内の流儀は全部年上の子供たちが決める。年下は、それを変えようとは夢にも思わない。

五年生になると、僕たちはときどき午後の授業をサボってクライストチャーチに遊びに行くようになった。少なくとも、クライストチャーチにいるつもりになっていた。実際には、その手前にあるホーンビーのショッピングモールやマクドナルドでたむろしていただけだった。僕たちは自分たちのことをかなりのワルだと見なしていた。だけど現実には、都会の先っぽにおっかなびっくり足を踏み入れている、田舎の子供にすぎなかった。

翌年、そんな僕に大きな変化が訪れた。ニュージーランド南島のラグビー・ハイスクール代表に選ばれたのだ。ものすごく嬉しかったが、それは僕にとって衝撃的な出来事でもあった。ニュージーランドの南半分の選抜チームである南島代表チームは、それまでの地区や地域の選抜チームとはレベルが違った。僕は、クライストチャーチやダニーデン出身の選手たちが主力を占めるチームのなかで、サウスブリッジを代表してプレーできることに興奮を覚えた。それでも、僕はこの件が自分の将来に影響を及ぼすことになるとはまったく思ってもみなかった。だからこの年の終わりに、クライストチャーチにある数校のラグビーの強豪校から転校の誘いがあったのには驚いた。

セント・アンドリューズとクライスト・カレッジの二校からも声をかけてもらった。どちらも名の知れた裕福な私立校だ。だけど、このどちらかに転校しようとはまったく思わなかった。僕が迷わず選んだのは、クライストチャーチボーイズ校だった。このハイスクールに通ったのは最終学年の一年間だけだ。にもかかわらず、なぜか僕は六年間通った地元のエルズミア・カレッジよりも、クライストチャーチボーイズ出身というイメージを持たれることが多い。僕はいつもそれを不思議に思う。転校後の一年で、それほど目覚ましい活躍をしたわけでもないのだからなおさらだ。クライストチャーチボーイズに通ったことは誇りに思っている。だけど、ラグビー選手としての僕の基礎をつくったのは、間違いなくエルズミアで過ごした六年間の方だ。

クライストチャーチボーイズ校はリッカートンにある公立校で、ニュージーランド屈指のラグビー名門校として知られている。たしかに、そのことも僕がこのハイスクールを選んだ大きな理由の一つだ。だけど正直に言えば、幼い頃からのラグビー仲間だったベン・ジョーンズが、同じタイミングでこの学校に転校しようとしていたことの方が大きな意味があった。ベンはアシュバートンの出身だが、地域の選抜チームで一緒になって以来、ずっと仲良くしていた。同じく選抜チームで知り合ったダグ・タウシリも、すでにクライストチャーチボーイズに転校してプレーをしていた。ベンと僕は、ダグがいることで、この学校に転校したいという気持ちをさらに強めた。ベンとダグとは今でも親友として付き合っていて、僕の結婚式では花婿の付添人もしてもらった。小さい頃からの仲間だった三人が、ラグビーの強豪校で一緒にプレーできる。それは僕たち三人にとって特別な、胸躍るような話だった。二人がいなければ、僕はこの転校話を断っていたかもしれない。もしそうしていたら、僕の人生は今とは大きく違ったものになっていただろう。

クライストチャーチボーイズ校での生活は、大きなカルチャーショックだった。学校がある辺りは通りも広く、家も大きく美しい。学校に通ってくるのは、こうした世界で育った子供たちだ。僕の故郷サウスブリッジからこの学校までは、かなりの距離があった。僕は母が乗っていた古い日産パルサー・ディーゼルを走らせて、自宅から長い時間をかけてこの学校に通った。今振り返ると、それはハイキングのような楽しいドライブだと言えなくもなかった。だけど当時は、そんなふうに思ったことは一度もない。ともかく、この年頃の子供には時間だけはたっぷりあった。このパルサーでは、最高時速一二七キロまで出したことがある。なぜそれを覚えているかというと、朝の通学中、何もないまっすぐで平坦な道を思い切り飛ばしたときに、スピード違反でつかまってしまったことがあるからだ。

クライストチャーチボーイズは格式のある名門校だったけど、馴染むのにそれほど苦労はしなかった。他の地域出身の寮生も大勢いたからだ。エルズミアにいてもおかしくないような、農業地帯のダンサンデル出身の生徒もいた。こんなふうに仲間たちはほどよくバラエティに富んでいたので、特別な孤立感を味わわなくても済んだ。最初の頃、ラグビーの練習が終わった後で、週二日ほど母方のおばであるティーナの家で夕食をご馳走《ちそう》になっていたのも、早く環境に慣れるうえで役立った。

しばらくすると、仲間のダグの家で世話になることも多くなった。サモア系の大家族で、僕のことを家族の一員のように扱ってくれた。その頃の僕の体つきはほっそりとしていた。ダグの家族は、タロ芋は〝天然のステロイド〟で、島出身の男たちがたくましいのはこの芋を食べているからだと言った。僕もダグの家で山ほどタロ芋を食べさせてもらった。それが僕の身体をつくるのにどれほど役立ったかは、はっきりとはわからないのだけれど。

転校すると、僕はさっそくさまざまなスポーツに本格的に取り組み始めた。勉強をする気があるのかと心配した校長が、父に電話をしてきたくらいだ。どうやら僕は一学期の最初の一五日間で、五日しか授業に出ていなかったらしい。サボっていたわけじゃない。ラグビーやクリケットなどの練習や試合が忙しくて、授業に出る暇がなかったのだ。そんな感じだったから、この一年は勉強面ではあまり褒められた成績を残せなかった。でも、スポーツ面では充実していた。特にラグビーは楽しかった。ただし、そんなふうに競技を楽しめたのは、ライバル校のクライスト・カレッジ校と試合をする前までだった。

ニュージーランドでも一、二を争うスポーツの強豪校であるクライストチャーチボーイズでは、ひとときたりともその輝かしい歴史を忘れることはできない。校舎の正面玄関から続く廊下には、各種のスポーツ大会で獲得した記念品の数々が飾られている。転校前に校長と面会するためにこの廊下を歩いたとき、その歴史の重みをずっしりと感じたのをよく覚えている。アンドリュー・マーティンズやダリル・ギブソンなど同校出身のオールブラックスの選手が身につけたジャージ、ラグビーの黎明期に使われた試合球、無数の盾やぴかぴかに光る銀色のトロフィー――。体育の職員室に数個のカップが飾られているだけのエルズミアとは雲泥の差だ。

それだけに、試合は毎回とても重要な意味を持つ。この輝かしい歴史に新しい一ページを加えることが期待されているからだ。栄光を積み重ねるか、それとも伝統に泥を塗るか。サウスブリッジという小さな町で生まれ育った僕は、いつも弱小チームでプレーしてきた。負けることよりも勝つことの方が多かったが、優勝候補と言われるようなチームのメンバーとして戦ったことは一度もなかった。地元のファンも情熱的ではあるが、その数は数十、せいぜい数百だった。

だから僕は、クライスト・カレッジとの定例の対抗戦に向けて高まっていく周囲の雰囲気に戸惑った。同校は言わば宿命のライバルで、少なくとも僕たちが見る限り、自分たちのことを誰よりも強いと考えているようだった。二校のライバル意識は猛烈で、試合がある週は学校全体が異様な盛り上がりを見せた。それは試合の日に最高潮に達する。前年はクライストチャーチボーイズが勝利した。そのときの主力メンバーの何人かは今回のチームにもいる。それだけに、今年も僕たちが勝つに違いないという期待があった。

ニュージーランドの高校ラグビーでは、ライバル校同士の対決は盛大なものになる。その強烈な雰囲気がどんなものかは、体験した人でなければわからないだろう。こうした対抗戦には一世紀以上の歴史があり、テレビで全国中継される試合も少なくない。一週間前になると、全校生徒がテニスコートで学校独自のハカの振り付けを練習する。誰も、試合のこと以外は考えなくなる。僕はこんな緊張感のある雰囲気が好きだった。

試合当日は、雲一つなく晴れ渡った完璧なラグビー日和だった。朝、全校集会があり、ラグビーチームを壮行するための儀式が行われ、僕たちは記念の帽子を受けとった。チームは試合の準備をするために午前中の授業が免除された。高校生にとってはとてつもない特権であり、この試合がいかに重要かをあらためて実感させられるものだった。正午過ぎ、僕たちはミニバンに乗り込み、今年の試合会場となるクライスト・カレッジに向かった。バスのなかではみんな無言だった。

到着すると、会場は熱狂的な盛り上がりを見せていた。両校のOBが観客席に溢れ、酒に酔い、大声で歌をうたっている。警察や警備員もあちこちにいる。観衆の野蛮な雰囲気からして、それも当然だった。メガホンを手にした六年生と七年生が、敵を罵倒する言葉を叫ぶ。相手選手のあだ名を使った、馬鹿にしたような歌を合唱するのも伝統だ。常軌を逸しているようにも見えるが、白熱した雰囲気を醸し出すために欠かせないものなのだ。

試合開始前、両校がそれぞれ相手に向かって集団でハカを踊った。僕はそれを見て、チームがどれほど大勢の人たちの思いを背負っているのかをあらためて実感した。チャントの大合唱がグラウンドじゅうに鳴り響いている。毎年恒例の光景だ。ついに試合が始まった。いきなり、観客席から次々と野次が飛んできた。その声は、試合が進むにつれてさらに激しくなっていった。僕はこのときほどに激しい罵声を浴びながらプレーをしたことはない。動揺した僕たちのチームは、いつになく固くなった。僕がパスやキックをミスする度に、観客が熱狂した。それはチームに悪い影響を及ぼした。三年連続でレギュラーを張っている、我らがクライストチャーチボーイズの生きる伝説ダグ・タウシリは、なんとか状況を打開しようとした。フリーキックとペナルティキックを率先して蹴り、アップアンドアンダーも大きく蹴って、陣地を稼ごうとした。僕にはダグの気持ちが痛いほどわかったが、それは結果に結びついていなかった。

僕たちの動きはちぐはぐなままだった。短いパスをほしがって駆け寄ってきたベン・ジョーンズに僕が間違って出してしまったロングパスは、見事に彼の額を直撃した。一方、クライスト・カレッジは思い通りのプレーを発揮していた。あの日、彼らのキッカーだったグレッグ・ノリスは、おそらく一度もキックをミスしなかったはずだ。

プレーがまったくかみ合わず、流れを取り戻せない。僕たちの苛立ちは募った。クライストチャーチボーイズには、将来オールブラックスで僕のチームメイトになるアダム・トムソンをはじめ、優秀なメンバーが揃っていた。だけど、クライスト・カレッジにも同じく後にオールブラックスで活躍するジェームズ・ライアンなどもいて手強かった。ライアンはロックとして文字通りチームの主軸を担っていた。ハーフタイムになり、ヘッドコーチのフィル・ロブソンが、いつものだみ声で必死に僕たちを鼓舞した。こんなときプロの選手なら、悪い精神状態から抜け出すためのテクニックを持っている（オールブラックスのメンタルコーチであるギルバート・エノカは、こういう局面で天才的な能力を発揮する）し、同じような状況を何度も経験したことがある。だけどハイスクールの選手は、いったんガチガチに固まってしまうと、もうそこから逃れられない。僕たちは為す術なく後半に臨み、いいようにやられてしまった。完敗だった。実はこの年以降、クライストチャーチボーイズは一度もクライスト・カレッジに負けていない。この敗戦が、僕たちにとってとてつもなく大きなショックだったことがわかってもらえるはずだ。

試合後の更衣室は、まるで遺体安置所だった。誰もが泣きじゃくっていた。僕たちは、試合前に描いていたものとフィールド上で表現したもののあまりのギャップに啞然《あぜん》としていた。僕たちを応援してくれていた人たちの打ちひしがれた様子も尋常ではなかった。僕は、応援していたチームが負けた後にあれほど長く泣き続ける人たちを、ワールドカップを含めて見たことがない。ハイスクール時代ほど、試合に負けた悔しさが大きく感じられることはない。きっとそれは、この年代の選手たちにとってはラグビーが生活のすべてだからだ。

なんとか立ち直った僕たちは、打ち上げをすることにした。うっぷんを晴らしたいこともあって、パーティーは余計に盛り上がった。クライスト・カレッジの選手たちとも一緒だった。ほんの数時間前にあれほどお互いを忌み嫌うようにしていたことを思えば、おかしな話だと思うかもしれない。だけど、試合終了のホイッスルが鳴ってしまえば、ノーサイドになるのがラグビーだ。僕たちは素晴らしい夜を過ごした。まずは、チームメイトの家で宴会をした。彼の両親は僕たちが酒を飲むことに目を瞑《つぶ》ってくれた。それから、僕たちは運試しをするかのように街に繰り出した。楽しい夜を過ごしたことで、負けた悔しさは消え去ってくれた。

クライスト・カレッジには敗北を喫したものの、僕たちにはまだクライストチャーチ地区で優勝するチャンスが残っていた。とはいえ、クライストチャーチボーイズのような伝統校にとっては、地区優勝はたいしたことではなかった。僕たちは当然優勝するものだと見なされていた。もっと大きな目標は、全国大会だった。僕たちはニュージーランドを制覇することで、クライスト・カレッジ戦で負けた借りを返したいと思った。地区内のライバルはクライスト・カレッジの他にも三校あった。ティマル・ボーイズ、オタゴ・ボーイズ、ウェリントン・カレッジだ。僕たちはこの三チームを次々と破って自信を取り戻した。そして、ニュージーランドのトップフォー・チャンピオンシップに参加し、ベスト16をかけて再びティマル・ボーイズと戦うことになった。

ティマル・ボーイズには、一度対戦して圧勝していた。僕たちはニュージーランド・ハイスクール代表に選ばれたアダム・トムソンとベン・ジョーンズを欠いてはいたが、今回も絶対に勝てると確信していた。選手一人ひとりを見れば、ニュージーランドでも僕たちほど才能に恵まれたメンバーが集まっているチームもなかった。のちに州代表やスーパーラグビーでプレーすることになる選手が大勢いて、調子が良いときの僕たちは手がつけられないほど強かった。何よりクライスト・カレッジに負けてしまったことで、僕たちには自分たちの強さを証明してやろうという意気込みがあった。

だけど、僕たちがまったく考えていなかったことがあった。それは、ピッチの状態だ。ティマル・ボーイズ校に到着すると、試合会場は第二グラウンドだと告げられた。この試合の重要性を考えれば、おかしな話だと思った。グラウンドに足を踏み入れたとき、僕たちにはその理由がわかった。これほどまでに泥濘《ぬかる》んでいるグラウンドは、後にも先にも見たことがない。キックオフからものの数秒もしないうちに、両チームの選手は頭のてっぺんからつま先まで泥だらけになり、どちらのチームの選手なのか見分けがつかなくなった。ゴールキックを決めることも不可能だった。ティマル・ボーイズは、この最悪のグラウンドコンディションを逆手にとった。ラックでも反対側に回り込んでボールを拾い、味方にパスをしたりした。審判はどちらのチームの選手がボールを拾ったのかがわからず、反則の笛も吹かなかった。

僕たちは試合に負け、そして憤慨した。クライスト・カレッジとの試合では、その日に自分たちよりも強かったチームに負けたという実感があった。だけどティマル・ボーイズには、ずる賢い手を使われて負けたという気がした。だけど今にして思えば、負けたのは僕たちの力不足でもあった。グラウンドコンディションのひどさに腹を立ててばかりいるのではなく、その状況のなかでも全力で勝利を目指していれば、勝てるチャンスは十分にあったはずだ。

大会の早い段階で負けてしまったことで、島や国の代表チームに選ばれるためのチャンスも減ってしまった。僕たちは不安を抱えながら結果を待った。選考委員会は、これまでのように自分たちを選んでくれるのか、それとも勝ち進んだチームからメンバーを選ぶのか。幸い、僕は再び南島代表に選ばれた。ただし、エルズミア・カレッジで僕と同じくらいラグビーとクリケットがうまかったブレンドン・マッカラムがレギュラーだったために、同じポジションの僕はリザーブに回された（マッカラムはまだクリケットもプレーしていた）。

こうして僕たちの苦い一年が幕を閉じた。クライストチャーチボーイズのラグビーチームが、これほど惨めな成績で一年を終えたのも珍しい。試合後の僕たちは、悔し涙を流し続けた。最低の気分だった。

大会の結果を知るにつれ、悔しさは増していった。僕たちが三〇点以上の大差をつけて勝ったオタゴ・ボーイズとウェリントン・カレッジが、「トップフォー・チャンピオンシップ」と呼ばれる、全国の強豪四チームが参加する大会への出場権を得たからだ。ラグビーの大会が終わった今、僕にとって卒業までの残りの期間はあまり意味がないものに思えた。もともと得意ではない勉強にも身が入らなかった。僕は奨学金の対象となる科目を四つ受けて二つ合格した。ラグビーとボートの選手が受講する「スポーツ科学」ではトップの成績をとった。

だけどそれを除けば、僕は真面目に勉強に取り組もうとはしなかった。学期末には、クラスに出ないことすらあった。いくつかの奨学金対象科目の単位を取得できなかったことは、今でも大きな後悔だ。僕は学校関連の良い活動にも参加していたし、ジュニアのラグビーチームのヘッドコーチもしていた。面倒だって起こしたことはない。だけど、クラスメイトが授業を受けている時間に友達の家で遊んだり、学校の休憩室で卓球をしたりしたのは、決して褒められたことではなかった。僕は、学校が与えてくれた学びの機会を無駄にしてしまっていたのだ。

勉強もさっぱりだし、ラグビーでも散々な負け方をした。僕は学生生活最後の数週間を、意気消沈して過ごした。卒業後の進路をどうするのか、決めなければならなかった。友達の多くは大学に進学することになっていた。誰もが将来の計画を持っているように見えた。だけど、僕にはこれからの人生をどう歩んでいけばよいのかがわからなかった。プロのラグビー選手になるという考えが頭に浮かんだことは一度もなかった。ある種のレベルの選手にとっては、それも選択肢になるのだろうとは漠然と思っていた。当時プロ・ラグビーは誕生したばかりで、まだプロ化から五年しか経っていなかった。僕にはそれが、自分にとって現実的な将来の道だとは思えなかった。僕は才能ある選手が、ラグビー市場でどのような評価を得ているかを知らなかった。スーパーラグビーやオールブラックスの選手が、仕事としてラグビーをプレーしていることをよく理解していなかった。僕はあまりにも世間知らずだった。自分のラグビー選手としての能力にも自信がなかった。

将来が見えなかった。この先、何をすればいいのか、僕にはさっぱりわからなかった。

ファイナルイヤー・ダイアリー 1

ロンドン、二〇一四年一一月四日

シカゴ、ソルジャーフィールドでUSAイーグルスを七二対六で破ったオールブラックスがロンドンに到着した直後、スカイプでの通話を録音。

北半球をツアーするのは、僕にとってこれが最後になる。とはいっても、オールブラックスの一員としてアメリカを訪れたのも、シカゴにある超満員のNFLスタジアムで試合をしたのも初めての体験だった。僕たちはいつも、同じような国で、同じような対戦相手と、同じようなスタジアムで試合をしている。でも、この一週間は違っていた。チームの誰もイーグルスと試合をしたことはなかったし、アメリカでプレーしたこともなかった。オールブラックスがシカゴで試合をしたのは初めてだった。この一週間、僕たちは素晴らしい体験をした。地元シカゴのプロ・アイスホッケーチーム、ブラックホークスの試合も観戦した。会場では、シカゴのファンの情熱に驚かされた。試合前に国歌を熱唱する観客には、僕たちがニュージーランドでは見たことがないような情熱があった。単なるＮＦＬのレギュラーシーズンの試合なのに。

　同じことは、僕たちが試合をした土曜日にも起きた。フィールドに出た瞬間、僕は大きな感銘を受けた。ラグビーのことなどほとんど何も知らない国で、六万人以上の大観衆がスタジアムを埋め尽くしていた。そのうち五千人から一万人はニュージーランド《キーウィ》人だったらしい。だけど、大多数は好奇心に駆られて会場にやってきたアメリカ人だった。ファンは、僕たちがブラックホークスの試合で目にしたのと同じ熱心さで国歌を斉唱した。オールブラックスのメンバーは、それを聞いてこの試合の重要性をあらためて実感した。僕も、一段と身が引き締まるような思いがした。今日は試合に出ることが予想されていたからだ。週の前半には、まったく予測していなかった展開だ。

　評論家からは、僕がこのツアーでまともにプレーできるのは三〇分にも満たないのではないかと疑われていた。それだけに、僕の気分は高揚していた。ここ何年間も、プレーを前にしてこれほど気持ちが高ぶったことはなかった。僕たちリザーブの選手は、ハーフタイム後にウォームアップをした。他のメンバーがウォームアップを切り上げても、僕は止めなかった。身体じゅうに力が漲《みなぎ》っていた。だからこそ、チームは想定よりも早い試合開始五〇分の時点で僕をピッチに送り出したのかもしれない。僕が早い段階でいくつかミスをしてしまったのも同じ理由だ。力みすぎてしまったのだ。

　不安もあった。この一年、僕はまともなチーム練習ができていなかった。キャンプには参加していたが、チーム内で連係プレーの練習をするには全力で身体を動かさなければならない。だから僕にとってこの日のプレーは、見せ場をつくって活躍するということより、できる限りチームに溶け込み、ミスをしないことの方が大切だった。こうした準備不足の状態は、年内いっぱいは続くだろう。それでも、わずか数十分間ながらプレーをするのは格別の気分だった。怪我に泣かされたここ数年のことを思えばなおさらだ。

ツアーの前には、チームはいつも新しい目標を立てる。全試合で対戦相手を圧倒することは、僕たちがいつも掲げている目標だ。現在のオールブラックスは、ラグビー史上最強のチームになることを目指している。僕たちはこの二年ほど、この目標を追い求めてきた。新たな目標を定めることは、チームに刺激を与え、意欲を高める。今回のツアーでは、二〇一五年のラグビーワールドカップを想定した戦い方をすることも目標に加えられた。W杯で難しいのは、総当たり戦のプールステージを勝ち上がると、一発勝負のノックアウトステージに切り替わるところだ。そこで負ければ、すべてが終わる。だがラグビーの世界には、負ければ終わりのトーナメントを体験できる機会はほとんどない。そこでこのツアーを利用し、W杯をシミュレーションしようということになったのだ。

通常、ノックアウトステージの前のプールステージでは、あまり強くはない相手と対戦することが多い。このツアーは、ワールドカップをシミュレーションするための理想的な機会になった。力の劣るアメリカ戦をプールステージ最終戦、ロンドンでのイングランド戦をW杯の準々決勝だと見なすのだ。つまり、イングランド戦は一発勝負のつもりで戦う。

その後も、同じような機会があった。まず、スコットランド戦をプールステージ最終戦と見なす。この試合は、来年のワールドカップで試合会場となるニューカッスルに近いエジンバラで行われる。事前に土地に慣れておくのには打ってつけだ。翌週、僕たちはカーディフに移動する。ここは、W杯の準々決勝の舞台になることが予定されている場所だ。僕たちは長いシーズンを終えた後に、オールブラックスとしてツアーに出る。それだけに、こんなふうにツアーに目的意識を持って臨むことが、緊張感を保つのに役立つのだ。

今回ロンドンでは、ケンジントン・ハイストリートにある、チームが定宿にしているホテルに滞在している。ラグビーに集中するために、郊外でキャンプを張ることも多い。だけどロンドンのような都市部には、練習やミーティングだけではなく、ときには街に出て、つかのまラグビーから離れられるというメリットもある。とはいえツアー中は毎日が同じようなルーチンの繰り返しで、どこに滞在しているのかがぼやけてしまうこともある。今日は火曜日。僕のスケジュールは一二時間びっしり定められている。まず朝八時半に、バックス・コーチのイアン・フォスターに会い、午後に発表する戦略についての確認をする。次に、全身のジムセッションをみっちりと行う。その後は理学療法士と軽傷のリハビリ。その次はマッサージセラピストとの脚の怪我の治療だ。

昼食をさっと済ませた後は、「トリガーポイント」と呼ばれる三〇分のプレワークアウトで身体をほぐしながら、テーピングも行う。次はチームミーティング。アーロン・クルーデン、ボーデン・バレット、僕の三人が、チーム全員に、ゲームプランや重点的に取り組むエリアなど、この週の戦略についての話をする。それから、チームは練習場所に向かうためにバスに乗り込む。二時三〇分に到着後、二時間の練習をし、最後は回復のためにプールで軽く身体を動かす。宿舎に戻ると、「クラブルーム」と呼ばれる、チームの結束を高めるための活動をする。全員がクラブのジャージを着て、話をしたり、食事をとりながら談笑したりするのだ。僕はクラブルームの責任者なので、いろいろと準備をしなければならない。夕方に一日の活動を終えると、ベッドに入る前に全身を入念にストレッチする。こうして、忙しくも充実したツアーの日々は過ぎていく。

第3章

若き冒険の日々

クライストチャーチボーイズでの一年は大変だった。これほど高いレベルでラグビーをプレーしたのは初めてだった。周囲からのプレッシャーのきつさや、重要な試合で負けてしまったことで、僕はラグビーをすることの純粋な喜びを失い始めていた。代わりに芽生えたのは、自己不信や、僕を信じ、僕にチャンスを与えてくれた人たちを失望させてしまったという思いだった。僕はそんなあれこれから逃げ出したかった。そして実際、卒業後の一年をそんなふうに過ごした。アルバイトをして生活費を稼ぎ、地元の小クラブの、しかもシニアチームではなく二一歳以下のコルツチームでラグビーをプレーし、毎日を気楽に過ごそうとしたのだ。上のレベルのチームに選ばれようという気持ちはさらさらなかった。僕は、子供のときとまったく同じ気持ちに戻ってラグビーをプレーし始めた。そこにあったのは、ただひたすらにラグビーが好きだという思いだった。

気がつくと、前年の暮れにハイスクールを卒業した僕の目の前には、自由な世界が広がっていた。僕はこの自由を満喫すべく、二〇〇一年の大半を、さしたる目的も持たずに気ままに暮らした。クライストチャーチボーイズに通っていたとき、僕はサウスブリッジの友人がクライストチャーチに借りていた安アパートに入り浸っていて、週のうち二、三日はそこで寝泊まりしていた。

このアパートでは、しょっちゅうパーティーをした。僕たちはここでビールを飲み、それから街に繰り出した。たいてい、一、二杯分の酒を買う程度の金しか持っていなかったけれど。あるいは、このアパートで酔っ払うまで飲み続けることもあった。僕はいつも、空のペットボトルやピザ箱が転がる汚い廊下にマットレスを敷いて眠り、翌朝、眠い目をこすって起き上がると、サウスブリッジの自宅に帰った。

僕たちの振る舞いはまさに、大人の目を離れたときに子供たちがするそれだった。飲み終えたビールの瓶を、壁や地面に無造作に叩きつけたり、暖炉に投げ捨てたりした。手当たり次第に何でも壊したりもした。それがいけないことだという意識も薄かったし、物を壊すことなどたいした問題ではないと思っていた。タクシーがなかなか来ないので、腹立ち紛れにアパートの前の柵をバラバラにしたこともある。

僕たちに対する近所の評判は、芳しいものではなかったはずだ。当然、家主からも疎まれていたに違いない。このアパートの住人は、それぞれの自室にも鍵をかけていた。それだけで、そこがどんなところだったかを想像してもらえるだろう。チームメイトのリチャード・マクミランもこのアパートに住んでいた。あるとき、ダイビングが趣味だったマクミランが、「絶対に部屋に入るなよ」と僕たちに念を押し、部屋の鍵をかけて海に出かけた。もちろん、僕たちはマクミランがアパートを出た瞬間に扉を壊してなかに侵入し、壁じゅうに泥の足跡をつけた。

こんなふうに、僕たちは出鱈目《でたらめ》なことばかりしていた。なかでもひどかったのは、ある冬の日の出来事だ。それは土曜の夜だった。僕たちはアパートの裏庭で、大がかりなたき火をした。もちろん、町の真ん中でたき火をする人間などいない。すぐに誰かが消防に通報した。消防車が到着し、たき火に放水を始めた。僕たちはプロディジーの『ファイアスターター』を大音量で鳴らし、自分たちは世界で一番いかれた連中に違いないと思いながら、その光景を眺めていた。今振り返ると、本当に恥ずかしいことをしたと思う。父がボランティアで消防士をしていたことを思えば、なおさらだ。消防士が土曜の夜に、くだらない酔っ払いのために出動しなければならないことほど、馬鹿馬鹿しいものはない。だけど、それが当時の僕たちだった。本当に、無茶苦茶なライフスタイルだった。だけどそんな暮らしこそが、僕がそのときに求めていたものに違いなかった。

　それは、僕が何の目的もなく過ごした最初で最後の年だった（最後かどうかは、まだ断言はできないけれど）。実家暮らしだったので、家賃を払う必要はなかった。ビール代とガソリン代と外食代以外は金を払わなくてよかった。日中は肉体労働をした。ジャガイモやヤマイモを掘る仕事もした。父親の大工仕事も少しだけ手伝ったが、長くは続かなかった。父は本物の職人だ。だけど僕には、この仕事に求められる手先の器用さがまったく足りなかった。だから、父も僕もイライラして仕事にならなかった。そこで、僕は他の大工のもとで働こうとした。その結果、大失敗をやらかしてしまった。僕は作業用のシューズではなく、ランニングシューズを履いて現場に行った。数時間後、釘を踏みつけて足の裏を怪我してしまった。それから数週間は現場に戻れなかった。みんな、僕のことをピエロのような奴だと思ったに違いない。

　その後も、いろんな仕事を転々とした。ミントソースやウスターソースを製造するボスソース社でも働いた。その次は、農業用製品を販売するＣＲＴという店舗でも働いた。農家向けに種子や穀物を混合する作業は、この一年間で携わったさまざまな仕事のなかで一番楽しいと思えたものだった。二五キロの袋を担いで倉庫内を歩き回るのは、ラグビーの良いトレーニングになったからだ。とはいえ、どの仕事にも心からは夢中にはなれなかった。それは、生活費を稼ぐ手段以上の何かには思えなかった。結局のところ、それは辛い単純労働にすぎなかった。

その年の後半、僕は自宅を出て一人暮らしを始めた。所属していたラグビークラブ、「ハイスクールオールドボーイズ」で知り合った友達が借りていた家に間借りすることになったのだ。彼らは大学に通っていて、カンタベリー大学の近くに手頃な家を見つけた。小さな裏庭と独立したガレージのある、外壁にレンガとタイルが使われたよくある平屋だ。僕がその話を知ったときには、すでに何部屋かあるベッドルームは埋まっていた。それでも、どうしても実家を出たかったので、ガレージに住まわせてもらうことにした。ひどく寒かったし、快適さとはほど遠いスペースだった。平屋まで行くのが面倒くさくて、しょっちゅう外の芝生で用を足した。それでも、友達のアパートの廊下で寝泊まりするよりははるかにマシだった。なんといっても、これは家を出た僕が初めて手にした自分の城だった。だから、僕は自然とこのガレージでの暮らしが好きになっていった。

僕は大学には通っていなかったが、この平屋に住んでいた友達はみな大学生だった。それに、近所にも学生が大勢いた。大学生にとって、毎週平日の夜のパーティーは大切な社交の場だ。僕もそこに混じって楽しいひとときを過ごした。それは、ラグビー選手として練習や試合に取り組むリズムにもぴったりと合っていた。土曜の夜は、試合や練習の後でラグビー仲間とパーティーをし、平日には学生仲間とパーティーをする。平日の昼間にはよく、大学のグラウンドに集まって、大人数で何時間もぶっ続けでタッチラグビーをした。ゲームが終わると、喉を渇かせた僕たちはよく、ビールの樽を一本丸ごと空にした。さらにその後、ハウスパーティーをしたり、学生バーの「ザ・ファンドリー」に飲みに行ったりした。木曜日にはよく、「ナンシーズ」というバーに行った。僕の人生で、あれほど幸せで、気楽な日々もなかった。

こんなふうにしょっちゅうパーティーばかりしていたら、ラグビーに悪い影響が生じるのではないかと思う人もいるかもしれない。だけど僕は、むしろそれはラグビーに役立ったと思っている。おかしな話に聞こえるかもしれないが、数年後、オールブラックスの腕利きのメンタルコーチであるギルバート・エノカから、「リラックスしてストレスを減らすことが、パフォーマンスを高めるうえでとても重要だ」という話を聞いたとき、僕はこの時代のことを思い出した。前年のクライストチャーチボーイズの選手だったときは、試合ではいつも大きな不安を感じていた。周囲から寄せられている期待のことばかりが気になった。それがこの年は、僕は再び子供の頃から慣れ親しんできた自由自在な感覚を味わいながらラグビーをプレーできるようになっていた。

卒業時、僕はハイスクールオールドボーイズから、シニアチームでプレーしないかと誘われた。だけど、そのときの僕にとっては、地元クラブのシニアチームでラグビーをすることすら、大きなプレッシャーだと感じられた。だから、代わりにこのクラブの二一歳以下のコルツチームでプレーさせてもらうことにした。僕にも、コルツチームにも、大きな期待はかけられていなかった。注目されているのは、シニアチームだけだった。スポットライトから離れたことで、僕はすぐに、サウスブリッジの年代別チームでプレーしていたとき以来すっかり忘れていた、あの自由な感覚を取り戻した。僕はこのコルツチームでスタンドオフとして活躍し、トライやキックを次々と決めた。僕たちのチームはかなり良い成績を上げた。その結果、僕はこの年、カンタベリー州の一九歳以下の代表チームに選ばれた。

嬉しかった。だけど、まだ自分は本流からは遠く外れたところにいるとも自覚していた。僕と同年代のトップ選手は、すでに年代別のニュージーランド代表や、ニュージーランド州代表選手権出場チームのメンバーに選ばれていた。僕は、たしかにステップアップしていた。だが、カンタベリー州の一九歳以下の代表チームはこの地域にとって優先度の高いチームではなかったし、練習内容もクラブラグビーと大差はなかった。だから、僕は好調なシーズンを送っていたとはいえ、ラグビーの世界で将来の道を切り開けるとは思っていなかった。

だが、その年の後半にかかってきた思いもかけない一本の電話によって、状況は変わり始めた。電話の主はロブ・ペニーだった。ペニーはカンタベリー州出身の各選手として鳴らし、引退後はカンタベリー州代表チームや、アイルランドのラグビークラブ「ミュンスター」のヘッドコーチとして優れた手腕を発揮した。現在は日本の「NTTコミュニケーションズ　シャイニングアークス」のヘッドコーチを務めている。当時彼はニュージーランド州代表選手権に出場するカンタベリー州代表チームの下部組織「カンタベリーアカデミー」の責任者を務めていた。ペニーは僕に、夏のあいだ（そう、南半球ではこの時期は夏になる）、一緒にアカデミーで練習してみないかと言った。

青天の霹靂《へきれき》だった。僕はプロのラグビー選手になることなど考えてもいなかった。クライストチャーチボーイズでの一年間でもたいした活躍はできなかったし、これまでに年代別のニュージーランド代表にも選ばれたことがなかった。僕はガレージに住み、楽しむためにラグビーをプレーしていた。ラグビー界の重要人物から注目されているなんて夢にも思っていなかった。

アカデミーは本格的な組織だった。練習は、選手が仕事や勉強をしていない早朝と夕方に行われる。だけど練習場や施設は、カンタベリー州代表やクルセイダーズが使うものとまったく同じだ。僕はこのチャンスに飛びついた。そして、アカデミーの厳しい練習が、今の自分に最適だということに気づいた。僕はいつだってラグビーの練習が好きだったが、当時のコルツでの練習は基本的なドリルばかりで、筋力トレーニングもほとんどしていなかった。だが、カンタベリーアカデミーの練習は別次元だった。

僕は初めて、真の猛練習とは何かということを知った。そして、こうした厳しい訓練が、自分にどんな変化をもたらすのかということも自覚するようになった。一夏を通じてこれほどまでにハードに練習し、本格的なプレシーズンの調整をしたことはなかった。僕はかつてにないほどに自分を追い込んだ。そして、身体的な能力が日増しに高まっていくのを感じた。チームで坂道ダッシュをするときも、常に先頭付近を走った。人生で初めて、真剣なウエイトトレーニングにも取り組んだ。夏の初めに七八キロだった体重は、一年も経たないうちに九〇キロまで増えた。現在の試合時の体重とほとんど変わらない重さだ。この数カ月間は、僕にとって大きな変革のときだった。

僕は、こうした厳しい練習の中毒になっていた。本気で練習に打ち込んだ。もはやラグビーは、仲間と楽しむためだけのものではなくなった。僕はもっと大きな目標に向かい始めた。この機会を与えてもらったことをとても幸運に感じていた。そんなふうに感じたのは、この一年、ラグビー・エリートの世界の外側で生きてきたことも影響していたのだと思う。一般的に、アカデミーに来る選手はハイスクールを卒業してそのままここで三年間を過ごす。もし僕もみんなと同じように卒業後すぐにアカデミーに入っていたら、このチャンスを当たり前のものとして受けとっていたかもしれない。だけど卒業後の一年、低賃金の仕事をし、レベルの低いチームでプレーしてきたことで、僕にはこのエリートコースから外れたらどんな現実が待っているかがよくわかっていた。

夏が終わる頃、クルセイダーズの育成チーム向けのトライアルに参加しないかと誘われた。これは、その時点で考えられ得る最高のシナリオだった。地元クラブのコルツチームにいたことを思えば、飛躍的なステップアップだ。身に余る誘いだと思ったが、なんとトライアルに合格してしまった。これは少なくとも環境面から言えば、僕が味わった初めてのセミプロの世界だった。とはいえ、自分は数あわせのために選ばれたのだという気もしていた。このチームには、スタンドオフとして僕よりもはるかに格上のチャーリー・ホアとキャメロン・マッキンタイアーがいたからだ。二人はカンタベリー州代表としてニュージーランド州代表選手権に出場するなど、すでにかなりハイレベルの舞台でプレーしていた。

僕は自分に与えられた仕事は、二人のプレーを見て学ぶことだと考えた。だが、チャーリーとキャメロンはシーズン序盤で負傷してしまった。結果として、僕がスタメンで試合に出場することになった。このチームのラグビー界での位置づけは、それまで僕が所属してきたチームとは比較にならないほど高かった。僕たちは、スーパーラグビーの前座で試合をした。試合会場はどこも、テレビでしか見たことのない、ニュージーランドの伝説的なスタジアムばかりだった。イーデンパーク、ジェイドスタジアム（現AMIスタジアム）、カリスブルック。どれも、世界に名を轟かすラグビーの聖地だ。

前の夏にアカデミーで猛特訓をしたことで、僕は二〇〇二年シーズンにそれまでとは別人のような選手として挑むことになった。身体が一回り大きくなったことでフィジカルなプレーがしやすくなったし、タックルの威力も増した。相手ディフェンダーのタックルもかわしやすくなった。僕にとっては、高いレベルのチームでプレーすることを、たいして難しいとは感じなかったことも驚きだった。むしろ、司令塔としては以前よりもプレーが楽になったくらいだ。それまでのチームとは違い、ここでは誰もが抜群の能力を持っていて、各ポジションで自分の仕事をしっかりと果たしてくれるからだ。

これは、僕のその後のキャリアを通じて見られるようになる〝自己強化型のフィードバックループ〟の最初の兆候だった。つまり、グレードが上がる度に、僕はすぐにその環境に適応できるようになる。レベルの高い環境では、チーム全体のスキルも高くなるために、むしろプレーするのが楽になっていくとすら感じた。仲間の能力が高いので、スタンドオフの僕には、プレーをするためのスペースと判断のための時間が多く与えられる。それに、どんなパスを出してもチームメイトがキャッチしてくれるという安心感もあった。このときのチームは強かった。後にクルセイダーズのシニアチームに昇格したメンバーも数多くいた。シーズンが終わる頃には、僕はすっかりチームに馴染んでいた。チームは絶好調で、大会でも優勝を飾った。

それでも、さすがにその冬、二一歳以下のワールドカップに出場するニュージーランド代表の候補に選出されたと聞いたときには腰を抜かしそうになった。たしかに僕は、高いレベルでプレーすることで、自分がどれほど注目されるようになるかについての自覚が足りなかったのかもしれない。それでも、まさか代表レベルのスカウトが僕のことを見ているなどとはまったく考えてもみなかった。謙遜なんかじゃない。当時の自分が置かれていた序列を考えれば、それは至極当然なことだったと思う。繰り返すが、僕はそれまで年代別のニュージーランド代表には一度も選ばれていなかった。代表候補にすらなったことがない。ハイスクール・ラグビーの強豪校でも一年間だけプレーしたが、チームは散々な成績に終わった。キャメロン・マッキンタイアーやルーク・マカリスターなどは、すでに全国に名が知られていたし、年代別の代表チームの常連でもあった。どう見ても、僕は彼らのライバルではなかった。

だから、その招待状は驚きでしかなかった。とはいえ僕は、このチャンスを最大限に活かそうと固く心に誓った。これを逃せば、おそらく僕には代表チームに選ばれるチャンスは二度と巡ってこないだろう。だからこそ、最大限の努力をしてチャンスをものにしなければならない。ハイスクールの挫折で失ってしまったものを、取り戻せる機会かもしれない。一度は閉じられてしまったドアが、ほんの少しだけ開いたように思えた。

選考会は、パーマストンノースにあるインスティテュート・オブ・ラグビーで行われる。この施設については、何度も話を聞いたことがあった。トップ選手の育成を目的とし、ダイヤの原石のような若く才能のある選手にトップになるための訓練を施すための施設だ。オールブラックスも、テストマッチの前にここでキャンプを張る。この施設でトライアルを受けると想像するだけで、胸が高鳴った。この場所にいる限り、一日中ラグビーにどっぷりと浸かっていられる。疲れもするが、最高に高揚した気分も味わえる。

僕は他の候補メンバーと一緒にこの施設に宿泊した。部屋を一歩出れば、あらゆる設備が目の前にあった。ラグビー場だけではなく、陸上競技用のトラックもあった。このトラックでは、短距離走から三キロ走に至るさまざまなテストを受けた。夏場のアカデミーでの猛特訓が、ものをいった。僕は各種の有酸素系のテストで、トップグループかそれに次ぐ成績を収めた。

もちろん、ゲーム形式のテストもした。だけどもっとも鮮明に記憶に残っているのは、最後のメンバー発表の光景だ。五〇人近くの候補が、三〇人前後のW杯のメンバーに絞り込まれる。多目的ルームに集合した僕たちは、強い不安を覚えながら発表を待った。名前が読み上げられた選手は、部屋を出て屋内トレーニングエリアに向かう。僕の名前も呼ばれた。これまでに味わったことのないような嬉しさがこみ上げてきた。これまでずっと、年代別のニュージーランド代表チームとは無縁だった。それだけに、ついに自分の能力を証明できたような特別な喜びを感じた。

ヘッドコーチはショーン・フィッツパトリックだった。僕が一〇代だったときにずっとオールブラックスのキャプテンを務めていた、彼の世代を象徴し、オールブラックスのすべてを体現する名選手中の名選手だ。伝説の人物と同じ部屋にいると想像するだけで目眩がした。フィッツパトリックが出てきて、君たちが今年のニュージーランド・コルツのメンバーだ、と言った。彼がその後で何を話したかは、よく覚えていない。胸がいっぱいで、言葉がうまく耳に入ってこなかったのだ。

解散すると、すぐに父に電話をした。父も僕と同じくらい喜んでくれた。

その後は、あっという間に物事が進んでいった。ガレージに戻って荷造りをし、ツアー前のキャンプ地であるオークランドに飛んだ。僕はそれまで、クリケットの試合でオーストラリアを訪れたことを除けば、生まれ故郷の南島を離れたことはなかった。北島にあるオークランドにすら行ったことがなかった。それが今、オークランドで二週間を過ごし、そのまま南アフリカに行くことになったのだ。

僕たちはオークランドのエラズリーにあるノボテル・ホテルに宿泊し、毎日練習をした。ニュージーランドラグビー協会のチーム運営は実にしっかりとしていた。僕にはこの環境がとても心地よかった。報酬を得ているわけではなかったが、プロのラグビー選手になったような気分だった。一日中、ラグビーと向き合っていられる。僕が代表チームに選ばれて何よりも魅力的に感じたのはそこだ。僕にとって、ラグビーは最大の情熱だ。そのラグビーに朝から晩まで関わっていられるのは、なんて素晴らしいことなのだろう。僕たちは、すべてを与えられていた。最新のラグビー用具は無料でもらえたし、トレーニングジムにも最高の設備が用意されている。ラグビー場も新設したばかりみたいにピカピカに整備されていた。ティマル・ボーイズ校のあの泥だらけのグラウンドとは別世界だ。僕たちは仕事や勉強に追われることなく、ひたすらにラグビーに集中できた。心のなかにあったのは、徐々に近づいてくるワールドカップのことだけだった。

僕はこの合宿で、自分の身に起こった大きな変化について思いを巡らせていたことをよく覚えている。一年間、僕は地元の小さなクラブのコルツチームで、楽しむためだけに仲間とボールを追いかけていた。プレッシャーもなかったが、夢や目標もなかった。それが今、全国から集まったトップクラスの若手選手と一緒に練習をし、高級ホテルに滞在している。僕は自分が相当にラッキーなのだと思った。だが同時に、この状況に感謝しなければならないとも思った。誰も失望させたくはなかった。特に、僕を信じてメンバーに選んでくれた人たちを落胆させたくはなかった。

大会開催地のヨハネスブルグに向けて出発する日がやってきた。南アフリカに到着した僕たちは、エリス・パークでの初戦に臨んだ。相手はイングランド。僕たちはこのスタジアムで試合ができることに特別な感慨を覚えた。数年前、W杯南アフリカ大会決勝で、オールブラックスが南アフリカ代表〝スプリングボクス〟と死闘を繰り広げ、惨敗したのがここだからだ。僕たちは銀色のシダ《シルバー・ファーン》のロゴが入ったオールブラックスのジャージを着て、この歴史的なフィールドに飛び出した。ジャージもシューズもすべてアディダス製だ。

僕たちは、自分たちはニュージーランドを代表する新しい力なのだという思いを新たにした。能力の高い選手が揃っていたので、相手がどこであれ、自分たちのプレーをすることだけを心がければよかった。僕はそれまで、これほど強いチームでプレーしたことはなかった。優秀な仲間に囲まれていることで、パフォーマンスを発揮しやすかった。自分のプレーに集中できたし、スタンドオフとしてより戦略的な判断もできた。味方はきっとそれぞれの役割を果たしてくれるはずだという信頼もあった。

僕はイングランド戦に先発し、良いプレーをした。チームは快進撃を続け、予選プールを楽々と勝ち上がっていった。迎えた準決勝、相手はホスト国の南アフリカ。僕は、このとき初めて南アフリカと対戦した。そして、彼らが地元で勢いに乗ったときにどれほどの強敵になるかを思い知った。その日の僕は散々な出来だった。プレッシャーに圧倒され、最後まで嫌な感触を振り払うことができなかった。

やることなすことがうまくいかないという、この嫌な感じは、クライスト・カレッジ校との試合で味わったものと似ていた。相手選手の身体は大きく、まさに怪物だった。僕たちはうまく彼らに対処できなかった。僕は後半開始早々に交代させられてしまった。ベンチに座り、重要な試合でひどいプレーをしてしまったという敗北感を抱えながら、戦況を見つめた。僕たちはインジュリータイムにペナルティキックを決められ、若きスプリングボクスに敗れた。

試合後の更衣室は重苦しい雰囲気に包まれた。それでも、それは僕がクライスト・カレッジ校との試合に負けて味わったあの絶望感ほどではなかった。不思議なことだ。僕たちは、シルバー・

ファーンのロゴ入りのジャージを着て、二一歳以下のワールドカップを戦っていたというのに。ラグビー選手にとって、ハイスクールの試合はそれほどまでに特別なものなのだ。

僕たちは気を取り直して三位決定戦に臨んだ。相手は、すでに一度戦って破っているウェールズだった。試合は、僕たちの圧勝。僕もチームも、いいプレーができた。この勝利はいくらかの慰めになった。準決勝までに見せつけてきた自分たちの強さを、あらためて示す形で大会を終えることができたからだ。

試合後、チームはビールで乾杯した。僕たちは大会期間中、ずっと良い子にしていた。ほとんどアルコールは口にしなかったし、外出だって一度もしなかった。だけどその夜は、さすがに街に出かけて酒杯をあげたいと思った。長いあいだ、ずっと我慢をしてきたのだ。少しくらい羽目を外してもかまわないはずだ。僕たちは数台のミニバンに乗り込み、いざ出発した。出かけたのは選手とセキュリティ・スタッフだけで、コーチやチームスタッフはホテルに残った。

大会期間中は、全員がチームのポロシャツを着用することにしていた。国を代表していることを誇りにするためという理由もある。だけどこれには、毎日何を着るかで頭を悩ませなくてもいいというメリットもあった。僕たちはエリートスポーツ選手になるための階段を上っていた。だけどさまざまな面で、未熟な子供にすぎなかった。選手の多くは一〇代だった。プレーをしているときと同じような自信を、グラウンドの外で感じることはほとんどなかった。

到着したのは、辺ぴな場所にある怪しげなクラブだった。嫌な予感がした。僕たちはそれまでずっと、ヨハネスブルグの裕福で安全な地域に滞在していた。それが、一晩かぎりの外出を楽しもうとしているこのときに、わざわざ得体の知れない危険な場所に出向いてしまうなんて。僕はいまだに、あの日どういう経緯で僕たちがその店に流れ着いたのかがよくわからない。ともかく僕たちは、大会中に溜め込んでいたストレスをこの店で発散しようとした。

店内の雰囲気は悪くなかった。僕たちもすぐに、この素晴らしい夜を楽しみ始めた。店のあちこちでショットが飲み干され、大音量で音楽が鳴り響き、照明は薄暗かった。それはまさに僕たちが望んでいたものだった。しかし同時に、どことなく危険な香りもした。当時の南アフリカはまだ、局面によっては人種的な分断が見られた。ひょっとしたら店の客は、僕たちのチームに大勢いるポリネシア人の存在を疎ましく思っているのかもしれない——。そんなこともわずかに脳裡《のうり》をよぎったが、たいして気にはしなかった。それより僕たちは、仲間たちと、最後のひとときを惜しむように飲み、語り合いたかった。チームは帰国後に解散となり、同じメンバーとして集まることはおそらく二度とないからだ。

二時間ほどが経過し、店内はますます盛り上がってきた。僕たちも騒々しくしてはいたが、面倒を起こしたりはしていなかった。そのとき唐突に、店内にアナウンスが鳴り響いた。「そこのニュージーランド人たち、今すぐ店から出て行ってくれ」。僕たちは最初、唖然として顔を見合わせた。冗談なのかと思った。だが、同じアナウンスが繰り返された。しかたなく、僕たちは出口に向かって歩き始めた。僕たちは混乱し、腹を立てた。理由を説明されることもなく、店から閉め出されてしまったのだ。

店を出たとき、入り口にいたクラブの用心棒と、黒いポロシャツを着た僕たちのチームの何人かが小競り合いを始めたのが見えた。お互いに相当熱くなっていて、今にも殴り合いに発展しそうだった。今にして思えば、僕は引き返して騒動を収めに行くべきだった。だけど正直そのときは、早くパーティーの続きがしたかった。面倒には巻き込まれたくはなかった。それに、身体の大きな、ラグビーで鍛え上げた肉体を持つ僕たちの仲間が、たかが数人の用心棒にどうこうされることもないだろうとも思った。僕はそのまま何人かの仲間とミニバンに飛び乗り、別のクラブに向かった。そのときは知る由もなかったが、この気まぐれで、やや自分勝手な判断が、僕たちの命を救うことにつながったのだった。

僕たちがその場を立ち去った直後、選手と用心棒が喧嘩を始めた。しかし、本当に事態が危険な一線を越えてしまったのは、用心棒側の援軍が到着してからだった。急停止した数台のバンから、身体の大きな男たちが大勢飛び出してきた。互いのメンバーが入り乱れて激しく殴り合う、恐ろしい光景が繰り広げられた。それは、酒場の喧嘩というレベルをはるかに超えていた。

そのとき、銃声が響いた。全員が動きを止めた。僕たちのチームのメンバーは、バンに引き返そうとした。用心棒側はピストルで僕たちの仲間を殴った。数人につかまってひどく殴られた仲間もいた。バンを走らせようとしたとき、窓ガラスを粉々にされてしまった。僕たちの仲間は車を捨て、フェンスを跳び越えながら走って逃げた。

僕たちが現場に戻ってきたのは、その直後だった。別のクラブに行ってみたらそこが休業日だったので、チームメイトの様子が気になって引き返してきたのだ。すでに乱闘はほとんど終わっていたが、興奮した連中がまだ辺りをうろついていた。僕たちがチームのポロシャツを着ているのに気づいた通行人が叫んだ。「車に戻れ！　ホテルに帰るんだ。ここは危険だ！」

仲間のコーリー・フリンが、携帯電話でヘッドコーチのフィッツパトリックと、誰がホテルに戻ったかを確認していた。コーリーはこの危険な状況のなかで、信じられないほど冷静だった。そして、まったくの偶然によってトラブルを免れていた。黒のポロシャツではなく、数日前にフランス人選手と交換したブレザーを着ていたので、用心棒の標的にされなかったのだ。

僕たちは事態を飲み込めないまま、恐怖に震えながらホテルに向かった。全員がホテルに戻れているのか、いったい何が起こったのか、さっぱりわからなかった。ホテルに到着すると、恐ろしい光景が目に飛び込んできた。全身血だらけになった者、歯が欠けた者、頭に大きな瘤ができている者、鼻が折れている者、目の周りに黒い痣をつくっている者——。

それまでに見たことのないような類いの怪我だった。ラグビーのフィールドでの負傷とは、まったく別物だ。誰もが恐怖に怯えていた。僕たちはようやく、自分たちがどれほど危険な場所に足を踏み入れていたか、そのような場所ではいかに物事が簡単にエスカレートするかに気づいたのだった。ニュージーランドでは、喧嘩になっても銃を引っ張り出す奴などいない。僕たちは大勢で出かけていったにもかかわらず、殴られて痣だらけになって戻ってきた。南アフリカは、ニュージーランドとは根本的に違う場所なのだ。僕たちはそのことを、嫌というほど思い知らされた。

その夜は、とりあえずそのまま眠りについた。翌朝、僕たちはチームミーティングのために集合した。ニュージーランド行きの帰国便に乗るのは翌日だ。意外にも、ヘッドコーチやスタッフは怒っていなかった。おそらく、このような収拾のつかない事態が起きてしまったことにショックを受けていたはずだが、僕たちが全員生きて戻ってきたことへの安堵感の方が優っていたのだと思う。傷ついてはいたが、誰も命を落としたりはしなかった。

チームスタッフからは、昨夜の出来事について詳しく尋ねられた。ニュージーランドラグビー協会に、報告書を提出しなければならないからだ。あの日、用心棒の軍団が本当に僕たちめがけて発砲したのか、それとも単なる威嚇だったのか、真相はいまだによくわからない。とはいえ、彼らが銃を持っていて、その銃で僕たちを殴ったり、銃口を向けたりしたのは事実だ。僕は後にも先にも、あれほど危険な目に遭ったことはない。

これには及ばないが、翌年にクルセイダーズのメンバーとして南アフリカを訪れたときにも、危険な出来事を体験したことがある。僕たちはこのとき、ケープタウンに滞在していた。世界でもっとも美しい都市の一つであり、アフリカでもっとも安全な場所の一つだ。最初は、チーム全体で宿泊先のホテルで酒を飲んでいた。しばらく時間が経った頃、僕はチームメイト二人とホテルを出て、別のナイトクラブに行くことにした。

携帯電話で話をしながら歩いていたら、前を行く二人から一〇メートルほど遅れてしまった。二人が角を曲がり、わずかな時間、通りには僕一人しかいなくなった。すると、どこからともなく男が二人現れて、僕をつかんで壁に押しつけた。一人が、携帯電話をよこせと言った。僕は少し酔っていて、気が大きくなっていた。「勘弁してくれよ」僕は言った。「今電話で話しているところじゃないか」

「こいつを撃て」一人の男が言った。一気に全身の血の気が引いた。僕は電話を差し出し、下を向いてできる限り早足でその場を立ち去った。心臓の鼓動がバクバクと音を立てていた。酔いは完全に醒めた。仲間に追いつき、事の次第を伝えた。僕たちは震えながらホテルに戻った。ヨハネスブルグでの乱闘騒ぎから、まだ一年も経っていなかった。「こんな国は大嫌いだ」。僕は当時、何度もそう口にした。南アフリカを再び好きになるまで、長い時間がかかった。今では、僕はこの国のことが大好きだ。安全に気を配っておけば、前みたいに危険な目に遭うようなことはない。

ヨハネスブルグでの乱闘事件の後、傷の手当てとチームスタッフへの事情説明に一日を費やした僕たちは、翌日の便でオークランドに戻った。すでに、事件の噂はメディアの耳に届いていた。空港には、大勢のカメラマンや記者が僕たちを待ち構えていた。皮肉なことに、このときの様子をとらえた映像として使われたのは、車椅子で空港内を移動するジョー・ロコゾコの姿だけだった。実際には、ジョーは用心棒との乱闘ではなく、フィールド上で足を骨折したのだけど。当然ながら、帰国後には事件についてニュージーランドラグビー協会による徹底した調査があった。協会にとって、この出来事はいい教訓になった。協会は現在でも、若い選手に海外ツアーに潜む危険性を教えるためにこの事件を例に出している。

悲惨な体験をしたとはいえ、今振り返ると僕たちは本当に幸運だった。僕たちは若く、酔っていて、危険な場所にいた。もっと悪いことが起きていても、ちっともおかしくはなかった。

第4章 カンタベリーの更衣室

僕は複雑な感情を抱きながら南アフリカから帰国した。ナイトクラブでの事件のショックはまだ冷めておらず、心の一部は固まったままだった。しかしその一方で、ラグビー選手としての自分には新たな自信が芽生え、将来の見通しにも手応えを感じ始めていた。僕は、ニュージーランドの年代別代表チームで力を発揮できた。ほとんどの試合で先発メンバーに選ばれた。この国でトップクラスの若手選手たちに交じり、遜色のないプレーができたという自負もあった。こんなふうに順調に前進できていることを嬉しく感じながら、夏のトレーニングが始まるまでのシーズンオフを楽しみにしていた。そんなとき、ニュージーランド州代表選手権リーグのカンタベリー州代表チームのヘッドコーチ、オージー・マクリーンから電話がかかってきた。マクリーンは、僕がその年のカンタベリー州代表チームに選ばれたと言った。

僕は事態をうまく飲み込めなかった。他の地域のことはよくわからないが、カンタベリーの人間にとって、このチームはものすごく特別な存在だ。僕たちは、理不尽なまでの巨大な情熱でこの代表チームをサポートしている。僕は、クライストチャーチのランキャスター・パークのゴール裏で、カンタベリー対ウェリントンの試合を観戦したときのことをよく覚えている。カンタベリーはボールを奪い取り、敵陣深くに攻め入った。ウェリントンのチームは押し込まれ、スタンドオフのサイモン・マニックスはインゴールの奥に立っていた。ゴール裏の立ち見席にいたカンタベリーのファンは、マニックスに向かって赤くて丸い小さなチョコレートのお菓子「ジャファ」を投げ始めた。恥ずかしながら、僕もそのうちの一人だった。観客が投げたジャファはマニックスには届かず、すべてその手前に落ちたのだが、それはファンの振る舞いとして決して許されるべきものではない、相手への敬意を欠く行為だった。スタンドにいると一種の集団ヒステリーのようなものに巻き込まれてしまい、理性的な判断ができにくくなる。そのときの僕たちもまさにそんな感じだった。カンタベリーのチームには、ファンにそんな行動をとらせてしまうような何かがあった。そして僕は、まだ二〇歳になったばかりだというのに、このチームの一員になったと告げられたのだ。そのジャージの袖に腕を通す日がくることなど夢にも思わないまま、熱狂的に応援し続けてきたあのチームの一員に。

チームの更衣室に初めて足を踏み入れたときは、猛烈な畏怖の感覚に襲われた。チームには、この地域の伝説的な名選手が大勢いた。たとえばジャスティン・マーシャルやルーベン・ソーン、アンドリュー・マーティンズ。ポスターやテレビでしか見たことのない憧れのスターだ。ラグビー選手としてとてつもない実績があり、世の中にも名前が知れ渡っている。僕はただの子供だった。彼らと、どんな言葉を交わせばいいのだろう？

僕は口を閉じ、目立たないようにして、できる限り先輩たちから学ぼうと決意した。最初のシーズン、僕は練習をする先輩の動きを黙って見つめ、必死にそれを真似ようとした。頭のなかではいつも、もう一人の自分が「お前はここで何をしているんだ。ここはお前なんかが通用する場所じゃないんだ」と囁《ささや》く声がした。

僕がチームに参加したとき、主力選手の何人かはオールブラックスに召集されていて不在だった。もちろん、他にもダリル・ギブソンなどのような優れた選手がたくさんいたが、メンバーが欠けていたおかげで僕にも出場の機会が巡ってきた。相手がニュージーランド州代表選手権の二部リーグ以下のチームであったことや、スタンドオフだけではなくセンターのポジションでプレーしたことで、プレッシャーを減らすこともできた。僕はマールボロ戦で、途中交代でデビューした。初先発となったミッドカンタベリー戦では二つのトライを決めた。どちらも敵地だったが、ニュージーランド国内で古い歴史を誇るタイトル、「ランフリーシールド」をかけた試合だった。

僕はこのオープニング・マッチで手応えのあるプレーができた。次の相手は、イーストコーストだった。このチームは昨年、ニュージーランド州代表選手権二部リーグの決勝でホークスベイに僅差で敗れて一部昇格の夢を絶たれたものの、充実したシーズンを送っていた。この試合は、カンタベリーのホームであるジェイドスタジアムで開催された。僕がこの競技場で試合をするのは初めてだった。一九九八年以降、ネーミングライツ制度の導入によって「ジェイドスタジアム」と呼ばれるようになったが、僕にはこの伝統のスタジアムはそれ以前の「ランキャスター・パーク」という名称の方がしっくりくる。試合前、ひどく緊張しながらフィールドでウォーミングアップをした。緊張は、試合が始まってからも解けなかった。相手は試合開始と同時に猛烈に僕たちに立ち向かってきた。特に、最初の二〇分は凄まじかった。僕は、自分たちのチームは、格下であるはずの相手を一度も突破できずに試合を終えるのではないかと不安を抱いた。これが、ランフリーシールドがもたらす魔法だ。この盾を奪い取るために、誰もが死力を尽くそうとする。

だが突然、僕たちは自分たちのプレーを取り戻した。僕は三つのトライを決めるハットトリックを達成した。僕には、このレベルの相手に対してなら、カンタベリー代表チームの一員としてもある程度のプレーができるという自信が生まれていた。しかし同時に、そのような考えは無意味だとも思った。アーロン・メイジャーやアンドリュー・マーティンズがチームに戻ってくれば、中盤の構成は大幅に変わるはずだからだ。

ジャスティン・マーシャルとアンドリュー・マーティンズは、カンタベリーにとってとてつもなく大きな存在だった。二人はまるで神だった。僕はそれまでに一度だけ二人に会ったことがあった。マーシャルとマーティンズのポジションをタイトルにした「ナイン・アンド・テン」という映像作品でのプレーシーンを撮影するために、クライストチャーチボーイズ校のバックラインの選手たちが借り出されたのだ。撮影終了後、仲間の一人がマーティンズにシューズをくれないかと尋ねた。マーティンズは「いいとも」と言って履いていたシューズを脱ぐと、気前よく渡してくれた。すると、今度は別の仲間が靴下をくれないかと言った。マーティンズは汗臭い靴下を脱ぎ、渡してくれた。僕はマーティンズの大ファンだったので、その臭い靴下をもらった仲間のことを激しく嫉妬した。

この感覚は、カンタベリーでの一年目でも変わらなかった。僕は憧れのスター選手と同じ部屋にいるだけで幸せな気分を感じている子供にすぎなかった。自分がそこにいる価値のある人間だとは一瞬たりとも考えたことはなかった。だが、オールブラックスのメンバーがチームに戻ってきてからの最初の試合、ヘッドコーチのオージー・マクリーンが発表したスタメンのなかには、まだ僕の名前があった。ニュージーランド州代表選手権一部リーグでの僕の初試合、相手はスター選手を数多く擁するウェリントン州代表チームだった。その日、タナ・ウマガとクリスチャン・カレンは出場していなかったが、ウイングにはジョナ・ロムーが、センターにはマア・ノヌーがいた。全速力で走ってくるロムーに一度だけタックルをしたが、二メートルもはじき飛ばされてしまった。この大男とフィールド上で接触したのはこのときが最初で最後だ。その野性的な力は圧倒的だった。僕はその試合で、ロムーにタックルをしなければならない局面が一度しかなかったことに感謝した。

それ以降も毎試合、それまでテレビでしか見たことのなかった選手たちとの対戦が続いた。夢を見ているようだった。たったの一年前、僕は地元クラブのコルツチームでプレーし、低賃金の肉体労働で糊口《ここう》を凌《しの》いでいた。それが今や、まだハイスクールを卒業して二年しか経過していないのに、カンタベリー代表チームでプレーし、ラグビー選手としてもらう報酬で生活している。それは現在の基準からすれば、かなり少ない額だった。だが家賃週八〇ドルのガレージに住んでいた僕にとっては、大金だった。一試合ごとに四〇〇ドル、勝てば二〇〇ドルのボーナス。ランフリーシールドがかかった試合では、勝利給は五〇〇ドルに上がった。この年、僕たちは長期間にわたってシールドを保持し続けたので、毎週、ほぼ一〇〇〇ドル近くを手にすることができた。さらに、スポンサーからは大量のラグビー道具を無料で提供してもらえた。

いきなり大金を手にした二〇歳の若者にありがちなことだけど、僕は金遣いが荒くなった。毎週のように新しいものを買った。大きなダブルベッド、新しいステレオ、サラウンドサウンドシステム、大型テレビ――。クライストチャーチじゅうを探しても、ガレージのなかでこれほど豪華な暮らしをしている人間はいなかったはずだ。僕はガレージ内を徹底的に自分好みの場所に変えていった。それでもまだ、飲みに行く度に周りのみんなに酒をおごるだけの金があった。

世界のどこであれ、若者がどれほどあっという間に愚かな方法で金を使い果たしてしまうかを見たいのなら、初めて契約をしたスポーツ選手を探せばいい。僕はその後、金の使い方に慎重になり、積極的に投資をするようにもなる。それだけに、若い頃の滅茶苦茶な金の使い方を思い出すとなおさらぞっとしてしまう。僕は引退したら、やってみたいことがある。若い選手に、ファイナンスの管理方法や現役引退後の人生設計について教育やアドバイスをすることだ。

だけど当時ラグビーはまだプロ化したばかりで環境面も整っていなかった。僕には代理人もいなかった。ただプレーができれば幸せだった。僕はシーズン当初、主にBチームの試合に出場し、Aチームではベンチ要員という扱いだった。だがシーズン終盤になると、Aチームの試合に多く出場するようになった。僕たちは準決勝でオークランドに敗れた。それは胸が張り裂けそうになるほど辛い体験だった。この試合の最後では、相手チームのダグ・ハウレットに思い切り罵倒されてしまった。恐ろしいと感じた。そんな経験はしたことがなかったからだ。面白いことに、僕たちは今ではとても仲がいい。ハウレットはいまだにそのときのことを僕に謝っている。おそらく、感情が抑えられないほど高ぶったときに、たまたま近くにいたのが僕だったということなのだろう。

その後、チームは毎年恒例の、数日がかりの年忘れパーティーをした。僕は連日、かつて憧れた選手たちと酒を飲み続けた。彼らのポスターは、サウスブリッジにある実家の寝室の壁に今でも貼ってある。夢を見ているような、最高の気分だった。

その頃から、僕は次第にサウスブリッジの幼馴染みとは疎遠になっていった。カンタベリーのチームに所属し、ガレージでは大学生の仲間たちとの付き合いもある。地元の友達と遊ぶ時間はほとんどなかった。僕はこの一年で各チームから支給された大量のラグビー用具を、仲間に分け与えた。友達はみな喜んでくれた。それでも、僕たちは確実に別々の人生を歩み始めていた。ずっと仲良くしてきた友達と離れていくのは、悲しいことだった。

だが、悲しみに浸っている暇はなかった。幼馴染みと離れる寂しさは、名門チームの一員でいることの大きなスリルに取って代わられた。クライストチャーチでは、ニュージーランド州代表選手権の代表チームや、それよりも上のカテゴリである国際リーグ「スーパーラグビー」に属するクルセイダーズの選手は、セレブリティとして扱ってもらえる。その誘惑には抗いがたいものがあった。チームのブレザーやネクタイを身につけて外出すれば、行列に並ぶ必要はなかった。ナイトクラブにも順番を待たずに入れてもらえるし、飲み物にも金を払わなくてもよかった。テレビ中継される試合に定期的に出場するようになると、さらに特別な扱いをされるようになった。誰もが僕に飲み物をおごってくれるようになり、カウンターで順番を待つ必要もなかった。

この最初のシーズン、一週間の過ごし方には素晴らしいパターンがあった。平日は毎日たっぷりと練習をする。土曜日は試合で、たいていは勝利する。試合後は街に繰り出し、地元で神のような扱いを受けている仲間のスター選手たちと一緒に楽しいひとときを過ごす。そのとき僕はまだそれほど名が知られていなかったので、名声を得ることで生じるマイナス面を体験せずに、〝ちょっとした有名人〟というステータスがもたらすメリットを享受できた。

チームの雰囲気は信じられないほど温かかった。オールブラックスのメンバーが戻ってきた後でも、僕は大切に扱ってもらえた。ありふれた決まり文句ではあるけど、チームはまさに家族も同然だった。もちろん、それはすべてのラグビーチームに当てはまる。だけど、このチームはそのなかでも特別だった。カンタベリーやクルセイダーズのようなチームには、メンバーそれぞれに自分よりも大きな何かの一部に所属しているような感覚を抱かせる文化がある。このような強い絆があるからこそ、僕たちはフィールド上でチームのためにどこまでも貢献し、苦しみに耐えようとすることができるのだ。

シーズンが終わり、まだその余韻に浸っている頃、前の夏にカンタベリーのアカデミーに所属していたときのヘッドコーチだったロブ・ペニーから電話がかかってきた。ペニーは、クルセイダーズのヘッドコーチ、ロビー・ディーンズがオフィスで僕に会いたがっていると教えてくれた。僕は戸惑った。これは喜ぶべきことなのか、それとも何か面倒に巻き込まれたのか？　オフィスに着くと、ディーンズは平然として言った。「クルセイダーズに入りたいか？」。漠然とした尋ね方だったので、その質問をどう解釈すればいいのかがわからなかった。いつの日かクルセイダーズに入りたいという希望があるかと尋ねられているのか、それとも来シーズンのチームのメンバーに誘われているのか？　いずれにしても、僕の答えはもちろんイエスだった。

僕はディーンズに、クルセイダーズでプレーすることは長年の夢だったと言った。ラグビーがプロ化して以来、ランキャスター・パークで僕が応援してきたスーパーラグビーのチームはクルセイダーズだった。このチームに入りたくない理由などあるわけがなかった。

ディーンズは言った。「良かった。君には二〇〇三年のクルセイダーズのチームに入ってもらいたいと考えているんだ」。腰が抜けそうになった。それは、この一年で何度も体験してきたのと同じ感覚だった。まずはアカデミー、次にクルセイダーズの育成チーム、二一歳以下のニュージーランド代表、カンタベリー州代表チーム――。すべては、たったの一年以内で起こった。そして今、僕はスーパーラグビーのクルセイダーズに誘われている。僕は、これで話は終わりだと思いながら、間抜けな笑顔を浮かべていた。しかし、ディーンズの話は終わっていなかった。「クルセイダーズのレギュラーになれると思うか？」。僕はためらうことなくノーと答えた。クルセイダーズには、僕のアイドルであるマーティンズやアーロン・メイジャーがいる。僕にはまだ学ぶことが山ほどある。僕はただ、将来性を買われただけだ。

ディーンズは穏やかな平然とした口調で、とてつもないことを口にした。十分な努力をすれば、君はクルセイダーズのレギュラーになれる、と。

「彼は何を言っているんだ？」僕は思った。そんなことは不可能だ。それでも、僕はこのヘッドコーチのことを尊敬していた。ディーンズは僕に大きなチャンスを与えようとしてくれている。彼を落胆させたりはしたくない。僕は、ディーンズの言葉を信じて、これまで以上に最大限の努力をしようと心に誓った。ディーンズは若い選手の力を引き出すのがうまかった。やる気を高めるような言葉をかけ、将来のビジョンを示してやることで、選手の心に火をつけるのだ。若いアスリートは、大きな夢を描けないために、うまく目標を設定できないことが多い。ディーンズは、そんな若者に道を示し、その気にさせる術に長けていた。大きな夢があるからこそ、僕たちは並の選手から一流の選手になろうとして、猛練習に耐え抜くことができるようになるのだ。

浮き足立ったような感覚を覚えながら、ディーンズのオフィスを後にした。マーティンズを差し置いてクルセイダーズのスタンドオフになるなんて、とてもじゃないが無理な話だ。それでも、ディーンズが示してくれた目標に向かって全力で頑張ってみよう。とはいえ、自分の今のライフスタイルを思えば、この挑戦はやっぱり馬鹿げているように感じられた。ガレージに住んでいるクルセイダーズの選手？　そんなのあり得ない。それでも、やるっきゃなかった。僕には、失うものなど何もないのだから。

僕は、プロのラグビー選手になった。基本給として年俸六万五〇〇〇ドルがもらえる、スーパーラグビーの選手だ。小さな町出身の若者にとっては、身に余るような大金だった。さらに、スーパーラグビーのシーズン前に所属することになるカンタベリー州代表チームからも、これまでと同じく基本給一万ドルが支給される。僕はこの条件で三年契約を結んだ。夢を見ているようだった。大好きなスポーツをすることでお金をもらえるのが、信じられなかった。ただ、三年後、オールブラックスの選手として名前が知られるようになった頃から見れば、この年俸一万ドルという契約は、バーゲンのように見えたかもしれないけれど。

また、そのときの僕には契約面でアドバイスをしてくれる人もいなかった。前にも述べたとおり、当時のラグビー界はプロ化したばかりで、まだよちよち歩きの赤ん坊のような状態だった。カンタベリーと契約するとき、僕にはアイルランドでセミプロとしてプレーするという誘いもあった。父の友人に、アイルランドで働いている人がいた。彼が、僕に少しアイルランドの血が流れていることを知っていて、この国でプレーすることを勧めてくれたのだ。幸い、カンタベリーの方が近かったこともあって、僕は地元でプレーすることを選んだ。もしあのとき海外でプレーする道に進んでいたら、ひょっとしたら僕はアイルランド代表のジャージを着ることになっていたのかもしれない。

スーパーラグビーのチームと契約をしたことは、僕の家族や友人にとってはとてつもなく大きな出来事だった。だけど、メディアに騒がれたりはしなかった。僕は言わば数あわせのためにチームに選ばれた末端の選手であり、年俸もスーパーラグビーのなかでは最低賃金クラスだった。条件面で交渉できる余地などなかった。提示された金額で契約をしてプレーするか、契約せずにテレビで試合を見るか、だ。もちろん、僕が何よりも望んでいたのはプレーをすることだった。

こんなふうに契約交渉する必要はなかったにもかかわらず、僕は次第にフィールド以外の場で誰かの助けがいるかもしれないと感じるようになった。カンタベリーと契約してからクルセイダーズと契約をする前に、僕はスポーツ選手のマネジメントを手掛けるGSM（グローバル・スポーツ・マネジメント）社の若き代理人、ルー・トンプソンと出会った。ルーは僕の両親と会って話をした（その前に、クラブラグビーで父と試合をしたこともあったらしい）。そして、僕に強い興味を持ってくれた。彼は僕が出会った初めての代理人であり、それから一三年が経過した今も、ラグビー界で僕がもっとも信頼を寄せる人間の一人だ。GSMはその後でエッセンシャリー社と名称を変えたが、ルーと同社のスタッフは僕にとってのフィールド外のチームであり続けている。

僕は、彼らに見つけてもらえてとても幸運だと思っている。ニュージーランドではなく海外で多く起こっていることではあるが、代理人に搾取されたり、ひどい条件の契約書にサインさせられてしまったりしたという若手選手の例は少なくない。スポーツ選手の寿命は短い。悪質な代理人と関わってしまえば、アスリートとしての人生が大きく左右されてしまいかねない。だから僕は、ルー・トンプソン、ディーン・ヒーガン、サイモン・ポーター、ウォーレン・オールコックらのチームと出会えて本当にラッキーだった。彼らは僕にとって素晴らしきパートナーであり友人だ。

契約書に署名した僕は、さっそく自分の果たすべき仕事に取り組んだ。一二月から、ロビー・ディーンズのもとで他のメンバーと一緒にトレーニングを開始した。それは、僕が体験した初めての完全なプレシーズンだった。練習は厳しく、疲れもしたが、僕はそれを楽しんだ。前の年までは朝と夕方の二回だった練習は、一日中になった。くたくたになって家にたどり着き、ベッドに倒れ込むようにして眠る毎日だった。

眠る時間が増えたことで、僕は自分の生活環境をあらためて考えざるを得なくなった。スーパーラグビーの選手がガレージに住むのは正しいことではないと思えた。同じ時期に、僕は女子ホッケー選手のホナー・ディロンに出会っていた。まだ付き合い始めてはいなかったが、僕には彼女が自分にとって特別な人になるかもしれないという予感があった。そして、ホナーは（というか、どんなガールフレンドでも）、この寒くて湿ったガレージで時間を過ごすのを嫌がるに違いないと思った――たとえ、どれだけ僕がガレージ内を飾り立てていたとしても。

僕はクライストチャーチボーイズ校からの仲間であるダグ・タウシリ、ベン・ジョーンズと共同でモダンなタウンハウスを借り、そこに引っ越すことにした。しばらくして、エルズミア・カレッジ時代のニック・マッケイと、友人の友人であるエマ・ローレンスも同居することになった。

僕は月一五〇ドルでマスターベッドルームに住むことにした。専用のバスルーム付きだった。自分には十分すぎるほどの場所だったが、トレーニング後にたっぷりと睡眠をとらなければならないことを考えれば、豪華な部屋に住むのは良いことだった。

タウンハウスでの仲間との暮らしは楽しかった。ここは、他の若手選手たちのたまり場にもなった。その頃、僕はクルセイダーズ・アカデミーのトレーニングセッションでスコット・ハミルトンに出会った。この年は、スコットにとってもデビューの年だった。僕たちは意気投合した。スコットはタウンハウスに入り浸りになった。ソファは、まるで彼の指定席だった。自然な成り行きとして、翌年、スコットもこの家に移り住んでくることになった。

その夏、僕はひたすらに練習に打ち込んだ。現在の体力を把握するための三キロ走も定番メニューだった。僕はいつもカレブ・ラルフに次いで二位でゴールした。トレーナーのマイク・アンソニーは細身のマシーンのような男だった。ヒルトレーニングやアンソニーが用意した他のトレーニングメニューで、カレブと僕はいつも彼についていくのがやっとだった。僕はウエイトトレーニングが性に合っていることに気づいた。夏の終わりには、ベンチプレスで一四〇キロを上げるようになっていたし、スクワットでも相当の重さのバーベルを担げるようになった。規律ある行動をし、コンディションを高めるために気を遣い、平日の猛練習のご褒美として週末の休みを手に入れる――そんなラグビー選手としての生活は充実していた。

僕たちは週末を心待ちにしていた。僕が十分な報酬を得ていたおかげで、仲間と一緒に値段を気にせずにどんな店でも入ることができた。金を貯め込もうなどとは思っていなかったので、いつもみんなに酒をおごった。よく出かけたのは、街の中心にある繁華街だった。当時、その辺りは活気に満ちていた。僕たちはそこで最高の時間を過ごした。だが、楽しい時間を過ごせるのは、平日にハードなトレーニングをしているからこそだった。一二月が終わり一月に入ると、オールブラックスに選ばれていたメンバーがチームに戻ってきた。大切な試合が迫ってきているのを感じた。僕はオールブラックスのメンバーの側にいることで、プロとして初めて、シニアレベルの国際試合の感覚を味わうことができた。

プレシーズンマッチでは、グレイマウスやネルソンで試合をした。だけど僕の記憶に強く残っているのは、オーストラリアに渡り、ニューカッスルでワラタスと戦った試合だ。僕たちはマンリーに滞在し、チームの状態は上がっていた。試合はゲームプラン通りに進んだ。僕も途中交代するまでいいプレーができた。ただし、試合開始直後に身体を強く打ち、血腫ができてしまった。たいした怪我ではなかったが、ドクターからはアルコールは控えるようにと言われた。ニューカッスルからマンリーに戻るバスのなかで、僕はチームのメンバーがビールを飲んでいるのを見た。そして、自分も一杯くらいなら飲んでもかまわないだろうと思った。

バスの後部座席に座っていたメンバーが、僕がビールを手にしたのを見ていた。僕は彼らに背中をつかまれ、車内の一番後ろまで連れて行かれた。部外者には奇妙に思えるかもしれないが、スポーツのチームには、バスの座席順についての厳密なルールがある。たいていは年上で影響力のある選手たちが一番後ろに陣取り、誰がどこに座るかを仕切っている。このルールに逆らうことなどできない。これは一部の選手だけが従っているルールではない。それはチーム内の序列の基盤になっているのだ。だから、後部座席に座る年上の選手に呼び出されるのは、僕たち若手にとって喜ばしいことではない。その年の最初の遠征旅行での出来事ならなおさらだ。

僕は、その日の夕方に目にしたジャスティン・マーシャルとマーク・ハメットの表情よりも恐ろしい光景を見たことがない。

「なんでビールを持ってる?」ジャスティンが尋ねた。

「飲もうとしていたのは、この一杯だけです」

「今日は怪我をしたな?」

「血腫ができました」

「医者は何と言った? 酒は飲むなと言われたんじゃないのか?」ジャスティンが言った。

「飲もうとしていたのは、この一杯だけです」僕は馬鹿みたいに同じ台詞を繰り返した。

「そうか」ジャスティンが言った。「それを飲み干せ」

僕は手にしていたビールを一気に飲み干した。

「もう一杯だ」

僕はそのとき、マーティンズやアーロン・メイジャーとポジションを争う立場にあった。それだけに、自分にとってヒーロー的な存在である選手たちから、チームのみなの前で罰を受けるのが恥ずかしかった。僕は結局、ビールを立て続けに四杯も一気飲みさせられた。酔いが回り、恥ずかしくて死にそうだった。ようやく解放され、車内の手前の座席に戻った。僕は心底落ち込んだ。これから、初めてのスーパーラグビーの試合が控えた大切な一週間が始まるというのに、回復を遅らせるようなことをしてしまった。チームのみんなの前で辱めを受けた。二度と医師の指示に背いたりはしないと心に誓った。

ラグビーの部外者は、この手の話をすると——信じてほしい。このビールの一件は、過去のラグビー界でよく見られた厳しい上下関係を象徴する出来事に比べれば、たいしたことはない部類のものだ——それをラグビーの野蛮さの証拠だと見なそうとする。その意見が正しい場合もある。過去には、それが行き過ぎて、若い選手への不要なしごきが行われていたこともあった。それでも僕は個人的に、チームの文化や上下関係に見られるこうした側面は、良い側面によって十分に補われていると考えている。

チームを複数の委員会に分割することや、さまざまな局面でメンバー同士が結束を固めていくところなどは、企業がラグビーチームから学べる点だと思う。また、チームの選手が自主的に規律をつくり出すのもラグビーの素晴らしいところだ。チーム内で行動基準を定めるのに、コーチやスタッフの指示は必ずしも必要ない。チーム全員が一丸となって同じ結果を求めていれば、選手たちはそれを達成するために自ずと必要な規律を進んで定め、実践するようになる。

ビール事件で味わった恥ずかしさは、なかなか振り払えなかった。その週、僕はチーム内で居場所を見つける前に、チームをがっかりさせるようなことをしてしまった。僕は自分が犯した過ちを償うために、一歩も動けなくなるまで練習をした。週の最後に、開幕戦のハリケーンズとの試合に臨むメンバーの発表があった。

僕はあんな出来事があった後だけに、二二人のベンチ入りメンバーに選ばれることはないだろうと思っていた。コーチやスタッフも、何が起きたかは知っていた。それに、そもそも僕にはメンバー入りするだけの実績がなかった。このチームには、地球上で最高の九番、一〇番、一二番がいる。この三人はセメントのように固い不動のメンバーだ。僕のポジションである一〇番のスタンドオフには、アンドリュー・マーティンズがいた。疑うべくもない、世界最高のスタンドオフだ。それが、コーチがメンバー表を読み上げ始めたときに僕が考えていたことだった。お馴染みのメンバーの名が告げられていった。二番、マーク・ハメット、六番、ルーベン・ソーン、九番、ジャスティン・マーシャル。一〇番のところで、コーチは少し間を置いて言った。

ダン・カーター——。

ファイナルイヤー・ダイアリー 2

ロンドン、二〇一四年一一月一一日

オールブラックスがトゥイッケナムでのイングランド戦で二四対二一の勝利を収めた後に、ロンドンでチームが宿泊していたホテルの部屋で、スカイプでの通話を録音。

先週の試合は、やるかやられるかの戦いだった。僕たちが求めたのは勝利だけだった。プレーオフでは、次のラウンドに進むために必要なものはそれだけだ。僕たちのプレーには満足のいかない部分もあったが、勝つことができたのは何よりだった。

この試合は、さまざまな意味でワールドカップへの良い準備になった。僕の経験上、W杯では思いもかけない出来事が起こる。それは、予期せぬタイミングでやってくる。たとえばイエローカードは、それほど頻繁に出されるわけではない。だけど、出されるときには出される。オールブラックスは世界最高峰のスクラムを誇っている。だから今回のイングランドのように、僕たちからスクラムでコラプシングの反則をとってペナルティトライを決めるのは、めったなことでは起こり得ない。試合終了間際ならなおさらだ。

チャーリー・フォーマイーナがトライを決めた場面もそうだ。ボーデン・バレットがコンバージョンキックを狙おうとしていたとき、レフリーが一度判定したトライをテレビマッチオフィシャルに再確認させるという前代未聞の出来事もあった。僕はちょうどそのとき、ボーデンにキックティーを渡すためにフィールドの上にいた。こうした経験を積み重ねていくことが、来年の本大会で起こり得るだろうさまざまな出来事への準備になる。今日の出来事を胸に刻んでおくことが、必ず本番で役に立つだろう。

僕はこの試合でウォーターボーイとしてフィールド上の選手に水を運んだ。もし、一年中スタメンとしてフィールド上で存分にプレーしていたら、この役回りを任されることもなかっただろう。僕は、スタンドから仲間の試合を見ているよりも、フィールドの上で水やキックティーを運んでいる方が多くを学べることに気づいた。この二年ほど怪我に悩まされてきた僕は、ウォーターボーイをもう何度か体験してきた。スタンドでパイを食べながら観戦しているよりも、こっちの方が好きだ。

水を運んでピッチの上で駆け回っていると、ゲームのなかにいると感じることができる。無線でヘッドコーチのスティーブ・ハンセンの伝言を聞いて、それを選手に伝えるのもウォーターボーイの役割だ。大切なのは、フィールド上の選手のところに行って、コーチのメッセージをただ伝えればいいというわけではないことだ。選手たちがフィールド上でどんな会話をしているか、試合中、ずっと耳を傾けておかなければならない。たいてい、コーチが伝えたいことは、選手も自覚していることが多い。土曜日のこの試合、僕はスタンドオフのアーロン・クルーデンに、パスを後ろに下げすぎるな、フラットを意識しろ、と何度も言い続けた。イングランドのディフェンスは厳しく、プレッシャーもきつかった。だけど僕たちは、相手がタックルラインをコントロールできるようにニュージーランドのバックスを後ろに押し込もうとしているのを、なんとしても防がなければならなかった。

ウォーターボーイを務めることは楽しかったが、やっぱりプレーがしたかった。だけど、それはチームの一員としてしなければならない多くのことの一つなのだ。コーチがメンバーを発表する。もちろん選ばれなければ落ち込むが、自分のことばかり考えていてはいけない。考えなければならないのは、チームが勝利を得るために自分に何ができるか、だ。

月曜日、僕たちは試合を振り返り、前半に生じた問題点について話し合った。とはいえ、過去の試合のミスをいつまでも引きずったりはしない。悪い点はすべて見直し、今日は前を向いて進んでいる。僕はエジンバラに行くのが楽しみだ。あの街の歴史や城、古い石畳が大好きだ。今夜、エジンバラに到着するチームは、みんなでくつろぎながら映画『ブレイブハート』を鑑賞することになっている。

何より嬉しいのは、時差がないことだ。この数カ月は、アルゼンチン、南アフリカ、オーストラリア、ニュージーランド、シカゴ、ロンドンと、時差のある六つの地域を移動してきた。

今週、僕にとって大きな出来事がある。チームのメンバー発表だ。選手には今夜、メディアには水曜の夜に内容が知らされる。選手はみんな、誰が選ばれるかをなんとなく予感しているものだ。だけど、コーチがメンバーを口にするその瞬間まで、本当のところはわからない。僕は先発メンバーに選ばれたかった。オールブラックスでは、もう一年も先発していない。

自分に残されたチャンスは、そうは多くないはずだ。だからどうしても選ばれたい。これから控えている試合は、どれも重要なものばかりなのだ。

オークランド、二〇一四年一二月一日

北半球ツアーから帰国後、オークランドの自宅で録音。僕にとってツアー最後の試合となったスコットランド戦、チームは激闘を制した。だが僕のプレーは冴えず、五五分で交代させられてしまった。

僕は、おそらくはラグビー人生で最後になるだろうチームとの契約をしようとしてきた。最初に検討したのは日本のチームだ。僕はこの国が大好きだし、ここでのプレーは身体への負担も少なくなるはずだ。それに、日本では一シーズンあたりわずか一三試合しかない。だが、結局はフランスのクラブとの契約を検討することにした。この国でプレーすることへの誘惑には、抗いがたいものがあったからだ。

僕は候補をトゥーロンとラシン・メトロ（現ラシン92）の二つのクラブに絞り込んだ。どちらも素晴らしい条件を提示してくれた。家族と一緒にフランスで数年間を過ごすというアイデアは、実に魅力的だった。だが何より重要だったのは、どんな状況でラグビーをプレーできるかだった。あと二、三年しかプレーできないかもしれないことを思うと、正しい方向に進んでいるクラブである

ことが不可欠だった。つまり、短期間での成功という明確なビジョンを持っているクラブだ。どちらのクラブもこの条件を満たしていた。その結果、クラブの選択は、パリと南仏のどちらの場所を選ぶかという点に絞られた。悩ましい問題だ。今のところ、僕の気持ちはパリを本拠地とするラシン・メトロに傾いている。パリの方が、ヨーロッパ大陸の他の地域に移動しやすいと思うからだ。

僕はクリスマス前にはクラブを決めてしまいたかった。そうすれば、心置きなく家族で休暇を楽しめるし、移住の計画も立てやすい。ツアーの最中はなるべくこの件については忘れようと思ってはいたが、それは簡単ではなかった。僕はツアー中、エッセンシャリー社で僕の代理人を務めるサイモン・ポーター、そしてフランスでの代理人であるローランと何度も連絡をとった。

イングランド戦の後、厳しい現実が待っていた。スコットランド戦のメンバーが発表されたのだ。僕は複雑な気持ちになった。先発メンバーに選ばれたのは嬉しかった。だけど、他の選手の顔触れを知って不安になった。発表は会議室で行われた。コーチが選手の名前を読み上げ、選んだ理由を説明する。選手たちは選定に疑問点があれば意見を述べることが許されている。むしろ、それは奨励されている。だが、実際にコーチの選択に意見をするような選手は、キャプテンのリッチー・マコウ以外にはいない。そのとき先発メンバーに選ばれていた他の選手の能力は、決して低いわけではなかった。僕が不安を覚えていたのは、彼らの経験が浅いことだった。普段とは違うポジションで出場することになった選手もいた。僕はスクラムハーフにアーロン・スミス、センターにソニー・ビル・ウィリアムズにいてほしかった。だが、どちらもメンバーには選ばれていない。嫌な予感がした。

だが僕は気持ちを切り替えた。試合前の一週間、チームは実にいい練習をした。僕はこの年初めてとなる背番号一〇のジャージを与えられた。もう何度もこのような機会を与えられているのだから、当たり前のような感覚になっていると思うかもしれない。だけど僕にとって、この背番号を与えられることはいつだって特別な出来事だ。

試合が近づくにつれ、いくつかの不吉な兆候があった。試合前日に選手だけで行う練習「キャプテンズ・ラン」では通常、真新しい試合球が提供され、それを選手が練習で汚すことが慣習になっている。だが、このときはなぜか古いボールを与えられ、新品のボールは翌日まで到着しなかった。

ピッチの状態もひどかった。スコットランドでは常に天候が不安の種だが、その日は良かったので、僕たちはピッチも良好な状態だろうと思っていた。だが、それは間違いだった。グラウンドに到着してみると、そこは水浸しだった。僕はスコットランド側が一日中芝に水をまいたのではないかと思わずにはいられなかった。このようなコンディションでは、ラグビーの技術を発揮することはできない。僕は、〝レッドヘッド〟と呼ばれる、自分の力ではどうにもならない要因に気をとられてしまう状態に陥ってしまった。もちろん、選手にとってこのような予想外の事態が起こることは日常茶飯事だ。それでも、やはりこのひどいグラウンドにはイライラさせられた。

試合は、僕の思い通りには展開しなかった。この日の僕たちは、すべてが今一つかみ合わなかった。おそらく、僕がバックラインの面々との連携に不慣れだったことも理由の一つだった。加えて、僕はゲームプランにこだわりすぎ、いつものような柔軟で自由な発想ができなかった。それはこの日の僕のミスの多さや、判断の不味さに表れている。結局、僕は五五分で交代させられた。コーチからは試合前、六〇分、調子が良ければ八〇分プレーさせるつもりだと告げられていた。特に劣勢だったわけでもないのに早い段階で交代させられてしまったのは、自分のパフォーマンスが不合格だと宣告されたのと同じように思えた。実際、この日の僕のプレーの出来は悪かった。そしてこの失敗によって、僕はチーム内で自分の地位を取り戻すチャンスを失ってしまったと感じた。次のウェールズ戦には、まず選ばれることはないだろうと思った（実際、その通りだった）。

この試合で味わった失望感は、ツアーの残りの期間、ずっと僕につきまとった。オールブラックスの一員として過ごすすべての時間が、難しいものに感じられた。ツアー中、選手は空いた時間にゲームやトランプをすることが多いが、僕はどちらもやらない。だから、若手たちがこれらの遊びで絆を深め、楽しい時間を過ごしているときに、僕は自室に籠もり、誰かにメールを書いたりしている。SNSにかなりの時間をとられてしまうことも多い。この二年ほど、僕はツアーでもがき苦しんできた。そして、ワールドカップまではなんとか頑張ろうと自分に言い聞かせてきた。僕はオールブラックスで、リッチー・マコウやコンラッド・スミスと長い時間を過ごしてきた。だけど最近では、チームにいると、新しい友達を見つけようとしている新学期の学生になったような気持ちになることがある。チームの一員であるという感覚が少しだけ薄れているのを感じた。そして、僕はそれが嫌だった。

スコットランド戦後、次の試合に選ばれないことがはっきりした状況のなかで、集中力を失い、惰性で一週間を過ごすような状態になってしまうことだって簡単に起こり得たはずだった。だけど僕は、チームを率先して導きたかったし、チームのためになることがしたかった。僕はそのような前向きな心持ちでこの週の練習に取り組んだ。それができたことが嬉しかった。たとえメンバーに選ばれていなくても、試合に出場するつもりで練習に励む——ここ数年間のオールブラックスには、こうした考えが浸透している。それに、もしボーデンが怪我をすれば、僕に出番が回ってくることも十分に考えられた。コーチたちも、メンバーに選ばれなかった選手がどのようにそのことに対処するかを観察している。

これは、ツアーを締めくくり、夏に向けてポジティブな気持ちをつくるための良い方法だった。怪我に悩まされずにオフシーズンを迎えるのは、六、七年ぶりのことだ。例年なら、一二月は回復やリハビリに費やしている。だが今年は、妻のホナーの母親が住むタウポに滞在して、ハードな練習をするつもりだ。そして、いつもより早い一月五日にクルセイダーズに参加する。今年は僕にとって、ニュージーランド代表として最後の一年になる。今を大切にし、目標に向かって最大限の努力をしていくつもりだ。

夢の舞台へ

夢を見ているのかと思った。メンバー入りしそうな予兆などなかった。ましてや、スタンドオフでのスタメンに選ばれるなんてまったく想像もしていなかった。僕は頭を混乱させたまま、残りのメンバーの名が読み上げられるのを上の空で聞いていた。発表が終わると、マーティンズが近づいてきた。彼はチームのことを何よりも第一に考える素晴らしい人間だった。マーティンズは僕に握手の手を差し伸べ、「おめでとう」と言った。「私にできることがあれば、なんでも言ってくれ」

これがマーティンズだ。このような瞬間が訪れたとき、ためらうことなく正しい行いをする。傍《はた》目《め》から見れば、それは小さな出来事のように思えるのかもしれない。だが、それはクルセイダーズが長年にわたって築き上げてきたチームの文化をもよく表していた。クルセイダーズは、それぞれの選手が自分の感情に押し流されることなく、チームのためになる行動をとるという、無数の瞬間の積み重ねの上に成り立っているのだ。クルセイダーズが長いあいだ成功してきた理由はそこにある。クルセイダーズの選手はみな、自分が大きな何かの一部であることを自覚している。その判断や状況が個人としてどれほど傷つくものであっても、チームよりも自分を優先させることなど夢にも思わない。

更衣室で、僕はまだ動揺していた。それが僕にとってどれほど大きな出来事だったかを説明するのは難しい。まるで、首相に選出されたみたいだった。マーティンズの調子は良く、プレーをしたがっていた。それなのに、コーチのロビーは僕を選んだのだ。僕は初め、選ばれたことを恥ずかしいとすら思った。マーティンズは単なるレギュラーではなかった。彼はクライストチャーチの伝説的なヒーローだ。僕たちは、マーティンズをほとんど不合理なまでに愛した。そのユーモアのセンス、周りの人間の気持ちさえも鎮めてくれるような穏やかさ、超一流の技術。このチームとこの都市が望むものをすべて叶えてきたマーティンズは当時二九歳で、その絶頂期にいた。僕はまだ二〇歳で、カンタベリーのチームにかろうじて選ばれ、初めてスーパーラグビーに挑もうとしている若造にすぎなかった。それなのに、彼はその一週間、僕が試合の準備をするのをつきっきりになってサポートしてくれた。僕はマーティンズがスタメン落ちした立場でありながら、あれほどまでに僕のことを献身的に支えようとしてくれたことへの感謝を、一生忘れることはないだろう。クルセイダーズ以外では、こんなことはめったに見られない。

僕の選出はすぐに議論の的になり、コーチのロビーは大量の批判を浴びた。なかでも疑問視されたのは、それまでの僕に、トップレベルの試合でのスタンドオフとしてのプレー経験がほとんどないことだった。カンタベリー州代表チームでは、僕はインサイドセンターとしてプレーすることが多かった。このチームのヘッドコーチだったオージー・マクリーンも、僕のことをこのポジションの選手として見ていた。その後の数年間で、僕はスタンドオフとして、大きな責任を背負いながらゲームをコントロールすることに喜びを見出すようになっていく。だけど、このときはまだ、自分にとってどのポジションが最適なのかはわからなかった。どこであれ、フィールドを走り回れるだけで幸せだった。

チーム全体が僕を祝福し、サポートしてくれた。だけどただ一人、このメンバー決定に納得しきれていない選手がいた。ジャスティン・マーシャルだ。マーシャルはものすごく率直な男だ。彼が何を感じているかは誰にでもすぐにわかる。マーシャルは一〇年ものあいだ、マーティンズと名コンビを組み続けてきた。スクラムハーフとスタンドオフのあいだには、深い信頼で結ばれた特別な絆がある。その関係が壊れることは、チームの屋台骨が崩れることに等しい。だから僕には、マーシャルが、マーティンズと磨き上げてきた熟練のコンビネーションを失いたくないと思う気持ちをよく理解できた。それは、マーシャルの競争心や強い忠誠心を表していた。しかし、そのことによって僕の仕事がやりにくくなったのもたしかだった。

マーシャルの抵抗は、練習中にさまざまな形として現れた。通常ならスタンドオフの仕事であるはずの試合中の掛け声を、僕の代わりにスクラムハーフの彼がしようとする。本来なら僕のところに預けるべきボールを、自分が後ろに下がって受けようとする。僕はときどき、マーシャルがどこまで意図的にそうしているのかがわからなくなった。おそらく彼は、そうすることがチームにとっての最善策だと考えていたのだろう。どこの馬の骨ともわからないような新参者に、あまりボールに触れさせせないようにしていたのだ。おかげで僕はかなりの不安を抱えながらデビュー戦を迎えることになってしまった。ただでさえ、自分のアイドルだった選手に替わってスタンドオフに選ばれたというプレッシャーがあるのに、余計な神経を使わなければならない。

幸い、僕は当時受けたメディアインタビューの内容を覚えていない。僕は今でも雄弁な人間だとは思われていないが、当時は本当に口べたで、インタビューで質問をされても一言二言でしか答えられないことがざらだった。緊張して、質問に答えなければならないということで頭のなかがいっぱいになる。だけど、何を言えばいいのかはさっぱりわからない。テレビ用のインタビューでとんちんかんな受け答えをしてしまうのは、本当に恥ずかしかった。オールブラックスに選ばれるまでは、メディア用のトレーニングも受けたことがなかった。僕はあの時代に録画された映像が残っていないことを、心から願っている。映像のなかの僕は、とんでもなくひどいインタビューをしているはずだ。

僕はさまざまなプレッシャーを感じながらも、なんとかその週を乗り切った。試合当日、僕たちはジェイドスタジアムの更衣室にいた。僕は半ば無意識にキックの動作を繰り返していた。チームが一箇所に集まり始めた。極度の緊張状態にあった僕は、まだ一人みんなから離れてキックを繰り返していた。僕は我に返り、仲間の輪に加わった。すぐにフィールドに飛び出すときがきて、キックオフの笛が鳴った。前半二〇分まではあっという間に過ぎ去った。試合の早い段階で、僕たちは二つのペナルティキックを得た。どちらも簡単な位置からのものだった。キッカーの僕にとっては、これを確実に決めて落ち着きを得たいところだった。

だが、僕は両方とも外してしまった。最初のキックを外した後、二度目のキックを蹴る前、とてつもない恐怖を感じた。また外してしまうだろうという予感がした。キックは失敗した。ホームのスタジアムを埋めた観客のため息が聞こえた。僕にはファンが、「この青二才はいったい何をやらかしているんだ？　すぐに交代させられるだろうが、それまでにどれほどひどいプレーをしてチームに被害を与えてしまうんだろう?」と心配しているのがわかった。そうこうしているうちにメイジャーが負傷し、代わりに観衆の大喝采を浴びてマーティンズがフィールドに入ってきた。マーティンズが僕のいたスタンドオフに入り、僕はメイジャーの代わりにインサイドセンターに入った。どこまでも紳士なマーティンズは、わざわざ僕にキッカーを続けたいかと尋ねてくれた。僕は、お願いだから代わってほしいと言った。僕はパニックになっていた。この時点では、僕のスーパーラグビーでのデビュー戦は悲惨な結果に終わってもおかしくはなかった。

しかしマーティンズの登場によって、僕はそれまで感じていたプレッシャーから解放された。スクラムハーフのマーシャルも、長年の相棒のスタンドオフを背後に得て生き生きとプレーし始めた。観客の不安がはっきりと消えていくのもわかった。結局、僕は二つのトライを決める活躍をして、マン・オブ・ザ・マッチにも選ばれた。今振り返ると、それは夢のデビュー戦のようにも思える。だけど、最初の二〇分間は不安で胸が張り裂けそうだったし、マーティンズが入ってきて心を落ち着かせることができなければ、最悪の結果になっていたかもしれなかった。

試合後、僕は同じくスーパーラグビー・デビューを果たしたマア・ノヌーと話をした。ノヌーとは前年、二一歳以下のニュージーランド代表のトライアルで会っていた。残念ながら彼はトライアルに落ちてしまったが、スーパーラグビーという舞台でその借りを返そうとしていた。ノヌーのデビューはある意味で僕と同じだった。誰も、僕たちの名前も、ラグビー選手としての経歴も知らなかった。それから一〇年以上が過ぎ去った今、この試合を振り返るとほろ苦い思いが蘇る。この試合の出場選手のうち、まだ現役を続けている者もわずかしかいない。ノヌーと僕は、同じような経験をしてきたもの同士として、仲の良い友達になった。今でもその関係は続いている。苦楽をともにした仲間とは、深い絆で結ばれるものなのだ。僕がオールブラックスでプレーするときに、マコウやノヌー、コンラッド・スミスがいないとどうにもしっくりこないのもそのためだ。

その後は、物事はスムーズに進んでいった。シーズン後半、アーロン・メイジャーが数週間チームを離脱した。そのため、マーティンズがスタンドオフに入り、僕はインサイドセンターにスライドすることになった。僕たち二人に、スクラムハーフのマーシャルを合わせたトリオは、試合を重ねるごとにコンビネーションを高めていった。僕はすべての試合に出場した。交代させられた記憶もほとんどない。僕はこのチームでのプレーを存分に楽しんだ。永遠にフィールド上を走り続けられるような気がした。

僕たちは好調を維持し、決勝でオークランド・ブルーズと対戦した。このシーズンのリーグ戦を首位で終えて決勝に勝ち進んできたブルーズは、僕たちとは対照的なスタイルの戦い方を採用していた。彼らのバックスのスピードは強烈だった。フルバックにダグ・ハウレット、ウイングにはジョー・ロコゾコとリコ・ギア。そしてスタンドオフには、変幻自在のパスを操るカルロス・スペンサーがいた。試合は白熱した。マーク・ハメットが、一本目はラインアウトから、二本目はキックオフ後のカルロス・スペンサーのノックオンからと、二つのトライを決め、クルセイダーズはリードを奪う。だが、ホームのイーデンパークを埋めた大観衆の声援に後押しされたブルーズは、ハウレットとダニエル・ブレイドのトライで逆転。僕たちは終了間際にカレブ・ラルフのトライで追い上げたが、そこまでだった。嬉しくはなかったが、最初のシーズンで決勝まで進めたのは悪くはなかった。クルセイダーズは凄まじく強かった。先発メンバー一五人のうち、国際試合に出場した経験がなかったのはブラッド・ソーンと僕だけだった。だから僕たちは、このシーズンではあと一歩で優勝に手が届かなかったが、来年は十分にチャンスがあると感じていた。

その夜、僕たちはビールで軽く乾杯した。楽しい夜だった。翌日は、チーム全体での正式な大パーティーが予定されていた。どのチームでも行われる毎年恒例の年末のどんちゃん騒ぎ「マッドマンデー」のクルセイダーズ版で、シーズン一年の労をねぎらうために催される。この会は午後三時から始まることになっていて、その日の僕の予定はそれしかなかった。すでにクライストチャーチに戻っていた僕は、仮装用の衣装を買うためにルームメイト二人と街に出かけた。というのも、宴会には自分の名字のイニシャルで始まる何かに仮装して参加することになっていたのだ。僕はカーターの「C」で始まる何かとして、カウボーイの衣装を探した。二日酔いの頭では、その程度のアイデアしか思いつけなかった。

その日の正午に二〇〇三年のオールブラックスのメンバーが発表されることは、なんとなく覚えていた。だけど僕は、そのことをほとんど気にかけていなかった。頭のなかは、チームメイトとのパーティーを楽しむことでいっぱいだった。リッカートンロードにある貸衣装屋「キャメロット・コスチューム・ハイヤー」で、馬鹿馬鹿しく面白い衣装はないかと物色していたとき、携帯電話が鳴った。父からだった。用件は何だろうとぼんやりと考えながら、電話に出るために表に出た。

「おめでとう！」父が言った。

「何のこと？」僕は混乱しながら答えた。

「オールブラックスに選ばれたのさ！」

冗談だと思った。その言葉は現実のものとは思えなかった。だが、父はチームの発表をテレビで見ていて、僕の名前が呼ばれるのをはっきりと耳にしたと言う。僕はこんなふうにして、自分が初めてオールブラックスに選ばれたのを知ったのだった。今時、オールブラックスがまだこのような秘密主義を貫いてメンバーを発表しているのはおかしなことだと思うかもしれない。しかし、実際にそうなのだ。選手は、チームの発表を通じて初めて自分が選ばれたかどうかを知る。父との通話を終えると、携帯電話には祝福のメールや電話が殺到した。上のグレードのチームに選ばれることが信じられないと感じるのは、それまでと同じだった。だけど、さすがに今回はあまりにもスケールが大きく、あまりにも展開が速いと感じた。

いったいどうなっているのだろう？　わずか二年前、僕は地元の小さなクラブの、しかも二一歳以下のコルツチームでプレーしていた。ラグビー界のピラミッドの、底辺に位置するチームだ。それが、あっという間にオールブラックスという頂点に上り詰めたのだ。変化はあまりにも急速に起こった。新たな環境に落ち着く間もなく、すぐに次のレベルのチームに引き上げられてしまう。

僕はうまく状況を飲み込めないまま、ルームメイトとアパートに引き返した。部屋に入ると電話が鳴った。クルセイダーズの広報担当者からだった。午後二時からオールブラックスへの選出に関してクラブハウスで記者会見を開くことになったのだという。僕にとって一番苦手な類いのことだが、しかたなく出席することにした。二日酔いがまだ醒めていなかったが、幸いにも僕以外にもブラッド・ソーンが選ばれていたことで、メディアの注目を一身に浴びなくても済んだ。二〇〇一年にオールブラックスへの初召集を断って以来となるソーンの選出は、明らかに僕のそれよりも大きなニュースだといえた。それまで、クルセイダーズのレギュラーのなかでオールブラックスのジャージを着たことがないのは僕たち二人だけだった。

僕はなんとかメディア対応を終えると、クルセイダーズのパーティーに合流した。それはかなりシュールな一日になった。僕はパーティーの席で、チームメイトからオールブラックスの一員になるのがどんなことなのかについてのレクチャーを受けた。大きな責任を背負わなければならなくなるが、このチームのメンバーでなければあり得ないような経験もできる。いろいろとスケールの大きな話を耳にしているうちに、だんだん感覚が麻痺してきた。思わず笑ってしまったのは、地元のディーラーに行って好きなフォード車を選べるという話だった。そう、金は払わなくてもいいのだ。その数週間前、僕は長年運転してきたポンコツのパルサーをようやく両親に返し、新しい車に乗り換えたところだった（父と母はその後もこのパルサーに乗り続け、ごく最近ようやく廃車にした。走行距離は三七万五〇〇〇キロに達していた）。僕は地元にあるスバルのディーラーに行き、当時一番ホットな車種だったインプレッサWRXを買った。それからしばらくして、ニュージーランドのラッパー、スクライブも同じ車を購入している。つまりそれは、初めて大金を手にしたカンタベリーの若者が、いかにもしそうなことだった。

三週間後、僕はフォードのディーラーにいて、好きな車を選ばせてもらっていた。結局、ファルコンを選んだ。走行距離はまだたったの一〇キロだった。嬉しかった。ただし、なぜだかはいまだにわからないのだけど、僕は趣味の悪い、緑がかった黄色（ライトニング・ストライクというらしい）の一台を選んでしまった。僕はファルコンのハンドルを握り、ディーラーを出て自分のアパートに向かった。たった今目の前で起きたばかりの出来事が、現実のものだとは思えなかった。僕の内側にはまだ、サウスブリッジ出身の内気な田舎の少年がいた。だけど僕の人生は、ものすごいスピードで前に進んでいた。

それは、僕が二一歳になってから数カ月後の出来事だった。ニュージーランドでは、二一歳の誕生日を盛大に祝う風習がある。僕も、誕生パーティーを二回も催した。一つは家族にも参加してもらった盛大なパーティー、もう一つは仲間たちだけで楽しんだパーティーだ。家族とのパーティーは、金曜夜の試合の翌日、土曜日に催した。僕は、家族や大勢の友人を招くためにリッカートン競馬場を予約した。それは素晴らしい夜になった。だが、一つ不満があった。競馬場では、ヤードグラスでビールを飲むことが許可されていなかったのだ。この国の若者には、二一歳の誕生パーティーで、一メートルほどもある長いグラスにビールを注いで一気飲みする風習がある。だがこの会場では、それは絶対に許されないとのことだった。とはいえ、僕はこの通過儀礼をパスするつもりはなかった。翌週は組み合わせの関係で試合がなかった。そこで、僕たちは自分たちの住むタウンハウスで、パーティーを催した。仲間内には、僕と同じく二一歳になったばかりで、かつヤードグラス《ヤーディー》での一気飲みをしていない者が何人かいた。そこで、僕はこの面々とヤーディーをすることにした。

僕は一分一五秒でビールを飲み干した。なんとか吐かずに持ちこたえた。酔いが回り、僕は大胆になった。屋根の上に登ると、缶ビールを一気飲みし始めた。一缶を飲み干しても、まだ吐き気はない。なぜかそれが気にくわなかった。吐くことは、ヤーディーの儀式に欠かせないものだと心のどこかで感じていたからだ。僕は、屋根の上から吐くことにした。二缶目を飲み干すと、吐き気がこみ上げてきた。胃のなかには、ヤードグラス一本と、缶ビール二缶分のビールが溜まっている。屋根の上から、ものすごい勢いでゲロを吐き出した。庭にいた仲間たちが、やんやの喝采を送ってくれた。僕は、どうしようもないくらいに子供だった。そして、心から楽しかった。僕はこの仲間内での馬鹿馬鹿しいパーティーのことを、二一歳の誕生パーティーの思い出としてよく覚えている。

僕たちはこのタウンハウスで、頻繁にパーティーを楽しんだ。それは、僕がかなりの金を稼ぐようになったことも関係していた。街を歩くと、人に注目されるようになった。自分がちょっとばかり有名人になったような気がして嬉しかった。あの頃の僕は、天狗になってもおかしくはなかった。だが幸い、僕はクルセイダーズに入る前から付き合いのある古い友達とつるむことが多かった。少しでも僕が調子に乗れば、すぐに昔なじみの友達がその鼻をへし折ってくれた。

喜びの余韻に浸っている時間はなかった。クルセイダーズがスーパーラグビーの決勝まで勝ち残った関係で、日程は詰まっていた。年末のパーティーが終わるとすぐに、オールブラックスのキャンプが始まった。当時のオールブラックスではクルセイダーズのメンバーの存在感が大きかったので、その分、僕はチームに馴染むのにそれほどの苦労はしなかった。それでも、若く経験の少ない僕にとって、初めてキャンプに足を踏み入れることはとてつもない威圧感を覚える体験だった。

もっとも多くのメンバーが選ばれていたのは、クルセイダーズとブルーズからだった。もちろん、僕はクルセイダーズのメンバーには馴染んでいた。だが、ブルーズの選手とは勝手が違った。クルセイダーズのスタンドオフ、アンドリュー・マーティンズは、予想に反してメンバーには選出されていなかった。そのため実質的に、今回のオールブラックスはブルーズのスタンドオフ、カルロス・スペンサーが中心のチームになった。この年のスペンサーは絶好調で、ブルーズもスーパーラグビーのチャンピオンだっただけに、それも当然だった。しかし僕にとって、マーティンズのように温かく支援的な選手の隣でプレーしてきた後で、スペンサーと同じチームでプレーすることはかなりショッキングな出来事だった。スペンサーは僕と似たところがあった。性格もシャイで、互いになかなか打ち解けられなかった。それは、敵対的なものではなかった。僕の方がはるかに年下だったからだ。だが、そこにはマーティンズとのあいだにはあった、響き合うような感覚はなかった。

僕は、インサイドセンターのプレーヤーとして選ばれていた。カンタベリー、クルセイダーズとこのポジションでプレーをしてきた僕は、インサイドセンターこそが自分の居場所だと感じるようになっていた。スタンドオフに比べてプレッシャーが少なく、トライもとりやすい。それに、試合に出場できるチャンスも高かった。当時のニュージーランドには、スペンサーやマーティンズ、そしてトニー・ブラウンなど、素晴らしいスタンドオフが何人もいた。ワールドカップの開催年だけに、ポジション争いは熾烈《しれつ》さを増していた。僕は、この争いに加わらなくても済むことにほっとしていた。

マウント・マウンガヌイでのキャンプを終えた数日後、オーストラリアツアーで南半球を訪れていたイングランドがニュージーランドに到着した。世界最高のスタンドオフとの呼び声も高かったジョニー・ウィルキンソン率いるイングランドは、猛烈に強いチームだった。六月一四日、僕はウェリントンで開催された自分にとって初めての国際試合《テストマッチ》で、ベンチメンバーに選ばれた。嬉しかったが、それは僕がスタンドオフとインサイドセンターの二つのポジションでプレーできるために、交代要員として便利だったからだ。僕は試合には出場せず、チームは敗れた。僕はオールブラックスの一員として初めて臨んだ試合で、絶対に負けたくはない相手に負けてしまった。その夜のウィルキンソンは手がつけられなかった。当時の彼は選手としての全盛期にいて、その卓越した戦術眼はこの世のものとは思えなかった。オールブラックスが一三対一五で敗れたこの試合、ウィルキンソンはイングランドの一五点すべてを一人で叩き出した。

試合後の更衣室は重苦しい雰囲気に包まれた。僕は試合に出ていなかったので、他の選手ほどには落ち込んではいなかった。それでも、みんながどれくらい打ちひしがれているかはよくわかった。選手も、コーチも、スタッフも。そのとき僕は初めて、オールブラックスは決して負けてはいけないチームなのだと理解した。ホームでは特にそうだし、相手がイングランドならなおさらだ。ワールドカップ・イヤーに、今年最初の試合を、イングランド相手に、ホームで負ける――。それはオールブラックスにとって、身の毛もよだつような出来事だった。

誰もがうなだれて椅子に腰掛けていた。話をする者はいなかった。普段から口数が少ない僕も、いつも以上に黙っていた。沈黙の圧力で身動きができない。誰かが動き出すまで、そのまま黙って座り続けることにした。二〇分もの痛々しい時間が流れた後で、ようやく何人かの選手が頭を上げ、囁き声で会話を始めた。緊張が少しだけ和らいだ。それでも、メディアやファンの前に出るのは気が重かった。気が重くなるのは、どんな負けの後でも同じだ。だが、この試合はそれほどまでに特別だったのだ。

翌日、僕たちは前日の試合の反省会を開いた。耐えがたいほどの苦痛を感じた。だがその後で僕は、コーチの一人から翌週の試合での先発出場予定を告げられた。天にも昇る気持ちだった。さっきまでの重苦しさは、一瞬にして消え去った。チームの雰囲気はその後何日も暗かったが、週末に試合に出られると思うと、心が弾んだ。幸いと言うべきか、前の週に敗北を喫していたおかげで、あまりプレッシャーも感じなかった。ウェリントンでのイングランド戦よりも悪い結果になることは、まず考えられなかったからだ。

六月二三日、ワイカトスタジアムでのウェールズ戦を迎えた。強豪だが、イングランドに比べれば与《くみ》しやすい相手だ。開催地のハミルトンはラグビーどころで、市全体《まち》が盛り上がっていた。これほどまでの一体感は、大都市ではなかなか味わえない。父と母、さらには叔母や叔父も、この記念すべきデビュー戦を見るためにはるばるハミルトンまでやってきてくれた。この日はブラッド・ソーンのオールブラックス・デビューでもあった。ソーンはイングランド戦のメンバーに選ばれなかったことに腹を立てていた。僕たち二人は、万全の準備をして試合に臨んだ。

お昼過ぎ、僕は世界屈指のスカッシュプレーヤー、レイラニ・ジョイスからジャージを手渡された。急いでホテルの自室に戻り、ベッドの端に腰掛け、うっとりとジャージを見つめた。初めて手にした、オールブラックスのジャージ。夢を見ているみたいだ。ニュージーランドの男の子は、みんなこのジャージを着ることを夢見て育つ。僕の目の前に、そのジャージがあった。袖には、今日の日付と、場所、対戦相手の名前が刺繍されていた。

なぜだかはよくわからないが、オールブラックスで味わったデビュー戦の緊張感は、クルセイダーズのときほどではなかった。クルセイダーズのときは、仲間であるはずのマーティンズからのプレッシャーがあったが、今回はそのようなチーム内から生じるストレスはなかった。それに、イングランド戦で負けた後だったので、心機一転といったふっきれた気分で試合に臨むこともできた。ともかく僕は、両肩に過度の重荷を感じることもなく、むしろこの大舞台に立つ自分を晴れ晴れしく感じていた。花火、国歌斉唱——そして、ハカ。僕はあまり自信がなかったので、隠れるようにして後ろの方でハカを踊った。僕は五歳の頃から、鏡の前でこのマオリ族の戦士の舞踏を踊ってきた。だが、スタジアムを埋め尽くした大観衆の前で踊るのとは、まったく勝手が違った。とはいえ、オールブラックスの一員としてハカを踊るのは、血湧き肉躍る体験だった。オールブラックスの選手はみんなハカが大好きだし、このダンスがチームにとって何を意味するかをよく心得ている。

記念すべきオールブラックスでのデビュー戦なのだから、その日の試合内容のことは鮮明に記憶しているはずだと思う人もいるかもしれない。でも、僕は何も覚えていない。キックオフしたと思ったら、次の瞬間、試合は終わっていた。僕はあっけにとられた。「え？ これで終わり？」。どうやら目の前の瞬間にあまりにも深く集中しすぎて、試合を全体的にとらえることができなくなっていたらしい。ともかく、幸いそれはパフォーマンスには影響しなかった。僕はトライを一つと多くのキックを決め、二〇点も得点した。試合は五五対三で勝利。夢のようなデビュー戦になった。

試合序盤、僕のジャージが破れてしまった。オールブラックスがその頃着始めるようになっていた、身体にフィットするタイプの新しいジャージだ。しかたなく、代わりに背番号「26」のジャージを着て残り時間をプレーした。試合後には、もう一枚、背番号「12」のジャージをもらった。普通、テストマッチのデビュー戦に出場する選手には、試合用に一枚、それから試合後の相手選手との交換用にもう一枚と、計二枚のジャージが支給される。なぜなら、試合で着用した記念の一枚を、相手と交換したくはないからだ。

ウェールズのヘッドコーチを務めていたのは、僕のことを昔からよく知るスティーブ・ハンセンだった。ハンセンは、ウェールズのインサイドセンターの選手に、僕からはジャージを受けとらずに、自分の着ていたジャージを僕に手渡すよう指示してくれた。だから僕はこのデビュー戦で、オールブラックスのジャージを三枚手にしたことになる。破れた一枚（後で縫い直した）、予備の一枚、試合途中から身につけていた背番号「26」の一枚だ。この三枚は、僕の地元であるサウスブリッジのクラブのコレクションとして、クラブハウスにあるアルバート・アンダーソンと僕の記念品を飾るためのウォークインキャビネットのなかに今でも保管されている。

試合後、カジノのある店でアフターマッチのパーティーが催された。両親は、僕がブラッド・ソーンと一緒に仲良く初めてのキャップを受けとるところを目にすることができた。最高の夜だった。

翌週、僕は夢から現実に引き戻され、再び試合に挑んだ。クライストチャーチでフランスを迎え撃ち、三一対二三の差でかろうじて勝利した。勝てたのは、ジョー・ロコゾコの大活躍のおかげだった。この日の彼のパフォーマンスは、ウイングとしてはラグビー史上屈指だったといっても過言ではない。ロコゾコの三度のトライが、オールブラックスを救ってくれたのだった。

オーストラリア、南アフリカとの三カ国対抗戦「トライネイションズ」を控えた僕たちは、イングランド戦の敗北とフランス戦での辛勝を思い出して、強い不安を覚えていた。そして、自分たちの強さを証明するために、この大会に全力で臨んだ。その結果手にしたのは、僕のキャリアのなかでも屈指の大勝利だった。オールブラックスは、南アフリカとオーストラリアを、彼らの要塞のようなホーム――ロフタス・ヴァースフェルド・スタジアムとテルストラ・スタジアム（現スタジアム・オーストラリア）――で、それぞれ五〇点もの大量得点を奪って粉砕したのだった。

これで、僕たちは勢いを取り戻した。ホームで迎えた残りの二試合も、接戦ではあったものの勝利を収め、トライネイションズ、そしてトライネイションズでの二試合を通じて争われていたオーストラリアとの対抗戦「ブレディスロー・カップ」をも制した。一筋縄ではいかないワールドカップ前の対抗戦を、最高の形で締めくくることができた。

チーム内には自信が満ちあふれていた。僕はまだこのチームのなかでは新米で、そこにいられるだけで幸せだった。しかし、僕が知らないところで、チームはアマチュアからプロへの移行に伴う痛みを経験していた。この痛みはW杯が終わる前に顕在化する。その体験は、チームの文化に今なおその余波を残す大きな変化をもたらすことになった。

チームは、自分たちを待ち受けているものが何かを知らないまま、W杯のための最終調整に全力で取り組んだ。トライネイションズの後、W杯オーストラリア大会の開催までには約一カ月の準備期間があった。その間、僕たちはニュージーランド各地でキャンプを張った。各キャンプの締めくくりには、「ポッシブルズ対プロバブルズ」として知られる、先発メンバー選考のための紅白戦があった。これは大会前に選手が体験する、もっとも本番に近い状況でのゲームで、内容はいつも激しいものになった。僕は、サブ組のポッシブルズの側にいた。ポッシブルズは若手中心で、失うものは何もなかった。僕たちはコーチに好印象を与えようと、がむしゃらにプレーした。

ポッシブルズ対プロバブルズの最後のゲームは、できる限り本大会に近い状況をシミュレーションするためにレフリーのスティーブ・ウォルシュを招き、六〇分間で行われた。ウォルシュとスタンドオフのカルロス・スペンサーは、普段から火花を散らしていた。このゲームでも、ウォルシュはスペンサーの口が過ぎるとして退場処分にしてしまった。このエピソードだけを見ても、いかにこのゲームがピリピリとした雰囲気で行われていたかがわかるというものだ。僕はスタメンを奪い取るだけのプレーはできなかったと自覚してはいたものの、このトライアルを充実感と共に終えることができた。

キャンプを終えた僕たちは、開催地であるオーストラリア行きの便に乗った。このときの僕は、チームのなかでまだお客さんに過ぎず、今大会での自分の仕事は、試合に出る先輩を見てそこから学ぶことだと考えていた。それでも、僕には年上の選手たちにとってW杯がどれほど大切であるか、大会が近づくにつれてどれほど彼らが胸を躍らせているかを感じとることができた。ところがオーストラリアに到着すると、その興奮に水をさされてしまった。チームが大会期間中に拠点にすることになったメルボルンは、ラグビーよりもオーストラリアン・フットボールの方が圧倒的に人気が高く、街を歩いていても、ラグビーW杯がこの国で開催されるという気配はあまり感じられなかったからだ。

たとえば、何人かのチームメイトと夕食をとるためにタクシーに乗ったときのことだ。運転手に何をしにここに来たのかと尋ねられ、僕たちは自分たちがラグビー選手で、オーストラリアで開催されるワールドカップに出場するためにこの国に来ているのだと答えた。だが彼はなんと、自国でラグビーのワールドカップが開催されようとしていることを知らなかった。そもそも、ラグビーについてもほとんど知識がないようだった。運転手はひたすらに、オーストラリアン・フットボールの地元チーム、メルボルンストームについて熱く語り続けた。僕たちは少々へこんでしまった。

僕たちは他の都市で試合があった数日間を除き、大会のほぼ全期間をメルボルンに滞在することになっていた。その狙いは、大会の熱狂から隔離された場所で、静かに集中力を保つことだった。いいアイデアではあるが、僕はそれが望ましい結果をもたらしたかどうかは確信が持てない。宿泊施設は、郊外にあるアパートメントだった。僕たちは何もない場所で過ごすことに、すっかり退屈してしまった。

他にもある。たとえば、シーズンを通じて歌っていたチームソングだ。最初、僕たちはこの歌で盛り上がった。だが、年末になる頃にはしらけてしまっていた。つまり、チームが生き生きとした状態を保つためには、新たな経験や挑戦が必要なのだ。残念ながら二〇〇三年のW杯では、チームはそのような環境には恵まれなかった。

とはいえ、フィールド上には刺激はあった。僕はタナ・ウマガ、アーロン・メイジャー、カルロス・スペンサーがポジション争いをしていたスタンドオフとインサイドセンターの控え選手として大会に臨んだ。だが途中でメイジャーが負傷したために、プールステージの三試合に出場する機会が巡ってきた。僕は思う存分にプレーを楽しんだ。

メイジャーは準々決勝から復帰し、僕はベンチに戻った。プールステージを終えて一発勝負の決勝トーナメントに入ったことで、チームは仕切り直して新たな気持ちで試合に臨んだ。その結果、見事に南アフリカを撃破した。ホテルに戻った僕たちは、まだ大量のアドレナリンが体じゅうを駆け巡っているのを感じた。何杯かビールを飲んで、それでその日はお開きになるのだろうと思っていた。だが、そうではなかった。

チームルームでは、コート・セッションが始まった。これはラグビーチームに古くからある風習で、裁判の真似事をしながら試合や練習でミスをした選手に反省を促し、罰として酒を飲ませるというものだ。チームの結束を高めつつ、笑いも交えて大いに盛り上がる。僕たちはさらにその後、街へと繰り出した。夜の外出を楽しみながらも、何が起きているのかがよくわからなかった。僕はまだ若く、いけないことをしているという自覚が持てなかった。その夜、僕たちはつぶれるまで飲んだりはしなかったし、身なりもきちんとしていた。だが、それは大会期間中にチームがとるべき行動ではなかった。その夜の出来事は、チームの自信や余裕の裏返しだともいえた。この一年、僕たちは強いプレッシャーにさらされることもなく戦ってきた。そのことが、無意識のうちにチームに影響を与え始めていたのだ。

南アフリカ代表《スプリングボクス》に勝利した後、僕たちはホスト国であるオーストラリアとの準決勝を戦うためにようやくメルボルンに別れを告げ、シドニーに向かった。到着すると、突然、熱狂の渦に巻き込まれた。僕たちはついに、ワールドカップが世界を賑わしていること、しかもその大詰めが近づいていることを、肌で体感できたのだった。チームの士気は高まった。わずか数カ月前には、敵地シドニーで五〇点も奪ってオーストラリアを一蹴した。その後に戦ったほとんどの相手も蹴散らしてきた。僕たちはエキサイティングで圧倒的な攻撃スタイルのラグビーをしていて、この一年間、自分たちの強さを証明し続けてきた。オーストラリアに負ける要素など何もないと思えた。

だが、よく目を凝らせば、そこには悪い兆候もあった。それらは僕たちが思っている以上に大きなものだった。一つは、タナ・ウマガが大会を離脱してしまったことだ。ウマガは素晴らしい選手であり、チームにとって真のリーダーだった。ウマガの穴は、この一年、センターではプレーしていなかったレオン・マクドナルドが埋め、スペンサーの代わりにすべてのキックも任された。それでも、僕たちは自信に満ちあふれていたので、問題などないと考えていた。

序盤、オールブラックスは優位に試合を進め、相手に強い圧力をかけ続けた。最近、この試合の映像を数年ぶりに見てみたのだが、僕たちが圧倒的にボールを保持していることや、そのスタイルがとてつもなく攻撃的であることに、あらためて驚かされた。しかしチームは、スターリング・

モートロックにボールをインターセプトされ、そのまま長い距離を独走されてトライを許してしまった。さらに、ペナルティキックを二本も決められた。オーストラリアはW杯の準決勝を、ホームのスタジアムで、リードによってオールブラックスに圧力をかけながら戦えることになったのだ。彼らのタックルは凄まじかった。僕はベンチから戦況を見つめていた。そして、オーストラリアが妥当な勝利を手にするのを、落胆しながら眺めていた。オールブラックスのW杯は終わった。

試合後の控え室は、重苦しく長い沈黙に包まれた。選手たちの表情は、悲しみで歪んでいた。僕はそのとき、遅ればせながらワールドカップがどれほど大きな価値のある大会なのかということに気づいた。その瞬間、僕は次回の大会に必ず出場すると決意した。今すぐにでも、そのための準備を始めたいと思った。次の二〇〇七年大会が開催される頃、僕は選手としての最盛期を迎えているはずだった。

僕は思った。

四年後、今日と同じ舞台で試合がしたい。

そして、今日とは違う結果を導きたい。

第6章

どこにも通じていない道

シドニーでの準決勝に敗北した後、僕たちは気を取り直して、チームとしてはモチベーションを保ちにくい試合――三位決定戦――に臨んだ。相手はフランスだった。僕は、負傷した選手の代わりに途中出場した。試合の重要度は低かったとはいえ、フィールドを走り回れるのが嬉しかった。僕たちは四〇対一三で勝利し、自信を少しだけ取り戻すことができた。

大会終了後、選手には選択肢が与えられた。そのまま帰国するか、しばらくシドニーに滞在して観光を楽しむか。大半のメンバーはニュージーランドに戻ったが、僕たち何人かの若手はシドニーに残ることにした。この年の初め、ラッパーの50セントのアルバム『ゲット・リッチ・オア・ダイ・トライン』がリリースされて大ヒットしていた。僕はこのアルバムが大好きで、そのなかの一曲のタイトル『P.I.M.P.』を、マア・ノヌー、ベン・アティガ、ジョー・ロコゾコ、僕の四人組になぞらえたりした。

僕たちは、オーストラリア戦の敗戦の傷も癒えないまま、決勝戦の前夜、街に飲みに出かけた。

決勝はテレビで観戦するのではなく、プレーするつもりだったのにと思いながら。僕たちはダーリングハーバーにあるカーゴ・バーという店に入った。店内はものすごく混み合っていた。どうしてだろうと思ったが、店の奥に行くとその理由がわかった。イギリスのヘンリー王子の一行が店を訪れていて、盛大に楽しんでいたのだ。

しばらくして、僕たちは王子と少し話をした。彼はイングランドが決勝に進んだことに嬉々としていた。王子はイングランドのジャージを着ていて、僕たちに向かって、胸に刺繍されたバラのマークのところにキスをしろと迫った。もちろん、僕たちはそれに応じるわけにはいかなかった。それはシュールな光景だった。ビールに酔ったイギリスの王子から、イングランドのバラに屈服することを求められるなんて。とはいえその難局を乗り切った後は、とても楽しい時間が過ぎていった。カレブ・ラルフなどは、王子の従姉妹《いとこ》のザラ・フィリップスと意気投合し、その後しばらくのあいだ彼女と付き合うことになったくらいだ。

翌日、僕たちはバーのテレビで決勝を観た。それは僕たちがオーストラリアに来たときに心に描いていた光景ではなかった。楽しい週末だったが、あり得た未来のことを思うと悔しさが募った。僕はクライストチャーチに戻る飛行機のなかで、この敗戦を糧にして、次回大会では必ずチームの主力としてこの借りを返すと決意していた。

僕にとって、二〇〇三年は実に多くの出来事が起こった一年だった。だが、これで終わりではなかった。年末も近づいていたその夏、僕はホナー・ディロンと付き合い始めた。僕たちはどちらも、若く、野心的なアスリートだった（彼女は翌年、女子ホッケーのニュージーランド代表としてデビューすることになる）。僕はそれが、二人が惹かれ合い、スポーツ選手としてのキャリアを通じてさまざまなストレスに耐えながら関係を続けることができた大きな理由だと思う。トップレベルのスポーツ選手であることのプレッシャーや生活リズムを理解し、浮き沈みを自分のことのように感じてくれる人と一緒にいられるのは、僕たちにとって大きな心の支えになった。そのときの僕にはまだ、二人の関係がどのような結末を迎えることになるかはわからなかった。だが、彼女が特別な人で、僕たちの関係が特別なものだということだけはよくわかった。その後数年間、僕が選手として成長していくのと同じように、二人の関係も育まれていった。

W杯終了後、古いコーチ陣は去り、代わりに現代的なオールブラックスが生まれることになった。新たにヘッドコーチに就任したグラハム・ヘンリーとそのスタッフは、チームに新たなスタイルを植え込むために、選手に新しいルールに従うことや、意識改革を求めた。

僕はまだ若く、積極的にその変革に関わることができなかった。恥ずかしがり屋なのは相変わらずで、チームのあり方について何か発言する権利が自分にあるとも思っていなかった。どのチームであれ、プレーできるだけで幸せな二一歳の選手にすぎなかったのだ。ラグビー選手としての技術はトップクラスと呼べるべきレベルに達していたかもしれない。だけど、チーム内で発言ができるだけの経験はなかった。仮にその経験があったとしても、発言をする自信はなかった。

だから、オールブラックスでの難しい状況からいったん離れ、二〇〇四年をクルセイダーズでスタートできたことにほっとしていた。前年にこのチームでデビューしたときは苦労したが、一シーズン経験を積んだことで、僕はすっかりチームに馴染んでいた。プレシーズンも楽しみながら過ごせた。その年のクルセイダーズには前年の主力がほとんど残り、とても強いチームになると感じた。僕は、今年こそはスーパーラグビーで優勝できると確信していた。

チーム内での自分の位置づけも変わり始めていた。もう、プレーをする度に自分の能力を周りに証明しようとしなくてもよくなっていた。年上の選手は、僕の力をうまく引き出してくれるようになっていたし、周りからの信頼が高まるほどに、僕自身も成長していった。

選手として活躍するようになると、フィールド外でも新たなチャンスが舞い込むようになった。とはいえ、この頃の僕のスポンサーとの接し方といえば、「どこにサインすればいいですか？」というものにすぎなかった。誰かが自分に何かを無料で与えてくれることが、信じられなかった。そのときにまでに取り交わしていたスポンサー契約は二つ。どちらもたいして重要なものではなかった。一つはナイキと取り交わしたものだ。同社は二〇〇二年のカンタベリー州代表チームのスポンサーだった。ナイキから提示された取引の内容を大まかにいうと、こういうことだ――「無料でウェアやシューズを提供してあげよう。その代わり、君は今からナイキのアスリートになる」。振り返ると、僕はもう少し慎重になって周りに意見を聞くべきだったし、長期間の契約はすべきではなかった。だが、僕はオファーをもらっただけで嬉しく、何も考えずにサインしてしまった。当時の僕はこんなふうに、何であれにっこりと笑って握手をし、書類にサインすることが多かった。だからこそ、初めて代理人契約を結んだのが、ルー・トンプソンやディーン・ヒーガンたちで本当に良かったと思っている。他の怪しげな代理人と契約していたら、とんでもないことになっていたかもしれない。

だが、前年末にオールブラックスに入ったことで、僕は再びアディダスのギアを身につけることになった。カンタベリーに入る前、二一歳以下のニュージーランド代表チームでアディダスを着用していたし、同社のシューズは僕の好みだった。二〇〇四年になると、ナイキに戻ることになると思っていた。だが、アディダスのインターナショナル・スポンサーシップの担当者だったニュージーランド人のアンドリュー・ゲイズが、前シーズンの僕の活躍ぶりに目をつけていた。そして、僕の代理人に、アディダスとの個人契約を持ちかけてきた。それは重大な契約だった。アディダスの服やシューズを身につけ、世界中で広告塔になり、その見返りとして報酬を得る。オールブラックスのほとんどの選手は、ニュージーランドラグビー協会のスポンサー契約に従っているだけで、スポンサーから得られる収入も限られていた。個人としてスポーツウェアの企業と国際的なスポンサー契約をしているのは、ダグ・ハウレット、リッチー・マコウ、ジョナ・ロムーくらいだった。

アディダスと契約をする前、僕の最大のスポンサーは玩具会社だった。二〇〇三年の半ば、初めてオールブラックスに選ばれた直後に、ハズブロ社の玩具ブランド「ナーフ《Nerf》」の製品「Vortex Mega Howler」のテレビコマーシャルに出演したのだ。これは、小型のラグビーボールのような形をしたおもちゃで、後ろには羽根がついていて、思い切り投げて飛距離を競ったりして遊ぶことができる。僕はオールブラックスのスティーブ・ディバインと一緒にコマーシャルの撮影に臨んだ。CMのコンセプトは、オールブラックスの有名選手と若手選手が、この商品で遊ぶというものだった。当時の僕には、テレビコマーシャルに出られるほどの人気も実績もなかった。選ばれたのは、ハズブロの女性社員が僕のことを気に入ってくれたおかげだったらしい。ともかく、若かった僕は、コマーシャルのオファーをもらえたことが嬉しかった。

その日の午後、僕とスティーブはこのおもちゃで何度もキャッチボールをし、その映像をもとにコマーシャルがつくられた。面白いことに、このCMの効果は抜群で、ハズブロに大きな利益をもたらした。契約では、ハズブロがこのCMを二〇〇三年から二〇〇五年の三シーズンにわたって放映できることになっていた（僕が調子の良かったシーズンだ）。だからこのCMは、ずっと僕につきまとった。三シーズン連続で、「スティーブ、これをキャッチしてみてよ！」「ワオ！　ダン、すごいボールだ！」というスティーブと僕のやりとりがテレビの画面に何度も映し出されることになった。僕はその間、スーパーラグビーのタイトルを獲得し、オールブラックスのスタンドオフのレギュラーになり、二〇〇五年のIRB（国際ラグビーボード）世界最優秀選手に選出された。そして、このCMはずっと流され続けた。チームメイトはこのCMをネタにして何度も僕をからかった。僕は代理人のディーンにCMの放映をやめてもらうように頼んだが、契約のためにどうしようもできなかった。この出来事は、良い教訓になった。僕は、今後スポンサー契約をするときには、条件面を詳しく確認しなければならないと肝に銘じた。

教訓はこれだけではなかった。アディダスと契約した後、僕は父に古いナイキのギアを全部あげた。父は大喜びしてくれた。五〇年以上もラグビーをプレーしてきて、初めてタダで用具を手に入れたのだ。だが僕は、ナイキの服を着た父の姿が雑誌やテレビに露出した場合のことまでは予測していなかった。ナイキのギアを身につけたダン・カーターの父親の姿を見て、アディダスは喜んではくれなかった。

アディダスとハズブロとの契約を経験したことで、僕はフィールド外でのビジネスのコツをつかみ始めたと感じていた。副収入が得られることも嬉しかった。しかし実際には、僕はまだ何もわかっていなかった。そのことは、次の契約によって証明された。それは恥ずかしく、画期的で、金になり、良くも悪くもその後数年間の僕のイメージをつくり上げるものになった。

二〇〇四年、モデル・エージェントのサラ・テトロが、下着メーカーのジョッキー社が広告に僕を使いたいと言っていると連絡をしてきた。ジョッキーは最初、リッチー・マコウにこの話を打診し、すぐに断られてしまったらしかった。僕もマコウと同じ対応をしようとした。だが、代理人のディーン・ヒーガンがこの取引の噂を耳にしていた。僕はヒーガンと話をし、このオファーにちょっとばかり刺激的な何かを感じた。サラがモデル・エージェンシーを経営していたのも、なんとなく面白そうだと思った。だからとりあえず、会って話だけでも聞いてみることにした。とはいえその時点では、僕は下着の広告モデルになんてなるつもりはなかった。ただ、興味本位で話をしてみようと思っただけだ。だが、サラは僕の前に数字を提示した。そして、その額は大きかった——少なくとも、そのときの僕の収入や、撮影に要する時間の短さを考慮すれば。

悩んだ僕は、何人かに相談をした。オールブラックスの新しいアシスタントコーチ、スティーブ・ハンセンにも話をしてみた。今振り返ると、ハンセンはこの手の相談をする相手として相応しくはなかったかもしれない。だが僕は若く、混乱していたので、ともかく誰からでもいいのでアドバイスがほしかった。ハンセンは、ギャラはいくらなのかと尋ねた。僕が数字を言うと、彼はこう答えた。「相手に、〝その三倍の額ならやる〟と伝えればいいのさ。それでこの話がキャンセルになるのなら、それはそれでいいじゃないか。相手がそれでもイエスというのなら、たんまり金が手に入る」

素晴らしいアドバイスだった。僕はその通りにした。当然というべきか、ジョッキーの担当者は憤慨した。何様のつもりだ、というわけだ。だけど、僕は傲慢になっていたわけじゃない。カメラの前で下着姿をさらしたくなかっただけなのだ。ともかく、僕はこれでこの話は終わりになったと思った。だが翌日、ジョッキーの担当者が再び僕のもとにやってきた。そして、僕の要求通り、当初の三倍の報酬を払うと言ったのだった。大金を手にして大喜びしたと思う人もいるかもしれない。だが、このとき僕の頭のなかにあったのは、この件をどうやって両親に伝えようかということだけだった。

やっぱりこの話はなかったことにしようかとも思ったが、金をもらえるということだけがなんとか僕を踏みとどまらせた。いよいよ、運命の日がやってきた。スタジオに入ると、ジョッキー・オーストラリアの女性モデルがちょうど撮影を終えたところだった。彼女は余裕しゃくしゃくだった。だが僕は緊張でカチカチになっていた。サラが僕を落ち着かせるために、カメラマンと数人のアシスタントを残してスタジオを空にしてくれた。パンツ一枚になって更衣室から出て行くまでの時間は、永遠かと思うほどに長く感じた。おそらく関係者は、僕が脱走したのではないかと疑ったはずだ。とはいうものの、カメラマンやアシスタントは素晴らしい人たちで、細かな気配りをしてくれた。気がついたら、撮影は終わっていた。

だが、それはドラマの始まりにすぎなかった。数週間後、僕の下着姿の写真を使ったジョッキーの大型の広告板が、全国各地に掲示され始めた。テストマッチが開催されるすべての都市にもだ。オールブラックスのチームルームに入ると、誰かがホワイトボードに僕のジョッキー広告のポスターを貼っていた。僕は恥ずかしさで真っ赤になりながら、それをビリビリに破いた。このいたずらをしたのが誰かははっきりとはわからない。だけど僕は、ジャスティン・マーシャルが怪しいと思っている。当時のクルセイダーズではこうした悪ふざけが流行っていて、その中心にいたのがジャスティンだったからだ。靴下に穴を空けたり、シャツをピンクに染めたり、サンダルのストラップをハサミで切ったり。何でもいたずらの標的になった。だから、下着姿のポスターでいたずらをされるのも、十分に想定していたことだった。

だけど悪ふざけについては、僕も潔白ではない。今でもよく覚えているのは、クルセイダーズでヨハネスブルグに滞在していたときにしたいたずらだ。選手たちは、ホテルの同階にある廊下沿いの部屋に泊まっていた。スーパーラグビーのシーズンも終盤を迎え、長い遠征が続いてみんな退屈していた。ある夜、僕はアーロンと一緒に馬鹿なことを計画した。ピチピチの上下のタイツを身につけて謎のスーパーヒーローに扮装《ふんそう》し、身体の大きなフォワードの選手を成敗して回ることにしたのだ。アーロンもタイツ姿になり、僕たちはさっそくミッションを開始した。

最初に侵入した部屋には、チーム屈指の巨体と怪力を誇るブラッド・ソーンとグレッグ・サマービルがいた。僕たちは二人に飛びかかり、相手を押さえ込もうとした。グレッグはあまりこのいたずらを面白いと思ってくれなかったようだが、ブラッドはノリノリだった。僕たちは巨漢のブラッドに返り討ちにあってしまったが、ブラッドは僕がこんなふうに馬鹿をしてみんなを楽しませようとしていることを喜んでくれたようだった。僕たちは廊下を走り回り、次々と仲間の部屋を襲撃した。たしかブラッド以外のメンバーは、降参させたはずだ。楽しかった。それはツアーの最中に時折誰かが始める、典型的な退屈しのぎのいたずらだった。誰かが同じようないたずらを始めたら、僕も同じノリで付き合ったものだ。

ジョッキーと契約したことで、僕はチームメイトから何年にもわたってからかわれ続けた。だけど、今ではオールブラックスのメンバーの半数がジョッキーの広告に出るようになっている。これは大きな変化だ。以前は、オールブラックスの選手が広告に出演するようなことはなかった。選手たちが出演したがらなかったのではない。そのような機会がなかったのだ。ジョナ・ロムーはいくつもの広告に出ていたし、カルロス・スペンサーもお菓子の「トフィーポップ」の広告に出演していた。だけどそれを除けば、オールブラックスの個々の選手が企業の広告に出ることはなかった。現在では、僕のジョッキーとの契約は、ラグビー選手に新たな扉を開いたと位置づけられるようになった。広告出演は、今では選手の重要な収入源になっている。

ただ、当時の僕は、自分の下着姿の写真をあちこちで目にすることをちっとも楽しいとは思わなかった。母からもひんしゅくを買った。僕は広告板を見たくなくて、クライストチャーチの練習場に通う道のりを変えた。それでも、僕はこの広告に出てよかったと思っている。それは僕のフィールド外でのビジネスの基盤になった。ラグビー選手が広告に出ることの意味合いをも変えたし、ブランドがラグビー選手を見る目をも変えた。ラグビー界全体に良い影響を与えた。若かった僕がカメラの前に立つ恐怖を乗り越えるきっかけになったし、それはその後の数年間でも役に立った。

ジョッキーとのスポンサー契約は、僕の人生にとって大切なものになった。この国のラグビーがアマチュアだった時代には考えられなかったような、選手引退後の人生設計をするうえでも役立っている。三三歳になった今も、ジョッキーとの関係は続いている。僕は同社のアンバサダーを務めているのだ。

ジョッキーの広告がきっかけで、さまざまなオファーをもらうようになった。国際的なスケールの大きい話もあった。アディダスとマスターカードは、世界各国向けの広告に僕を起用した。ジレット社も僕をゴルファーのタイガー・ウッズ、テニスプレーヤーのロジャー・フェデラーと一緒に世界規模のキャンペーンで採用しようとしていた。結局この話は流れたが、大きな契約の交渉を経験したことは、いい勉強になった。

コマーシャルに出演したことで、自分の知名度を活かした慈善活動もしやすくなった。特に僕は、がん患者を支援する慈善団体ＣａｎＴｅｅｎの活動に関わってきた。クルセイダーズに入ったばかりの頃、若い二人のがん患者が毎回練習を見学しにきてくれた。僕は二人と友情を育んだ。そして、彼らが他界したときには大きな悲しみを味わった。僕は後に、二人がＣａｎＴｅｅｎの活動の一環としてクルセイダーズの練習を見学しにきていたことを知り、この団体に自分のできる限りの協力をしようと決意した。この団体での活動は、僕のキャリアのなかでもっとも印象深く、満ち足りた気持ちになれるものだった。コマーシャルへの出演とはまったく毛色の異なる活動だが、これらはお互いに良い作用をもたらしている。僕は自分の知名度を、自分自身と、誰かの助けを必要としている人たちのために活用することができるのだ。

僕はこのようなラグビー界の激変の時代を生き抜くことができて、とても幸運だと思っている。だけど、僕はある意味で新たな時代を形づくることを支援してきたようにも感じている。田舎の少年にすぎなかった僕は、意外にも、新たな世界をパイオニアとして切り開く方法を楽しみながら見つけ出そうとしていた。僕が感じていることは、こうして僕たち選手が個人として広告に出演することが、結局はニュージーランドラグビー協会のスポンサー契約を増やす結果につながっているということだ。これは、僕やリッチー・マコウのような選手にとっては問題ない。だけど僕には、あまり知名度の高くない若手のオールブラックスや、それ以外の選手のことが気になる。ニュージーランドラグビー協会は、多くの企業とスポンサー契約を取り交わしている。その結果、選手個人が各企業と契約して多くの収入を得る機会が狭められている。僕は幸いにも、世間の注目を浴びながらオールブラックスの選手として長いキャリアを送ることができた。だがたいていの場合、オールブラックスの選手が僕ほどの注目を浴びることも、僕ほど長くこのチームでプレーをすることもない。僕は引退したら、こうした選手たちに、ラグビー選手引退後の人生についてアドバイスをしたり、新たなチャンスを与えたりする活動をしたいと思っている。

アディダスとの契約は、二〇〇三年から二〇〇四年への夏を、それまでの二年よりも余裕のあるものにしてくれた。僕はようやく、ラグビー界の頂点にいることに慣れ始めた。この地位は自分の実力で勝ち取ったものであり、瞬く間に消え去ってしまうようなものではないはずだとも思えるようになっていた。二年前に二一歳以下のニュージーランド代表に選ばれてからというもの、息つく間もない日々が続いていた。その間、今の選手では考えられないほど多くの試合もこなしてきた。そのことで僕は選手として大きく成長できた。だが、休暇をとるべきときが来ていた。リフレッシュし、これまで成し遂げてきたことを振り返り、来年どこに向かうべきかを考えるための時間が必要だった。僕はこの夏を、家族やしばらく会うことのできなかった古い友人たちと過ごすために費やした。楽しい時間だったが、頭の片隅ではいつも、二〇〇四年シーズンでのさらなる飛躍のことを考えていた。僕は、現状維持など望んではいなかった。

この決意は、プレシーズンに受けたあるインタビューによってさらに固まった。そのザ・プレス紙の記者は、何度も〝二年目のジンクス〟について僕に尋ねた。僕はそれまでその言葉を聞いたことがなかったのだが、記者があまりにもしつこいので、それを単なる可能性ではなく、ある種の必然的な何かのように感じ始めた。記者の口ぶりは、二年目のジンクスが、まるで誰もが必ずかかる病気のようなものだといわんばかりだった。記者は、対戦相手が大量の時間を費やして僕のプレー

る。タックルに自信があるのなら、さらに鋭いタックルができるように練習をする。僕が、いつもくなるとは限らない。左足のサイドステップが得意なら、さらにそのステップを高速なものにすらに伸ばすことも意識しろ、と。つまり、相手に研究されたからといって、自分のプレーが通じなから二〇〇五年頃、スミスは僕にこうアドバイスした。弱点を補う練習ばかりしないで、長所をさウェイン・スミスだ。僕はスミスのことを、ラグビー界屈指のコーチだと考えている。二〇〇四年あった。それは、他の選手があまり気づいていないことだ。それを教えてくれたのは、コーチの

だが、それは選手なら誰でも行っていることでもあった。僕にはもう一つ、意識していることが

化しなければならないのだ、と。

の一歩先を行き、とらえどころのない、予測不可能なプレーをするためにも、選手としてさらに進者とのインタビューがきっかけで、僕は強く実感するようになった。僕のことを研究してくる相手中の人がそれを見ている。映像をスロー再生して、プレーを細かく分析されるのも当然だ。件《くだん》の記のに——。しかし、それは避けられないことだった。僕たちの試合はテレビ中継されている。世界

実際、それは僕の得意のプレーだった。僕は苛立った。それは、僕だけが知っていた秘密だったを指した相手から、「左のステップに気をつけろ」「右にパスを出すぞ」と叫ばれたりもした。備のときに、左右どちらの肩の方がタックルが強いかも知っている。フィールド上では、僕のこと

ある意味で、その記者は正しかった。たしかにコーチや選手は、対戦相手のことを研究する。守

に、正反対の結果を示してやろうと思った。までと違う自分になってやるという決意をさらに強くした。僕の失敗を期待している人たちすべてを分析し、癖を見抜いてくるはずだと指摘した。僕はそれを聞きながら、新しいシーズンではこれ

パターンに陥りがちなチームの思考に、新たな視点をもたらしてくれる。しかし、生意気だと受けテランに対しても物怖じせずに自己主張できる若い選手が入ってくるのは素晴らしいことだ。ワンもっときちんと教えるべきだと考えている。僕の経験からしても、トップのラグビーチームに、べ今僕は、アカデミーは若い選手に「自分の考えを主張し、相手にうまく伝えること」について、

しばらく時間がかかったが、次第に僕はフィールド上で自己主張ができるようになっていった。

僕には、人に遠慮してしまうところがあるのだ。答えははっきりとしていた――選手として成長したいのなら、フィールド上でもっと声を出さなければならない。

認められることが大切だとも考えていた。だがそれを差し引いても、僕はあまりにも内気すぎた。僕は、まだ周りの選手を見て学ぶ時期だと自覚していた。自分を主張するよりも、まずは周りからバックスの選手としてプレーしながら、フィールド上であまりにも大人しかった。たしかに去年の変えなければならないのは肉体だけではなかった。僕は一年目、リーダーシップが求められる

ちこわして、勢いよくシーズンに突入したかった。

思った。僕は去年よりも多く、走り、ボールを蹴り、ウエイトを持ち上げた。去年までの自分をぶント重たいウエイトを持ち上げようと思った。去年のランニングのタイムを、一〇秒縮めようとち勝つ」という精神にあらためて立ち返った。この年のプレシーズン、僕は去年よりも一〇パーセ態でシーズンに入ろうと決意した。僕は、地元カンタベリーに息づいている、「努力はすべてに打僕は、自分が二年目にスランプに陥ることを大勢の人たちが予測しているのを知って、完全な状

な力が得られるということだ。

忘れないように心がけていることがある。それは、自分の武器を磨き上げれば、とてつもなく大き

止められることもある。まだチームで確固とした地位を築いていないのに、キャプテンに反論したりする若者もいる。一〇年から一五年前には考えられないことだ。ともかく、僕たちは今、ゲームプランや戦略について、かつてないレベルで細かく議論をするようになっている。それはとても良いことだ。

僕は再び、クルセイダーズのメンバーとしてスーパーラグビーのシーズンを迎えた。ポジションはインサイドセンター。コンディションは最高だった。それは、夢のようなシーズンになった。僕は絶好調で、一試合を除いてすべてのゲームに出場した。だが、スタンドオフの選手たちはそうはいかなかった。開幕から二試合はアーロン・メイジャーが先発し、アンドリュー・マーティンズはベンチを温めた。その後はマーティンズがスタメンになったが、今度はキャメロン・マッキンタイアーとポジション争いを繰り広げた。こんなふうにスタンドオフは選手が入れ替わるなか、僕はその一つ後ろのインサイドセンターで定位置を確保していた。

このスタンドオフの定位置争いのドラマには、コーチとマーティンズの対立が暗い影を落としていた。マーティンズは僕に対していつも紳士として振る舞ってくれた。僕はそのことを永遠に感謝し続けるだろう。だが、シーズンが進むにつれて、彼とコーチのロビー・ディーンズとの関係は悪化していった。マーティンズにとってこのチームは何よりも大切なものだった。その彼がチーム内で居場所を奪われていくのを見るのは、僕にとって辛いことだった。ロビーは若い才能を育てることにかけては抜群の手腕を発揮したが、ベテランの選手の扱いには長けていなかった。それは本当に残念なことだった。ロビーは、若い選手にとっては最高のヘッドコーチだ。選手の才能を見極め、それを伸ばす術を心得ている。だが、選手が年齢を重ね、自分の意見を口にするようになると、その声に柔軟に耳を傾けることができなくなる。ベテランが長い年月をかけて培ってきた技術やラグビー観を尊重したうえで、その選手と良好な関係を築くことが苦手なのだ。

こうした内部事情を抱えてはいたものの、この年のクルセイダーズは、各ポジションに有能な選手を揃えた、凄まじく強いチームだった。僕たちは去年に続いて決勝に進出し、このシーズン絶好調だったブランビーズと対戦した。キャメロン・マッキンタイアーがスタンドオフで先発し、その後ろのセンターにはアーロン・メイジャーと僕が位置した。序盤、ブランビーズの猛攻が続いた。僕たちは決勝という大舞台に浮き足立ち、完全に自分を見失っていた。前半二〇分までに五つのトライを決められ、〇対三三と大量のリードを奪われた。早くも勝負は決まったかのように思えた。だが、コーチのロビー・ディーンズは、私情に流されることなく大胆な手を打った。マッキンタイアーに代えて、マーティンズを投入したのだ。

それをきっかけにして、クルセイダーズは息を吹き返した。それは、僕の長いキャリアのなかでも屈指の猛反撃だった。僕たちは二つのトライを決めて一四対三三とし、後半の逆転にかすかな希望を残した。だが、その希望の火を吹き消されるかのように、後半開始直後に得点を決められてしまった。それでも僕たちは必死に戦った。結局三八対四七で破れたが、一方的な展開になるかと思われた序盤の予想を覆し、白熱した決勝戦を演出した。最初の二〇分間を除けば、試合を支配したのは僕たちだった。だが、序盤で許したリードはあまりにも大きかった。僕はこの日のマーティンズのパフォーマンスを決して忘れないだろう。彼は万全の状態ではなかったし、問題の多いシーズンを堪え忍んできた。だけど途中交代でフィールドに登場してからの六〇分間は、素早い身のこなし、知的なプレー、優れた戦術眼で、真の英雄と呼ぶに相応しいプレーをした。

他のチームなら、優勝はできなかったにせよ二年連続で決勝に進めたのは喜ばしいことであり、コーチの契約も更新すべきだと考えるはずだ。だが、クルセイダーズは違った。このチームに求められる基準は高く、僕たちは打ちひしがれていた。そして、選手もチームに対してさらに多くを要求した。僕は最初の二年間、このことをよく理解できなかった。まだ若く、これは誰か他の選手のチームなのだと心のどこかで感じていた。チームが勝つのは僕の手柄ではないし、チームが負けるのは僕のせいでもない——そんなふうに思っていたのだ。だけどこの年の終わり、ようやく僕はクルセイダーズの一員であることが何なのかを真に理解し始めた。そして、その激しいメンタリティーを自分のなかに取り入れ始めた。

ルーベン・ソーン、ジャスティン・マーシャル、グレッグ・サマービル、アーロン・メイジャー、そして若きリッチー・マコウなどの選手には、このような厳しさや激しさがあった。試合が熾烈になることを、楽しんでいるような節さえあった。どんなに困難な状況でも、全力を出し切るという信念を持っていた。だから、決勝で二年連続で負けてはしまったものの、僕は仲間やチームを信じていた。そして自分も彼らと同じような態度や心構えを持ちたいと強く思った。

スーパーラグビーのシーズンを終え、僕はオールブラックスに心を切り替えた。このシーズンでの自分の活躍ぶりからして、メンバーに選ばれる自信はあった。僕はこの年のスーパーラグビーで最優秀選手に選ばれた。二〇〇点以上をとって得点王にもなった。今年は、スタメンで起用されるチャンスも大いにあると思っていた。実際、僕はこの年もオールブラックスに選ばれ、イーデンパークで行われたオールブラックス恒例のトライアルを兼ねた紅白戦「ポッシブルズ対プロバブルズ」でも、先発メンバーが入るプロバブルズのインサイドセンターでプレーすることになった。

このトライアルは最近ではあまり行われなくはなったものの、当時のポッシブルズ対プロバブルズは、ポジション争いにおいて大きな意味を持っていた。この年のポッシブルズは強かった。僕がマッチアップしたのは、この一年際立ったパフォーマンスを見せていたサム・トゥイトゥポだった。サブ組のポッシブルズは、レギュラー組のプロバブルズからスタメンの座を奪おうとして必死に立ち向かってきた。ゲームは終盤まで接戦だった。最後に僕たちはペナルティを得た。通常なら、この手のゲームではペナルティをとってもペナルティゴールは狙わないことがエチケットになっている。だが、勝ちたかった僕たちはキックを選択した。僕が四〇メートルの位置からゴールを決め、試合を終わらせた。

これは、国際試合のシーズンの始めにしては、選手の身体にかかる負担が高い練習だった。だが、このチームにはそれが必要だった。僕たちのこのシーズン最初の対戦相手は、ワールドカップ王者のイングランド。疑うべくもなく、あらゆるチームにとって自分たちの力を測るための最高の相手だ。とはいえオールブラックスにとっては、コーチ陣が新体制になってから初めての試合でもあったので、たとえ相手がイングランドであろうと、キャンプには楽観的な雰囲気が漂っていた。それに、僕たちは前回のワールドカップで悔しい思いをしていただけに、勝利にも飢えていた。

僕はこのキャンプで、この年にヘッドコーチに就任したグラハム・ヘンリーに初めて会った。正直、恐ろしかった。それまで面識はなかったが、テレビのインタビューを見たりして、とんでもない堅物だという印象も持っていた。まあ、よくいえば校長先生みたいなタイプだった。ただ、その最初の恐怖を乗り越えると、僕はコーチ陣が刷新されたことに新鮮さを覚えるようになった。前体制では、オールブラックスのヘッドコーチであるジョン・ミッチェルと、クルセイダーズのヘッドコーチであるロビー・ディーンズは密に連携していたので、この二チームのコーチ陣の仕事の進め方にはそれほど大きな差はなかった。だがヘンリーには威圧感があった。ミスをすると、大声で怒鳴られる。彼は、昔ながらの方法に従っていた。だけど、ヘンリーと、アシスタントコーチのスティーブ・ハンセン、ウェイン・スミスの三人は、チームに新たな視点をもたらしてくれた。毎日が学びだった若き僕にとって、この状況は喜ばしいものだった。

ヘンリーの性格は、僕が想像していたのとは少し違っていた。真剣なときは近寄りがたいような威厳があったが、その一方で、いたずらや冗談が好きで周りを驚かせるような側面もあったからだ。とはいえコーチのなかで僕が一番親しみを覚えていたのは、ウェイン・スミスだった。スミスはラグビーを分析的にとらえていて、何事もきっちりとしていた。慣れるのにしばらく時間はかかったが、ロビーの自由奔放で直感的なスタイルとは良い意味で対照的だった。コーチ陣が新体制になるまで、僕はコンピューターを使った対戦相手や自分たちのプレーの分析をしたことはなかった。最初、僕はこの種のセッションが嫌いだった。何度も同じ映像を繰り返し見させられるのは退屈だった。試合を通して見るのではなく、プレーを細切れにしてしまうのも好きではなかった。どういう流れで起きたプレーなのかもわかりにくかった。だけど今になってみると、スミスが時代の一歩先を行っていたことがよくわかる。

チームはイングランドとの二連戦を迎え、望み通り前年の借りを返すことができた。オールブラックスは圧勝で二連勝を飾った。僕もキックが好調で、この二試合で一度しか外さなかった。ワールドカップの屈辱を完全に払拭するほどではなかったものの、僕たちはいい状態のまま、南アフリカ、オーストラリアとの三カ国対抗戦「トライネイションズ」に前回大会の覇者として臨むことができた。

七月の第一ラウンド、僕たちはオーストラリアと南アフリカを僅差で連破し、いいスタートを切った。しかし、八月の第二ラウンドではそうはいかなかった。シドニーでのオーストラリア戦は、トライを一つも奪えないまま接戦を落とした。僕は調子が良かったが、足首を捻《ひね》ってしまった。前半はごまかしながらプレーをしたが、後半直後には大事をとって交代した。スペンサーもベンチに下がったため、後半はスタンドオフにマーティンズ、インサイドセンターにトゥイトゥポという、前半とはまったくスタイルが異なる二人がコンビを組むことになった。だが流れは変えられず、僕たちは一八対二三で破れた。

南アフリカとの最終戦、僕はなんとしてもプレーしたかった。チームが負けるのを、ベンチから見ていたくはなかった。足首の怪我はたいしたことはないと思っていた。少なくとも、自分がプレーできる状態であることをフィールド上で証明するチャンスは与えられるだろうと確信していた。僕は、オールブラックスに馴染み始めていた。試合に出たかった。だがそんな僕の前向きな気分も、週の前半に南アフリカ戦のメンバーが発表されると吹き飛んでしまった。僕はメンバー入りしていなかった。この試合の後は数週間、ゲームは組まれていない。これを逃せば、しばらくは試合をすることはできない。それにこの試合に勝てば、この三カ国対抗戦で僕たちニュージーランドが優勝できる可能性は十分にあった。これは大切な試合だった。僕は激怒した。自分がプレーできる状態であることを証明するためのチャンスすら与えられなかったような気がした。

僕はとても未熟な反応をした。それは、典型的な二二歳だった。その週、毎晩のように深酒したのだ。僕と他のＤＤ（ダーティー・ダーティーの略。ベンチ入りしなかったメンバーを指すラグビーのスラングだ）たちは、一日の練習を終えると、まずホテルで軽く飲んだ後、街のバーで飲み直した。当時としてはよくあることだったが、今では絶対に考えられない行動だ。現在では、誰もがプレーする準備を整えておかなければならない。怪我をしている選手もリハビリをしなければならないし、まずアルコールなど口にしない。

だけどベンチ入りしなかった僕たち何人かの選手は、酒で気晴らしをした。水曜日か木曜日には、週末のテストマッチが近づいていたにもかかわらず、午前二、三時くらいまで飲んでいたはずだ。僕たちには、ベンチ入りしたメンバーをサポートしようとする頭が欠けていた。自分のことしか考えていなかった。それはコーチやマネジメントに対する、「メンバーに選ばれなければ好き勝手に振る舞うぞ」という露骨な意思表示だった。

ただし、それは例外的なものではなかった。コーチたちは、選手や指導者としてのキャリアのほとんどを、遠征中の行動基準が今とは大きく異なるアマチュアとして過ごしてきた。ベテランの選手も同じだった。アマチュアの時代には、仕事や家庭の時間を割いてラグビーに関わっている選手に対して求められることには限りがあった。報酬をもらってラグビーをしているプロと同じような規律を、当時のアマチュアに要求するのには無理があった。

アマチュア時代の選手たちは、仲間との交流を、このスポーツに関わることの大きな魅力だと感じていた。現在のラグビー文化にもその名残はあるものの、プロ化によってこうしたアマチュア的な考え方はなくなっていった。ただしその移行期間には、プロとして報酬はもらいつつ、同時にアマチュア時代のような仲間との交流も楽しみたいと選手たちが考える時期もあった。コーチ陣は、夜な夜な飲み歩いている僕たちのことを特に気にしてはいないようだった。だが、もちろんそんな僕たちの振る舞いがチームのためになるわけはなかった。それはさまざまな形で、週末の試合に臨んだチームに悪い影響をもたらしていたはずだ。

チームは血祭りにされた。南アフリカは、エリスパーク・スタジアムで僕たちから四〇点を奪った。オールブラックスが精彩を欠いたという意味では、僕が関わったなかでも一、二を争う試合だった。相手のセンター、マリウス・ジュベールにはハットトリックを達成され、パーシー・モンゴメリにはあらゆる位置からキックを決められた。試合後の雰囲気は陰鬱なものだった。普通、負け試合の後には落胆や悔しさを感じる。だがそこに漂っていたのは、それらよりももっと醜い、怒りの感情だった。

その夜、チームはコート・セッションを催した。前述したように、これはチームの結束を固めるためのエクササイズで、たいていは陽気な雰囲気で行われる、一種の〝ガス抜き〟だ。裁判の真似をして、練習や試合でチームに迷惑をかけた選手に有罪判決が下される。罰は、ビールを飲まされることだ。最後は全員が酔っ払い、幸せな気分で部屋に戻って眠りに落ちる。これは基本的に楽しいことだと見なされているし、ほとんどの場合は実際にそうなる。選手には罰が与えられるが、それは一種のご褒美のようなものでもある。特に、シーズンやツアーの終わりに行われるときはそうだ。

だが、この日のそれはいつもとは雰囲気が大きく違っていた。場所は、ホテルの殺風景な会議室だった。まだ敗戦後の重苦しい空気が残っていた。チーム内には怒りが渦巻き、ミスをした選手を咎《とが》める口調もいつもより厳しかった。

罰として飲まされるのも、ビールではなく蒸留酒だった。みんな酔っ払い、あちこちで嘔吐していた。もう滅茶苦茶だった。そのときの僕たちは、世界クラスのスポーツチームのようには見えなかった。それは僕たちが憧れてきたオールブラックスではなかった。ただの愚かな男たちの集団だった。

僕はベンチ入りしなかった〝DD〟を代表してチームに謝罪をしながら、場の雰囲気がおかしな方向に向かっているのを強く感じていた。ヘッドコーチのグラハムの目にも、「このコート・セッションは行き過ぎている。選手たちは全員の前で自分の罪を認めなければならないと感じていた」と映ったらしい。若く恥ずかしがり屋だった僕にとって、それはひどく屈辱的なものに思えた。DDは全員打ちひしがれていた。オールブラックスのジャージの価値を貶め、チームを敗戦に導いたのは自分たちだと痛感していた。チーム全体がこのセッションに参加した。コーチも、マネジメントも、チームドクターも。普段なら二、三時間で終わるものが、夜通し続いた。翌日の午後、僕が空港に向かうためにホテルを出たときに、まだ会議室に残っていた選手もいたくらいだ。

これほど荒れたコート・セッションは、後にも先にも経験したことがない。参加者のなかには、コート・セッションをこのような方法で行うことに対してまったく納得していないような者もいた。たとえば、アシスタントコーチのウェイン・スミスも、僕たちの振る舞いを見て愕然としていた。「このチームはどうなってるんだ?」と。僕はそのとき、スミスはこのチームを去ることを決断したのではないかと思う。翌日の朝——選手によっては午後——に目覚めたとき、僕たちはみな、昨夜の出来事が間違いだったと気づいた。僕たちは、自分たちが憧れてきたチームの一員として振る舞わなくてはならなかった。二度と、同じような過ちを繰り返してはいけないと思った。

ファイナルイヤー・ダイアリー 3

クライストチャーチ、二〇一五年一月二六日

クルセイダーズのプレシーズン中に、クライストチャーチのクリアウォーター・リゾートにあるアパートメントで録音。

僕は一二月中旬に、ラシン・メトロとの契約書に署名した。それ以来、一瞬もそのことを後悔していない。妻のホナーと僕は、パリで暮らすことをとても楽しみにしている。二歳になる息子のマルコも片言のフランス語を学び始めた。僕たちはわくわくしながら素晴らしい夏を過ごしている。

クライストチャーチに来る前は、ホナーの実家のあるニュージーランド北東のタウポでトレーニングをした。そこではすべてが順調だった。足の神経の痛みも落ち着いていたし、オークランドから離れて静かなタウポにいると、都会の煩わしさから逃れることもできた。この数年には味わったことのなかったコンディションの良さを感じた。オールブラックスのトレーナー、ニック・ギルが僕のために組んでくれたメニューに従いながら、毎日がリズムよく過ぎていった。目を覚ますと家

族と一緒に朝食をとり、そのまましばらく三人でゆっくりと時間を過ごす。10時頃からは、オーウェンデラニー・パークでワークアウトだ。

ホナーとマルコもここに来て、僕が練習をしているあいだに遊んでいることもあった。ランニングの最後の方では、よちよち歩きのマルコが僕と競争しようとしたりもする。最後はゴールキックを何本か蹴って、午前中の練習を締めくくる。自分の身体に対する信頼は、もう何年も感じていなかったレベルにまで高まった。

昼食の後は、まずジムでウエイトトレーニングをする。さらに、プールで泳いだりフィットネスバイクを漕《こ》いだりする、ランニング以外のコンディショニング。これで一日の練習は終わりだ。その後は、タウポ湖で好きなパドルボーディングを楽しむことが多かった。タウポでの日々は、家族とリラックスした時間を過ごしながら、ハードなプレシーズンの練習に打ち込むのに最適だった。クライストチャーチに移動してからも、基本的に毎日すべきことは変わらない。だが、オークランドに残してきた家族とは一緒に過ごせない。第二子を妊娠中のホナーをサポートできないのもとても残念だ。だが、シーズン前の調整という意味に限るなら利点もある。練習以外には、何もすべきことがないからだ。クルセイダーズの一員としてこれほど長い時間をプレシーズンとして過ごせることにも感謝している。こんなに早い段階からチームに合流できたのは数年ぶりだ。

僕は自分がチームのベテランとなり、それに相応しい責任を果たせるようになったことを嬉しく感じるようになっている。今週、選手たちは、記者からクルセイダーズがフィジーで試合をするという噂は本当かと尋ねられた。チーム側はフィジーで試合をしたがっているようだが、選手にとってはただでさえ多い移動がまた増えることになる。これは選手の福利厚生に関わる問題でもある。

このようなとき、以前なら僕は個人のレベルでは周囲に不満をもらしてはいたが、記者からの質問に真正面から答えようとしたりはしなかった。だけどこのときは、記者に対して積極的に自分の意見を述べようと思った。僕は選手として十分にプレーをしてきた。自分の保身のために要らぬ気を遣う必要などないのだ。

クライストチャーチ、二〇一五年二月一五日

チームはAMIスタジアムでの開幕戦で、メルボルン・レベルズに一〇対二〇と敗北。その後、クリアウォーター・リゾートのアパートメントで、スカイプでの通話を録音。

僕は家族をここに呼び寄せている。試合が残念な結果に終わってしまっただけに、それはいい慰めになる。なぜ負けてしまったのかはよくわからない。今週、チームは本当にいい準備ができていた。僕も万全の調整ができたと思ってはいたが、試合ではさっぱりいいプレーができなかった。しかも、それに輪をかけて悪いことが起こった。去年、脚の神経を痛めたのとまったく同じ場所に、違和感を覚えたのだ。まだ今日も、普通に歩くだけでも痛みを感じる。間違いなく、僕の脚は問題を抱えている。

僕はプレシーズン二試合に出場し、自由に動き回っていた。試合前のウォーミングアップでも、ここ二年で最高の状態だと実感していた。脚にもヘンな感触はなかったし、体調も良かった。シー

ズンに向けてすべてが軌道に乗っているように思えた。それが、いきなり乗り越えなければならないハードルに直面してしまった。

大げさな表現かもしれないが、これは僕にとってまさにトラウマになるような体験だ。ようやく自分の肉体に自信を取り戻したと思った矢先の開幕戦で、この様だ。たちまち嫌な記憶が蘇ってくる。だが僕は、できるだけこの件を前向きにとらえたい。二、三日で、違和感が消えてくれることを願っている。

試合の出来も悪かった。この日も、僕にはあまりチャンスが回ってこなかった。レベルズのディフェンスは鋭かった。フォワード陣にもっと奮起してほしかったが、彼らは試合間際になってようやく本領を発揮し始めた。プレシーズンでも同じだった。前半は相手に攻め込まれ、後半になってようやくエンジンがかかる。

僕たちの課題は、試合開始のホイッスル直後から、追い込まれたときのように必死にプレーをすることだ。だが、今はそれが実現できていない。僕はこれまで、相手を圧倒してボールを前に運ぶ、強いフォワード陣のいるチームでプレーすることに慣れていた。だが今年のチームはそうではないし、それはフォワードの後ろでプレーする僕にはある意味どうしようもなく、葛藤を感じてしまう。事態は改善されると信じてはいるが、こうしたチームの問題があるために、現時点ではあまりすっきりとした気分にはなれていない。

クライストチャーチ、二〇一五年二月二二日

クリアウォーター・リゾートで、スカイプでの通話を録音。クルセイダーズはハイランダーズに二六対二〇で勝ったが、僕は去年の冬と同じような脚の痛みを覚えたために、試合には出なかった。

先週はきつかった。ここまでメディアでネガティブなことを書かれた一週間は記憶にない。僕はなるべく自分に関する記事は読まないようにしている。だけど大勢の友人が、「記事のことは気にするな」と次々にメールを送ってくるものだから、逆に気にせずにはいられなくなってしまう。仲間やコーチからは、脚は大丈夫なのかと尋ねられた。そんなふうに言われると、脚の怪我が深刻なものになったような気になってくる。だけど考えてほしい。まだリーグは第二節で、僕はその試合に出なかっただけだ。そもそも僕はこの一年三カ月ほどの間に、五試合ほどしか試合に出ていない。それなのになぜ、みんなは僕の怪我のことでこんなに大騒ぎするのか。僕が奇跡を起こすことを期待しているのだろうか。そんなふうに考えて、今週はイライラしてしまった。小さな怪我をする度に、自己不信に陥り、取り戻しかけていた肉体への信頼を失っていく。

そんな気分の落ち込みから僕を救ってくれたのが、今週、久しぶりに会ったウェイン・スミスだった。僕たちは、クルセイダーズの選手やコーチが行きつけにしている練習場近くのカフェ「メッシュ」で、トレーニング後に一緒に昼食をとった。僕は二〇一一年のワールドカップ以来、

スミスが指導するチームに所属していない。スミスは僕が最大級の信頼を寄せるコーチだ。試合を詳細に分析する点においては、世界最高のコーチではないかと思う。僕はスミスがチーフスに移籍するまで、オールブラックスで彼から細かな指導を受けていた。

今、スミスはオールブラックスにコーチングスタッフとして復帰した。クルセイダーズのコーチとの共同作業があるためにクライストチャーチに来ていて、僕の近況を知るために昼食に誘ってくれたのだった。スミスは、最近の僕のプレーを見て間違っていると思った点をいくつか指摘してくれた。なんと、時間をかけてそのための準備さえしてきてくれた。僕の昔のプレーのなかから、印象的なシーンをまとめて編集してくれていたのだ。スミスはノートパソコンの映像を見せながら僕に説明してくれた。オールブラックスでのライオンズ戦、クルセイダーズの試合の映像もあった。スミスは、僕は最高の状態のとき、自由奔放にプレーをしていたと指摘した。僕は何度もディフェンスラインを突破し、敵をステップでかわし、フィジカルなプレーをしていた、と。

スミスは、今の僕の判断が遅いのは考えすぎているからだと言った。たしかに、僕は自分で試合をコントロールしようとし、ボールを持つとまず仲間を活かすためのスペースを探すようになっていた。だが若い頃のプレーは、完全に自由だった。スミスは、昔の僕は、相手をかわすことやサイドステップがとても優れていたと指摘した。ここ数年、フィールド上でチームを指揮することに意識が傾いていた僕には、あまり見られなくなっていたプレーだ。スミスと話をした後、自分に必要なものが何かが明確になったように思えた。再び意欲がわき上がってきた。そして、これらの新しい目標を意識しながら、再びトレーニングに打ち込もうと決意した。

第7章
大勝利とニアミス

コート・セッションはラグビーの一部だ。それは、モールやスクラムに似ている。部外者にはわかりにくいかもしれないが、内部にいる人間はそれがどんなものであり、なぜ重要なのかがわかる。この慣習は、今でもラグビー界に残っている。クラブレベルでは特にそうだ。僕もこれまでに何十回もしたことがあるし、罪を犯した者を責める側に立ったことも多い。かつて、コート・セッションは地域の小クラブからオールブラックスまであらゆるレベルで定期的に行われていた。それはアマチュア時代から続いてきた、ラグビー文化に欠かせない要素だった。僕が若い頃は、試合後にコート・セッションを催す部屋にビール樽が運ばれてきた。それが空になるまでは、誰も途中で抜けられなかったものだ。罰として飲まされるビールは、一週間辛い練習に耐えてきたことへのご褒美という意味合いもあった。

だけど、時代は変わった。現在では選手のコンディションは細かく管理され、パフォーマンスへの期待も高まり、医学的な知識の理解も進んだ。僕がプロになった頃とは隔世の感がある。今でもたまにコート・セッションをすることはあるが、それは節度ある範囲でのものになっている。アルコールに対するラグビー選手の意識も変わった。特にオールブラックスではそれは徹底している。この改革は、二〇〇四年の南アフリカでのあの大荒れになったコート・セッションがきっかけにもなっている。

あのヨハネスブルグでの悪夢のような一夜を経験して、ようやく選手と新コーチ陣はチームに変革を起こさなければならないと気づいた。だがコーチ陣は、すぐに何かを変えようとはせず、しばらくのあいだはチームの様子を観察していた。それは正しいアプローチだった。チームの文化を知らない部外者がそれまでのやり方を変えようとすれば、選手たちは間違いなく強く反発しただろうからだ。ワールドカップでの成績を除けば、オールブラックスは大きな成功を収めていた。僕たちは、間違いなく世界最高のチームだった。僕たちの問題は、ワールドカップが特別な大会であるにもかかわらず、特別な準備をしていないことだった。他のチームのこの大会にかける意気込みは違った。そしてオールブラックスは、第一回大会で優勝したのを最後に、他国のチームに惜しいところで負け続けていた。改革が必要だった。だが、オールブラックスのように巨大で複雑な機械の回路の配線を変えるには、まずはその仕組みを理解しなければならなかった。

だから、コーチ陣のグラハム、ウェイン、スティーブは、二〇〇四年を通じてチームを観察し続けた。チームが解散する直前の、あのヨハネスブルグでの大荒れのコート・セッションは、このチームの負の側面を全面的に露呈させる形になった。そのあと、僕たちは二日酔いと後悔に苦しみながらニュージーランドに帰国し、日常に戻っていった。だがコーチ陣は、チームを改造するための計画に着手していた。コーチたちは、それをベテランの選手と一緒に行った。このことはチーム内に、選手自身が改革に関わったのだという感覚をもたらした。

改革の最初のサインは、年末の北半球ツアーのメンバー発表時に示された。メンバーの選定には、大なたが振るわれていた。何年もチームの主力として活躍してきた数名の選手の名前はそこにはなかった。その一方で、しばらくオールブラックスには選ばれていなかった数名のプレーヤーが復活していた。落選した選手には、数年間にわたって国民のあいだで「どちらが優れたスタンドオフか」という議論を巻き起こしていた二人の偉大な選手、カルロス・スペンサーとアンドリュー・マーティンズも含まれていた。その代わりに選ばれたのが、ルーク・マカリスター、アーロン・メイジャー、そして僕だった。三人とも、スタンドオフとインサイドセンターの両方でプレーができる。だが、僕はこのメンバー選出からはっきりとしたメッセージを感じとっていた。つまり、この三人の現時点の実力や実績から言って、スタメンのスタンドオフと見なされているのはどう見ても僕だった。

そのメンバー発表は、ニュージーランドの国民に向かって、僕が新たな時代のスタンドオフ《ナンバー10》であることを示していた。そこには僕への大きな期待があった。嬉しかったが、これまで何度も体験してきたように、時期尚早に思えてならなかった。僕はインサイドセンターでプレーすることに慣れていた。このポジションは自分にとって最適なのだと思っていた。だが、これからはスタンドオフとして、チームを指揮する役割を担わなくてはならない。バックラインで声を出して周りの選手を統率しなければならない。それまでチームの戦術を率先して組み立ててはこなかったし、セットプレーのときにもチームを動かす司令塔としてのプレーを意識してはこなかった。今後は、自分の瞬時の判断で攻撃のタクトを振り、声を出して仲間に指示を与えなければならなくなる。僕はプロになってから、ほとんどの試合をインサイドセンターでプレーしてきた。だが、ルークが最初の試合の前に怪我をしてしまったので、事実上、僕はチームで唯一のスタンドオフになった。そして、それからの四試合で、このポジションでの自分の能力を証明しなければならなくなった。いつものように、僕はこうした状況にまず不安を感じ、その後に腹をくくった。コーチたちのことはとても尊敬していた。ベストのプレーをすることで彼らの期待に応えたいとも思った。

僕のチーム内での役割が変わっていくなか、オールブラックスに復帰した他の選手もチームの雰囲気を変えるのに貢献していた。その典型例がノーム・マクスウェルとアントン・オリバーだ。どちらもタフで威勢のいいフォワードで、オールブラックスとして長いキャリアを誇ってはいたが、最近はチームに選ばれていなかった。誰にとっても、オールブラックスに選ばれることは特別な意味がある。だが僕たち若手には、この黒のジャージの本当の重みを実感しにくかったのも事実だ。だが、一度手にしたジャージを失った選手には、その真の価値がわかる。そのことを如実に示す出来事が、新チームでの最初のテストマッチとなったイタリア戦の前にホテルで起こった。ノームとアントンが、長いあいだ手にすることができなかったジャージを与えられ、感極まって人目もはばからずに涙を流していたのだ。その場にいた誰もが、厳粛な気持ちになった。その光景を忘れる者などいないだろう。

これは、僕がスタンドオフとしてオールブラックスで先発出場した初めての試合になった。クルセイダーズでのスタンドオフ・デビューにほろ苦い思い出があるだけに、試合前は緊張でカチカチになった。スタンドオフは、さまざまなことに気を配りながらプレーしなければならない。とはいえ試合開始早々、僕のパスからコンラッド・スミスが見事なトライを決めてくれた。スミスは、これがオールブラックスでのデビュー戦だった。仲間と得点を祝いながら、「すごいぞ——スタンドオフでプレーするのは面白い」と実感した。

この感触は、いつまでも消えなかった。オールブラックスが新たな文化を築こうとしていたこともあって、僕も新しいポジションでのプレーを学びやすいと感じた。チーム全体に、オールブラックスを新しく生まれ変わらせようという雰囲気が満ちあふれていた。誰もが、学び、成長することに意欲的だった。以前のようなコート・セッションをしなくなっただけではない。それは、オールブラックスの歴史を振り返り、このチームが成し遂げてきたことの価値を理解し、自分たちが新たな歴史の一ページを書き加えるにはどうすればよいかを考えることだった。このチームの輝かしい歴史を尊重しながらも、それによって萎縮しないようにすることだった。

こうした意識改革を率いていたのが、キャプテンのタナ・ウマガだった。ウマガは、素晴らしいリーダーであり人間だった。それまでキャプテンを務めていたのはルーベン・ソーンだった。ソーンは、伝統的な口数の少ないキャプテンそのものだった。普段は寡黙だが、口を開けば誰もが彼の言葉に耳を傾けた。ソーンは素晴らしいリーダーで、典型的なクルセイダーズの選手だった。惜しみなくプレーし、ビールが好きで、何よりもチームのことを大切にする。

二〇〇四年から新キャプテンになったウマガは、ソーンとは違うタイプのリーダーだった。そのスタイルには、ウマガの出身地であるサモアの文化が色濃く反映されていた。サモアの男たちは、ウマガを神のように偉大な人間だと見なしていた。オールブラックスの選手たちも、同じようにウマガを尊敬していた。もちろん、僕もそうだ。

ウマガには強烈な存在感があった。「この男のためにならら」と周りに思わせる何かがあった。それは、ウマガがいつもチームのことを第一に考え、チームに身を捧げていたからでもあった。フィールド以外の場所でも同じだった。スポンサー企業向けの撮影のため、チームが必要以上に長い時間拘束されることもあった。そんなとき、ウマガは選手の身体のことを考え、こうした撮影を途中で切り上げさせたりした。ラグビー協会にとってはあまり好ましいことではなかったかもしれないが（現在では、チームはこうしたスポンサー向けの活動に無理のない範囲で関わるようになっている）、それは「ラグビーと選手のことを何よりも優先させる」というウマガからの強力なメッセージだった。

僕たちはそんなウマガのことが好きだった。だから、ウマガの判断を信じ、それに従った。その頃、リッチー・マコウもリーダーとしての頭角を現し始めていた。マコウはウェールズ戦で初めてゲーム・キャプテンを務め、若手中心のオールブラックスを僅差だが快心の勝利に導いた。その日、チームの誰もが、若きマコウがこのチームの将来のキャプテンになることを確信した。僕は長い年月をかけてマコウとの友情を深めてきた。僕も次第にチームでリーダーシップを発揮するようになるが、それはマコウを側でサポートしたいという気持ちから生じたものだった。マコウがチームのためにどれほど自分を犠牲にしているかを目の当たりにすれば、誰もが彼を助けたいと思うようになる。とはいえ、マコウが生まれながらのリーダーだったのに対し、僕が自分もリーダーの一人なのだという自覚を持てるようになるまでにはずいぶんと時間がかかった。僕はウェールズ戦でのマコウが、ごく自然にキャプテンとして振る舞っていることに感銘を受けた。まだ二〇代前半の彼が、二〇代後半から三〇代の選手を見事にリードし、尊敬を集めていた。しかも、マコウは普段と変わらぬ態度でキャプテンを務めることができた。僕はマコウのことを二年ほど前から知っていたが、それはいつもの彼だった。

同じチームでプレーする機会には恵まれなかったが、オールブラックスの往年の名選手であるコリン・ミーズやマイケル・ジョーンズの話を何度も聞いたことがある。僕自身の経験に基づいたバイアスがかかっているのかもしれない。それでも僕は、マコウこそが史上最高の選手ではないかと思う。ラグビー界で、これほど長くトップレベルで活躍し続けた選手はいない。数年間は大活躍できたとしても、それを維持するのは至難の業だ。それはある意味で当然のことだ。誰だって怪我をするし、スランプに陥る。僕自身、何度も負傷や不調に悩まされてきた。だけどマコウは一〇年以上にわたって世界屈指の選手であり続けてきたし、それは記録が証明している。まさに偉業としかいいようがない。二〇〇四年は、マコウのそんな選手としての偉大さやキャプテンシーを、周りが認め始めた年だった。同じチームにウマガとマコウという二人の素晴らしいリーダーがいて、チームはとても幸運だった。マコウもきっと、新しいオールブラックスについてのビジョンを描いていたウマガから多くを学んだに違いない。

僕たちのお気に入りの新しいハカ、「カパ・オ・パンゴ」がつくられたのもこの頃だ。そしてオールブラックスは、ハカをそれまで以上に大切にするようになった。もちろん、それまでハカを軽んじていたわけではない。だが、以前は単に気合いを入れるといった意味合いが大きかったものが、自分たちの強さや誇りを表現するものに変わった。チームは、「カパ・オ・パンゴ」を作曲した芸術家のデレク・ラーデリから、このハカが何を意味するのかを、その詩の背景を含めて細かく教わる機会があった。チームは、このハカを演じるときにいっそう感情を込められるようになった。ラーデリは僕たちに、大地から聖霊を呼び出し、エネルギーを身体に充満させる方法や、踊るときに目を見開く〝プカナ〟の意味を教えてくれた。このレッスンを受けた後のイタリア戦で初めて踊った「カパ・オ・パンゴ」は、それまでとは別物のように感じた。この舞踏に込められた真のエッセンスを、フィールド上で表現できたような気がした。

この二〇〇四年のツアーから、僕たちはオールブラックスが積み重ねてきた歴史について話をすることが多くなった。自分たちの仕事は、オールブラックスのメンバーとしてプレーすることだけではなく、この遺産に新しい歴史を積み重ねることだと考えるようになった。自分が手にした黒のジャージの価値を、さらに高いものにして次の世代に引き継ぐことこそが、このチームに選ばれた者の使命だ、と。こうした話をすることで、オールブラックスの一員であることの意義がさらに強く感じられるようになっていった。僕は、現在のオールブラックスの基盤となっている、チームが追い求めている高い目標や価値観は、このツアーで選手たちが語り合ったことをきっかけにして生まれたのだと思っている。

新たに生まれ変わろうとしていたチームにいることは刺激的で楽しかったが、それは大変でもあった。もう、スペンサーやマーティンズを頼りにはできなかった。たいてい、こうした移行期にはベテランのサポートが得られるものだ。だがこのときのチームには若い選手が多く、僕たちは自分たちの力だけで新たな責任を担わなければならなかった。それでも僕たちは最初から、チームに変革を起こすことは間違っていないと確信していた。僕はこの二〇〇四年の北半球ツアーこそが、現在のオールブラックスが成し遂げてきた進化においてもっとも重要な期間だったと記憶している。

二〇〇四年にはコート・セッションの件をはじめとしてチーム内の問題点のいくつかが浮き彫り

ニュージーランドの冬にあたる時期に毎年同じような顔触れの二、三チームと数試合を行い、年末ていった。ラグビーの国際試合は通常、かなり限られた枠内で行われる。たいていは一年の半ば、話をよく耳にするようになり、このチームと試合をすることの重要性について理解するようになっリーズの偵察をすることを意識していた。僕はオールブラックスの若手選手として、ライオンズの手はもちろん、一緒にニュージーランドを訪れたファンやメディアも、来年に迫ったライオンズシズンの皮切りとしてニュージーランドを訪れたツアーだった。このツアーでは、イングランドの選

僕がそのことを強く意識したのは、当時の世界チャンピオンだったイングランドが国際試合シー

合なのだ。

ニュージーランドラグビー界の黎明期だった一九世紀の記憶を刺激される、伝統的で価値の高い試チを体験することなく選手生活を終えてしまうプレーヤーも少なくない。ライオンズとの試合は、との希少価値がわかるようになった。オールブラックスに選ばれても、ライオンズとのテストマッとしか覚えていない。だけど年をとるにつれて、ライオンズがニュージーランドを訪れてくれたこニュージーランドのラグビーはまだアマチュアだった。僕もまだ一一歳で、このときのことは漠然とではこの国にやってこないので、その重要性は忘れられがちだ。前回彼らがやってきたとき、ス連邦選抜チームが、ニュージーランドを訪れることになっていたのだ。ライオンズはめったなこイオンズ」の愛称で知られるイングランド、スコットランド、ウェールズ、アイルランドのイギリいたことの成果でもあった。だが、チームの精神が高揚していた大きな理由は他にもあった。「ラな雰囲気が漂っていた。それは、コーチ陣やリーダーがチームに新しい価値を植え付けようとしてにもなったが、このツアーのおかげもあって、二〇〇五年シーズンのキャンプではチームに前向き

に同じく五、六チームほどのお馴染みの相手と試合をする。だから、これまでに対戦したことのないチームとの試合が六月から七月にかけて組まれていることで、僕たちはわくわくした気持ちで新たな年を迎えることができた。

僕の意欲も高まった。前年の北半球のツアーでは、ようやくオールブラックスに馴染めるようになり、ここが自分の居場所だという感覚を持てるようになった。この年、僕はハイスクール以来、初めてものすごく具体的な目標を立てた。そう、それはライオンズとの国際試合に出場することだった。そして、オールブラックスでスタメンの座を獲得するために、すべきことはわかっていた。スーパーラグビーで活躍することだ。実際クルセイダーズは、僕が参加した二〇〇三年シーズン以来初めてとなるスーパーラグビー制覇を成し遂げた。僕もほとんどの試合でそれまでのインサイドセンターではなくスタンドオフとして出場し、前年に引き続いてスーパーラグビーの最優秀選手にもノミネートされた。僕は新しいポジションで快適にプレーした。ここで得た経験を、オールブラックスの同じポジションで活かしたいと思った。

僕たちはこの年のインターナショナル・シーズンの最初の試合となったフィジー戦を九一対〇で圧勝した。シチベニ・シビバツはオールブラックス・デビューとなったこのゲームで四度のトライを決めた。ほどなくして、ライオンズがニュージーランドに到着した。大勢のライオンズサポーターも一緒だった。僕はワールドカップを除けば、これほどの規模のファンを見たことがない。週末の初戦を前にした開催地のクライストチャーチのビクトリア広場では、ここはライオンズのホームなのかと思うほどたくさんのファンが歩き回っていた。彼らは街の中心部を占拠していた。僕にとって、テストマッチがこれほどの盛り上がりを見せていたのは初めてだった。そして、試合当日になった。普通は試合前にスタジアムに到着しても、観客席は四分の一くらいしか埋まっておらず、場内も静かだ。だがこの日は違った。更衣室に荷物を置いてグラウンドに出たとき、我が目を疑った。まだキックオフの一時間も前だというのに、すでに観客席は埋まっていた。僕たちのやる気はさらに高まった。この大観衆に、自分たちの強さを見せつけてやると思った。

だがキックオフを前にして、急に雲行きが怪しくなってきた。すぐに気温が下がり、雨とみぞれが降り始めた――ラグビーをプレーするには、最悪のコンディションだ。試合を直前に控えて準備をしていた僕たちは、ガックリしてしまった。ライオンズには凄いメンバーが揃っていた。二〇〇三年W杯の得点王で、イングランドを優勝に導いたスタンドオフのジョニー・ウィルキンソンが、スティーブン・ジョーンズにポジションを譲るためにインサイドセンターでプレーしていたくらいだ。僕たちはこの強いライオンズを相手に自分たちのすべてをぶつけて、力試しをしたいと思っていた。だが、試合はそんな展開にはならなかった。僕は前半二本のペナルティキックを決めた。だが、悪天候のためにチームができるプレーにも限りがあった。ハーフタイムには一〇分間、立ったまま蛇口の湯を両手に浴びせて冷え切った指先の感覚を取り戻さなければならなかった。

後半も同じような展開だった。僕たちは二一対三で勝ち、悪条件の割には良いプレーをした。だが、目指していたランニング・ラグビーはまったくできなかった。その代わりに、これはタナ・ウマガとケヴェン・メアラムがライオンズのブライアン・オドリスコールに危険なタックルを見舞った試合として記憶されることになってしまった。オドリスコールは負傷し、このツアーの以降の試合に出場できなくなった。この試合には他に特に印象深いシーンがなかったため、このタックルが話題の中心になった。特に、ウマガがやり玉に挙げられた。だけどチームは、この件でむしろ結束を固めた。ウマガは僕たちのリーダーであり、チームの士気を高めてきた人間だった。僕たちはその週、ウマガを励まし続けた。このタックルの件は大勢がいる場では話題になることはなかった。だけどチームを離れて少人数で時間を過ごしているときには、その話になることもあった。ウマガはこの件で国際ラグビーボードの審議にかけられたが、処罰はされなかった。僕たちはウェリントンでの第二戦を迎えた。ライオンズが激しく立ち向かってくることは予想できたが、僕たちはそれに耐えられるという静かな自信を感じていた。

今回もスタジアムは熱狂的な雰囲気に包まれていた。キックオフのかなり前から、ライオンズ・ファンの大合唱が鳴り響いていた。オールブラックスのファンも、これを相手ファンからの挑戦として気持ちよく受け止め、自分たちの歌やチャントで応戦した。僕のキャリアのなかでも、一、二を争うホーム・スタジアムの盛り上がりだった。僕たちはこの雰囲気に後押しされ、気合い十分で試合に臨んだ。予想通り、試合開始のホイッスル直後からライオンズが肉弾戦を仕掛けてきた。オールブラックスは、前半五分に達していないうちにトライを決められてしまった。僕たちは足並みが揃わず、相手の攻撃に翻弄された。だが前半一五分を過ぎると、フォワードが息を吹き返した――ライオンズが序盤の猛攻でエネルギーを使い果たしてしまったのを、感知したかのように。スタンドオフとしては、願ってもない展開だ。そこから、僕は意のままにボールを操った。時間が止まっているのではないかと思えるくらいに、周りがよく見えた。

試合が進むにつれ、いつになく調子が良いと感じるようになった。だがそう感じるのは、オールブラックスそのものが好調だからなのかもしれなかった。だから、自分が何か特別なことを成し遂げたとは思っていなかった。とはいえ、そこにはそれまでに体験したことのないようなフローの感覚があった。あらゆるプレーが、自分の思い通りになるような感覚だ。相手のディフェンスラインも簡単に切り裂け、パスもすべて通り、タックルも成功する。キックは一本だけ外してしまったが、そのときにはひどくがっかりした。完璧な一日が台無しにされたように感じたからだ。逆に言えば、それくらいその日の僕の出来は良かった。試合終了間際の七八分、タックルを受けて肩鎖関節を痛めた。僕はすぐには退場せず、あと数分で試合が終わるのだから、ともかくゴールキックを蹴ろうと思った。サイドライン付近からキックを決め、フィールドを出て治療を受けた。幸い、僕たちの勝利はもはや間違いなかったので、替わりの選手を投入しなくてもよかった。実際、チームはベンチの選手を使い切っていて、誰も交代の選手はいなかった。だから残りの時間を一四人で戦った。

試合終了後、僕は記者会見に出るよう指示された。それは珍しいことではなかった。たいてい、ゲームの後には数人の選手がメディアのインタビューを受けることになっている。ポジション柄、スタンドオフの選手が質問に答えることも多い。だけどその日、記者たちは何か特別なことが起きたと思わせるような質問をしてきた。僕は四八対一八で勝利したこの試合で、三三点を挙げたと知らされた。驚いた。そのときまで、自分が何点取ったのかを数えていなかったからだ。そのとき初めて、この試合が自分にとって大きな意味のある試合になるかもしれないという予感がした。更衣室に戻り、携帯電話の電源を入れた。マア・ノヌーと僕は、試合後に受けとるメールの数を競い合っていた。それは、その日にどちらが良いプレーをしたかの物差しみたいなものだった。今では二、三件もくれば嬉しいと思うが、当時はビッグゲームの後は一〇件や二〇件のメールが届くことも珍しくなかった。

携帯電話は振動し続けていた。着信数は、最終的には七〇件以上にもなった。内容はどれも、「これまでで最高のプレーだった」と僕を褒め称えるものだった。僕はベンチに腰掛け、ようやく何かを実感し始めていた（ちなみに、僕はそのまま医療スタッフによる肩の手当てを受けなければならなかった。だから、チームの他のメンバーが勝利を祝うなか、次々とメールでの称賛の言葉を浴びながらも、ビールの一杯も飲むことができなかった）。

今では、この試合は僕の代名詞になっている。「世界最高のスタンドオフ」といった最大級の称賛の言葉を与えられるようになったのも、この試合がきっかけだった。この試合の後、僕はこうしたべた褒めの記事を何度も読み返した。誰だって褒められれば嬉しくなるものだ。ただし、それを真に受けたりはしなかった。活躍したのは、たったの一試合にすぎない。それにオールブラックスのスタンドオフとしては、まだ六試合にしか出場していない。それでも、活躍した試合の相手がライオンズだったことには大きな意味があった。僕はこの強敵を相手に、弱小チームと戦うときのような圧倒的なプレーをしたのだ。

そんなふうに考えてはいたが、ともかくこの日のパフォーマンスによって周りが僕を見る目は変わった。それは、僕が単なる若手から、意見を求められ、尊重される選手へと立場を変えていくうえでの分岐点になった。スポンサーからの注目も高まり、コマーシャルの依頼が殺到するようになった。メディアは僕のパフォーマンスについて熱狂的に書き立てた。僕はそれらの記事を一つ残らず読まずにはいられなかった。自分のことを褒め称える記事を読むのは、たまらなく魅惑的だった。友人やチームメイトからも称賛され、僕は自分が有頂天になっているのを感じた。それを抑えるのは難しかった。

こうした状況が続いて、僕は自信過剰になっていた。肩の怪我のために日々の厳しいトレーニングにすぐには戻らなかったこともこうした気持ちを助長させた。だが、僕の鼻がへし折られるまでにそう長い時間はかからなかった。

オールブラックスはケープタウンで南アフリカと闘い、一六対二二で破れた。僕は自信を失った——自らの能力を根本から疑ったりするほどのものではなかったけれど。このような体験は、それが必要なときに生じるものなのだと思う。僕は、あらためてこう自問することになる。「お前の目標は何だ?」「試合ではどんなプレーがしたいんだ?」。チームにとっては悪い試合だったが、長い目で見れば僕にとっては良い試合だった。

僕たちはホームでのシーズンを力強く闘い終え、トライネイションズでも優勝した。僕も良いプレーをしたが、また怪我をしてしまった。その結果、ずっと出場したいと思っていた試合に出られなくなってしまった。それはダニーデンでの南アフリカ戦で、新しいハカ、「カパ・オ・パンゴ」を初めて披露する試合だった。僕はこのハカをつくり上げる作業に関わってきただけに、最初にこの舞踏を踊る選手の一人でありたかった。それでも、スタンドから見ているだけでも特別な気持ちになれた。このハカは歴史に残るような素晴らしい何かに思えたし、僕はその創造において何らかの役割を果たせたような感激を味わった。

この年の最後のタスクは、オールブラックスの北半球ツアーだった。たいてい、これはその年のハイライトであり、かつもっとも難しいツアーになる。長期間外国に滞在しながら、普段はあまり対戦することのない相手と連戦していくことになるからだ。加えて、二〇〇五年のツアーにはチームや僕にかつてないほどの期待が寄せられていた。まず、僕たちがグランドスラム――イングランド、ウェールズ、アイルランド、スコットランドのイギリス連邦四カ国にアウェイで全勝すること――を達成するのではないかという期待だ。僕がオールブラックスとしてこの四チームと立て続けに対戦するのもこれが初めてだった。次に、これら四カ国の連合選抜チームであるライオンズを僕たちが地元ニュージーランドで撃破したことで、それぞれのチームがホームでの復讐に燃えていたこと。特に、危険なタックルでオドリスコールを負傷させられたアイルランドの怒りは凄まじかった。さらに、メディアが僕のことを世界最高のラグビー選手だと書き立てていたこと。そのために、僕はとてつもないプレッシャーを感じるようになっていた。僕はできる限り雑念を頭のなかから追い出そうとしてはいたが、完全に逃れることはできなかった。

ツアーに先立ち、チームはオークランドにあるヘリテージホテルに集合した。飛行機に乗る前、僕たちはイーデンパーク・スタジアムを訪れ、心を落ち着けて、これから自分たちが挑戦しようとしていることの重大さについてあらためて思いを馳せた。今回のグランドスラム・ツアーには、ライオンズ・ツアーと似た意味合いがあった。めったに開催されないし、これらのツアーでオールブラックスが全勝したことはこれまでにそれぞれ一度しかない。イーデンパークでの決起集会は、チームの経営陣が手配したものだった。それは黒のジャージを大切にし、プライドを持ってオールブラックスの遺産を引き継ぎ、新たな歴史をつくり上げようという、チームが打ち出していた新たな方向性を再確認するためのものでもあった。僕たちは、今回のツアーで自分たちを待ち受けている挑戦に心を集中させた。もちろん、僕も同じ気持ちだった。だがこのツアーで、僕は自分がまだ大人になりきれていなかったことを証明するような、大失態を演じてしまうことになる。

最初の対戦相手はウェールズだった。チームは一一月五日に催されるこの試合の一週間前の金曜日にカーディフに到着した。土曜日、翌日の日曜日がオフだったこともあり、練習を終えたチームは夜になるとビールを飲みに出かけた。僕の人生は上々だった。二三歳にして、世界最高のラグビーチームでスタンドオフの座を手にしていた。この一年のあいだに、スーパーラグビーで初めてタイトルを獲得し、対ライオンズ戦の記録的な大勝利に貢献し、トライネイションズでも優勝していた。世界トップクラスの選手だと呼ばれることも多くなっていた。そして、僕はビールが好きだった。

その夜、バーの営業時間が終了すると、僕たちはホテルに戻って飲み直した。午前五時になっても、まだ飲み続けている面々がいた――ピリ・ウィプー、ジミー・カーワン、アーロン・メイジャー、レオン・マクドナルド、ジェイソン・イートン、そして僕。誰が言い出したのかは覚えていないのだが、そのうちの一人が、タクシーでロンドンに行こうと言い出した。僕たちはこのアイデアに盛り上がった。そして、ニュージーランド人のあいだでよく知られているロンドンのパブ「ザ・チャーチ」にどうしても行ってみたくなった。ザ・チャーチは、毎週日曜日の正午から四時間だけオープンするパブで、オーストラリア人、南アフリカ人、ニュージーランド人が大勢訪れる店として知られていた。この店は残念ながら最近閉店してしまったのだが、それはロンドンに滞在するスポーツチームにとっては良いことなのかもしれない。このパブには、低俗な楽しみが満ちあふれていた。床にはおがくずが散らかり、ステージ上では飲み比べが行われる。バーの奥には、オーストラリアの有名なビール「フォスターズ」の缶が山積みにされていた。ロンドンに住む僕のニュージーランドの友達も、しょっちゅうこのパブで飲んでいた。オールブラックスのメンバーも、前回のツアーの最後にここで大いに楽しんだ。ザ・チャーチは、ツアーの最後に羽目を外す場所としては最適だったかもしれない。だが、当然ながらツアーの初めに訪れるべき場所ではなかった。

僕たちは酔っていてまともな思考ができるような状態ではなかったが、ともかくこのアイデアに取り憑かれてしまった。そして、ロンドンまで行ってくれるという酔狂なタクシー運転手を見つけることに成功した。僕たちは運転手に三〇〇ポンドを握らせ、数十缶のビールと数枚のCDを持ち込むと、さっそくロンドンに向かって出発した。やがて、太陽がのぼってきた。持ってきたビールも飲み尽くしてしまった。次第に、僕たちの頭にかすかな疑問が浮かんできた。俺たちはいったい何をしてるんだ？　それでも、僕たちはもはや引き返すことはできないところまできていた。

午前八時三〇分頃、タクシーはロンドンに入ったが、運転手は道に迷ってしまった。ウェールズ人の彼は、ロンドンの道に詳しくなかったのだ。タクシーを降りた僕たちは辺りをうろついたが、たまたまこの日曜日の午前九時前に店を開けていた美容室しか見つからなかった。仲間のうち二人は別のタクシーを拾いに行き、そのあいだに残りのメンバーは「サブウェイ」でサンドイッチを胃袋に放り込んだ。酔いが醒めてくるのと同時に我に返りそうにもなったが、ともかく正午にザ・チャーチに行くんだという頭は変わらなかった。しかし、この時点でこの無謀な冒険には半端ない負け戦感が漂うようになっていた。

そうこうしているうちに、ザ・チャーチの場所を知っているというタクシー運転手がなんとか見つかった。僕たちは午前一〇時に店の前でタクシーを降りた。すでにカーディフを出発してから四時間が経過していたが、店がオープンするまであと二時間もある。警備員が、角を曲がったところにマクドナルドがあると教えてくれた。僕たちはそこになだれ込み、ハンバーガーを注文してテーブルについた。そのとき、ようやく我に返った。「俺たちはロンドンで何をしてるんだ?」アーロンが言った。「すぐにホテルに帰らなくちゃ駄目だ」。彼は正しかった。僕たちは自分たちのあまりの馬鹿さ加減に気づき、完全なパニックに陥った。

僕たちは二手に分かれて、大慌てでウェールズを目指した。片方のグループはタクシー、僕を含むもう片方のグループは電車に乗ることにした。僕たちのグループは一一時五五分にパディントン駅に到着した。カーディフ行きの正午の列車があった。まだ間に合うかもしれない。期待を膨らませたが、切符売り場の長蛇の列を見た瞬間にそれは絶望に変わった。ウェールズに戻るための別の手段を考えなければならない、と重い足取りで歩き始めたとき、さっき別れたもう一方のグループの仲間たちが行列の先頭に並んでいるのを見つけた。僕たちはなんとか切符を手に入れ、ドアが閉じる直前に列車に飛び乗った。どうにか間に合ったと喜んだが、すぐに現実に引き戻された。僕たちはうなだれて座り、自分たちがしでかしてしまったことの大きさに打ちひしがれていた。状況はさらに悪化した。僕はレオンの携帯電話で自分のSIMカードを使い、ロンドンの友達にザ・チャーチで待ち合わせようとメールを送っていた。だが、レオンがSIMカードを自分のものと入れ替えた直後、携帯電話が振動した。チーム・マネージャーのダレン・シャンドからのメールだった。「お前たちはいったいどこにいるんだ?」「ロンドンなのか?」。ゲームオーバーだった。もう、逃れることはできない。チームは僕たちの愚行に気づいているのだ。

列車がカーディフに到着した。僕たちはタクシーでホテルに行き、こっそりと部屋に戻ると、つかのまの眠りを貪った。しばらくして、携帯の着信音で目が覚めた。夕方にチームミーティングがあるという知らせだった。昨夜の自分たちの行動がチームにバレているのはわかっていた。もはや、覚悟を決めるしかなかった。

タイミングも最悪だった。僕たちは、前年に自分たちで定めたばかりのチームの原則に違反したのだ。それは、オールブラックスの価値観を体現する行動ではなかった。僕たちはチームメイトを失望させた。僕たちの判断は大きく間違っていた。ミーティングの会場に着くと、そこにはコーチやスタッフの姿はなく、いるのは選手たちだけだった。これが、新時代のオールブラックスのやり方だった。チーム内の規律は、選手自らの手に任されているのだ。だから余計に僕たちは辛かった。仲間や友達を裏切ったという事実が身にしみるからだ。

キャプテンのタナ・ウマガが、厳しく僕たちを叱責した。怒りの収まらないウマガは、僕たちにニュージーランドに帰れとさえ言った。ジェイソン・イートンは、まだテストマッチに出場したことがなかった。スーパーラグビーですらプレーしたことがなかった。だからウマガはジェイソンのことが許せなかった。大きなチャンスを与えられているのに、それを台無しにするようなことをしたからだ。同じく、レオンとアーロンも責められた。チーム内でリーダー格だった二人は、自らみんなの手本になるような行動を示さなければならなかったからだ。幸いというべきか、まったくの新人でもリーダー格でもなかったピリ、ジミー、僕の三人は、ウマガの怒りの矛先を少しだけかわすことができた。ともかく、このミーティングではこってりと絞られた。オールブラックスになって、これほど落ち込んだのは初めてだった。

それからの一週間は辛かった。僕は毎晩メンタルコーチのギルバート・エノカのところに行き、ネガティブな考えに流されないようにするための指導を受けた。精神的に弱り、故郷から遠く離れているとき、エノカのような人の存在は大きな助けになる。それに、ウマガにこっぴどく怒られたのを除けば、他のメンバーからは特に何も言われたりはしなかった。みんな、練習での懸命な姿を見て、僕たちが反省しているのを感じとってくれたのだと思う。

この辛い状況から抜け出すための唯一の方法は、ラグビーに打ち込むことだった。僕たちは犬のように練習をした。かつてないくらいに真剣に激しくトレーニングに取り組んだ。試合当日、僕はいつもより緊張していた。ネガティブな考えを吹き飛ばすくらいのいい試合がしたかった。それまではメディアからも褒め立てられ、飛ぶ鳥を落とすような勢いを自分のなかに感じ始めていた。だが、ロンドンの一件でそんな高揚した気持ちは消え去ってしまっていた。

幸い、試合はうまくいった。僕は二つのトライといくつものゴールキックを決め、四一対三の勝利に貢献した。ウェールズ戦一試合での得点数で、オールブラックス記録を打ち立てた。それは、カンタベリーの偉大なフルバック、ファーギー・マコーミックが長年保持していた記録だった。数年前にウェールズ戦で同じく大量得点を挙げたマーティンズも、彼らしい洒落っ気のあるメールで祝福してくれた。

その後のツアーは、はるかにスムーズに進んだ。アイルランドには四五対七と圧勝。イングランドとの接戦も二三対一九で制し、僕はマン・オブ・ザ・マッチに選ばれた。ツアー最後の相手となったスコットランドも二九対一〇で破った。この試合には、僕を含む多くの先発メンバーが出場しなかった。だが、ウマガは試合に出た。僕は驚いた。これまでの試合で、ウマガはキャプテンとして人一倍タフなゲームを戦ってきたからだ。だが、その理由は試合後の更衣室で明らかになった。ウマガはチームのみんなに向かって、突然の引退を発表したのだ。

衝撃だった。誰もそれを予期していなかった。ウマガはチームのマネジメントを除いて、誰にもそのことを話していなかった。僕たちは言葉を失った。年が明けても驚きは消えなかった。現在では、引退はかなり周到な準備をして行われるようになっている。ほとんど演出といっていいものさえある。正式なセレモニーをせず、チームメイトやコーチだけに直接引退を伝えるという方法は、ウマガの価値観をよく物語っていた。彼のような形で引退をする選手は、もう出てこないだろう。

ツアーの後、僕には出席すべき最後のイベントがあった。僕は、その年の国際ラグビーボードの世界最優秀選手にノミネートされたのだ。イベントはパリで開催された。僕は、二三歳の若さにしてノミネートされたことだけでも十分に興奮していた。だが、選ばれたのは僕だった。それは、このクレイジーな数年間の集大成のように思えた。その間、辛い出来事もたくさんあった。だが、それはこの夜にすべて洗い流された。僕は呆然とするばかりだった——サウスブリッジから数千マイルも離れた場所で、打ち寄せる思いに身を浸しながら。

第8章

ワールドカップの夢

二〇〇五年は特別な一年だった。僕はようやく、自分が世界の舞台で戦っていると実感できるようになった。そして、二〇〇六年も同じくらい素晴らしい年にして、去年の活躍がまぐれではなかったことを証明してやろうと思った。実際、この年のクルセイダーズは絶好調で、スーパーラグビーのシーズンをわずか一敗で終えると、ジェイドスタジアムでのプレーオフに進出した。準決勝ではブルーズを順当に下し、決勝では強敵のハリケーンズとの激戦を制して二年連続のタイトルを獲得した。ハリケーンズとの決勝は、霧中の試合として永遠に記憶されるだろう。不思議なことに、キックオフの一時間前に突然厚い海霧がスタジアムを覆い、試合が終わると消えていった。僕がその夜にどうやってゴールキックを決めたのかは、自分でもよくわからない。

スーパーラグビーのシーズンが終わり、オールブラックスが召集された。僕たちはこれがワールドカップ前の最後のシーズンだということを自覚していた。チームはこのシーズンの最後にフランスとの二連戦を組んでいた。フランスには過去に痛い目に遭ったことがあるし、ワールドカップのホスト国でもあったからだ。僕たちはフランスとの試合を極めて重要なものだと見なしていた。その前に予定されていたトライネイションズ（オーストラリア、南アフリカとの三カ国対抗戦）は、この北半球ツアーとワールドカップのための前哨戦という位置づけだとも言えた。

この年の自分のプレーで記憶に残っているのは、南アフリカの高地草原にある都市プレトリアでのロングキックだ。ハーフタイム直前、チームは敵陣のハーフウェイライン付近でペナルティキックを獲得した。タッチに蹴り出してそのまま前半を終わらせようと考えていたら、センターのルーク・マカリスターが「狙ってみろよ」と言った。僕はフィールドを見渡した。ゴールまでは直線距離で六二メートルもある。無理だと思った。だけどこれはハーフタイム前のラストプレーだったので、ともかく蹴ってみることにした。客席からは失笑が聞こえた。誰もが、チャンスはないと考えているのだ。だが、僕が思い切り蹴り上げたボールは、クロスバーの上を越えていった。僕のキャリアを通じて最長のキックだった。

翌週はルステンブルクに移動しての南アフリカ戦だった。チームは美しきリゾート地「サン・シティ」に滞在した。すでにオールブラックスは今回のトライネイションズで優勝を決めていた。だが、この試合には別のインセンティブもあった。国際試合《テストマッチ》の連勝記録だ。それまでの記録は一七で、僕たちはそれまで一五連勝を飾っていた。チームの状態は最高だった。それでも、僕たちはこの記録に挑むことや、新記録によって歴史に名を残すことを、あえて言葉にはしなかった。公共の場だけではなく、チームの内部でもだ。まるで、そのような記録にこだわりすぎるのは、恰好悪いことだとでもいうように。

現在のオールブラックスは違う。積極的に大きな挑戦を求め、記録を破れるチャンスがあればそれを目指そうとする。オールブラックスは意識改革をし、地球上のあらゆるスポーツにおける最高のチームになることを目指すようになった。そしてそのために、とてつもない努力をしようとするようになった。連勝記録やワールドカップはチームにとっての大きな目標だ。これらを実現するチャンスは、毎年のようには訪れてはくれない。記録を破り、ワールドカップを制するには、特別な何かをしなければならない。いつもと同じようなアプローチで試合に臨むことはできないのだ。

だが二〇〇六年の僕たちは、誰も記録のことなど話題にせず、最終戦を控えて太陽の下でリラックスした一週間を過ごしていた。それは一種の休暇のようなものだった。チームは素晴らしいリゾート地に滞在していて、試合会場は郊外にある普通の規模のスタジアムだった。すでに優勝を決めていた僕たちは、無意識のうちに気持ちを緩めてしまっていた。練習や準備には身が入らなくなった。僕たちは、リゾートでの日々を楽しんだ。もしこの試合に優勝がかかっていたら、決してこんなふうに時間を過ごしたりはしなかっただろう。僕たちはゴルフをしたり、カジノで遊んだり、プールサイドでのんびりしたりした。こうした活動そのものが悪いわけではない。だが、試合に向けてある程度の緊張感を保っていなければ、気持ちはひたすらにだらしなく緩んでしまう。

試合は接戦になった。僕たちは試合時間のほとんどをリードしていた。だが南アフリカは、僕たちの心の隙を突くかのように、次々と波状攻撃を仕掛けてきた。試合終了間際、ロドニー・ソーイアロがペナルティを献上してしまい、僕たちは最後の最後で逆転負けを喫した。ロドニーはひどく落ち込んでいたが、もちろん彼一人の責任ではない。

チームは年末の北半球ツアーで、フランス戦での四七対三の圧勝を含む好成績を上げた。だが、ルステンブルクでの敗戦の悔しさは消えなかった。僕自身、いまだにあの日のことが忘れられない。とはいえこのシーズン全体でのオールブラックスの圧倒的な強さを思えば、南アフリカでの負けは小さな出来事だともいえた。

その夏、僕は肉体的にも精神的にも絶好調だった。この数年間、僕は着実に階段を上ってきた。数年前に初めてオールブラックスに選ばれたときは、控え選手だった。やがて、ポジションを獲得するようになった。そして、このワールドカップ・イヤーを最高の状態で迎えようとしていた。前回大会では、僕は脇役だった。チームが敗れるのを、ベンチから少しだけ他人事のようにして眺めていた。だけど今回は、これは自分のチームだと感じていた。僕はチームに自信があった。コーチやトレーニングスタッフ、選手を信頼していた。何より、自分のことを信頼できた。体力的にもコンディション的にも、ラグビー選手になってから最高の状態だった。今こそが輝きを放つ瞬間だった。自分の力を世界に証明するチャンスだった。それまでにも世界の舞台で活躍はしてきた。だがワールドカップは違う。それは特別な大会だった。

年が明けると、この大会に対する国民の期待が高まっていくのを感じるようになった。だがニュージーランドの人たちは、不安も抱えているようだった。オールブラックスは、四大会連続でワールドカップの優勝を逃していた。メディアもファンも、それがチームに悪影響を及ぼすのではないかと心配していた。だけど僕個人は、チームが過去の大会で期待通りの成績を上げられていないことについて特にプレッシャーは感じていなかった。ファンにとっては奇妙に聞こえるかもしれない。何しろニュージーランド代表は、一九八七年の第一回大会以来ワールドカップで優勝したことがないのだ。しかし、チームのメンバーの大半にはワールドカップの経験がないか、あっても一大会に参加しただけだった。だから、過去の成績不振を自分たちの責任だとは感じていなかった。これは僕たちにとって良い方向に作用した。ワールドカップでは、ただでさえ十分なプレッシャーがかかる。余計なプレッシャーはない方がいい。

とはいうものの、僕はこの年とこの大会が特別なものであると理解していた。だから年初に、これまでよりも高いレベルでコンディションや集中力を磨いていこうと決意した。その一つが、アルコールをやめることだった。それは完璧なプロスポーツ選手になるために必要なことだと思えた。実際、僕はスーパーラグビーの決勝戦の後に少しビールを飲んだ以外、酒を口にしなかった。禁酒は、選手として高みを目指し、不要な誘惑を絶ち、自分を〝ラグビーマシーン〟のようにするために役立つと考えていた。後に僕は、こんなふうに自分を機械のように扱ってもうまくいくとは限らないと学ぶようになる。だけど、年の初めの段階では、素晴らしい決断をしたと考えていた。

これは、今では評判の悪い個別調整が行われた年だった。つまり、いつものようにクルセイダーズの一員としてスーパーラグビー向けのトレーニングをするのではなく、僕や他のカンタベリー州出身のオールブラックス・メンバーは、チームには帯同せずそれぞれ調整をした。共通の目標に向かっているにもかかわらず、チームメイトから離れて練習をするのは奇妙な感じがした。だが、僕はその考え方自体には共感していたので、このやり方を疑問視はしていなかった。調整期間の序盤、僕はほとんどボールに触れず、ジムでのトレーニングに時間をかけた。フィットネスや瞬発系の練習も多く取り入れた。身体の調子はすこぶる良くなり、この調整方法の基盤となっている原則への信頼も増した。この年はとても長いシーズンになる。それだけに、ゆっくりと慎重に身体をつくっていこうとするのは論理的に思えた。

しかし、三月下旬にクルセイダーズに合流したとき、何かが足りないと感じた。その時点でシーズン開始から一カ月以上が経過していた。大半の選手は、もう四カ月間も練習をしていた。僕たちが遅れて加わったことで、チーム内にはいつものような一体感がなかった。キャンプには、オールブラックス組とそうでない選手たちという見えない垣根が生まれていた。これまでのような一致団結したクルセイダーズではなかった。そこには、このチームでは味わったことがなかったような違和感があった。それでも、自分自身の状態は良かったし、何よりもシーズンの終わりの大きな大会に集中していたので、僕はあまりこのことを気にしなかった。だが振り返ってみると、ぞっとしてしまう。それは、僕がクルセイダーズの一員としてかくありたいと描いている姿から大きくかけ離れていたものだったからだ。

こんなふうに連帯感を欠いてはいたものの、僕たちはいつものスタイルで戦い、なんとか準決勝に駒を進めた。相手はブルーズ。開催地は敵地となるプレトリアだ。地元チームを応援するスタジアムの雰囲気は凄まじく、全力でぶつからなければホームのブルーズと戦うことは困難だ。だが、僕たちはその気概を欠いていて、ブルーズは容赦なく襲いかかってきた。僕は今でも、このときのことを思い出すと残念に思う。そのときのクルセイダーズは、ほぼ同じメンバー構成でスーパーラグビーを二連覇していた。三連覇を成し遂げて、九〇年代後半のチーム黄金期を再現するチャンスは大いにあった。もしそれを実現できていたら、それはチームにとって大きなマイルストーンになっていたはずだ。しかし、そのときは試合に負けてもあまり落ち込んだりはしなかった。心のどこかで、僕はクルセイダーズでの戦いに完全にはコミットしていなかった。僕が求めていたのは、早くオールブラックスのキャンプに入ることだった。

同じようなモチベーションの問題は、トライネイションズとブレディスロー・カップにもあった。これらの大会に勝つことは僕たちにとって当たり前のようになっていた。ワールドカップへの期待が高まるにつれて、これらの試合を軽視するような雰囲気が生じていた。僕たちだけではなく、対戦相手も、コーチも、ファンもだ。それは、あくまでもワールドカップに向けた道標にすぎなかった。年をとるにつれて、僕はこんなふうに試合がマンネリ化したり、価値が失われてしまったりするという感覚に悩まされるようになっていった。

オーストラリアとの対抗戦であるブレディスロー・カップには、トライネイションズにはない歴史があった。僕は二〇〇三年にオールブラックス・デビューしたシーズンに、この対抗戦で勝ったことをよく覚えている。それまでは、オーストラリアが数年間にわたってカップを手にしてきた。一九九〇年代後半から二〇〇〇年代前半にかけて、ジョン・イールズのペナルティやジョージ・グレーガンのタックルなどのシーンが象徴する、苦しく劇的な敗戦を何度も味わってきたオールブラックスのベテラン選手にとっては、この勝利の味は格別だったはずだ。それから、優勝カップに注いだ酒を飲むのも最高だった。小さなことかもしれないが、選手にとってはとてもやる気の出る、たしかな手応えが感じられる行為だ。試合後の更衣室で、巨大な優勝カップの酒を回し飲みするのが、僕たちの何よりの楽しみだった。このブレディスロー・カップに、僕たちは物足りなさを感じるようになっていた。

トライネイションズも、ややマンネリ化していた。勝てればよし、という感じだ。こうした心持ちだったにもかかわらず、僕たちはMCGの大観衆の前でオーストラリアに敗れただけで、最後は南アフリカとオーストラリアをそれぞれ大差で破り、優勝を飾った。その後、チームはワールドカップの準備をするためにコルシカ島に飛んだ。暖かく静かな場所でリラックスし、時差ぼけをとってヨーロッパの気候に慣れるというのが目的だった。大勢のメディアも僕たちと一緒にこの島にやってきた。そこは、完璧なビーチと天候に恵まれた美しい場所だった。

ところが、そこで奇妙かつ苛立たしい事態が生じた。メディアが僕たちのことを批判し始めたのだ。僕にはその理由がわからない。メディアは、僕たちが思い上がっていると好き勝手に書き立てた。僕が上半身裸で街をうろついているだとか、部屋で高級シャンパンばかり飲んでいるだとか、チームは日光浴をしているだけだとか。まるで、僕たちが優雅な休暇を楽しんでいるかのような書きっぷりだった。僕たちが怠けていて、真剣にワールドカップに挑もうとしていない、と。実際には、僕たちは時差ぼけをとるために、練習量を抑えていただけなのにもかかわらず。

腹立たしかった。僕たちはこのシーズンに向けて、どれだけの思いで、どれだけの準備をしてきたことか。ともかく、僕たちはそんな批判にかまっている暇はなかった。チームはマルセイユに移動した。そこでは、大会前のプロモーション活動もあった。なかでも記憶に残っているのは、当時のスポーツ界における最大級のスター、フランスのサッカー選手ジネディーヌ・ジダンとのセッションだった。ジダンと僕は交互にボールを蹴り合った。夢を見ているような時間だった。その後のジダンへの質疑応答のセッションでは、楽しい出来事もあった。オールブラックスのシチベニ・シビバツが真っ先に手を上げ、「稼ぎはいくら?」と尋ねた。ジダンはこの不躾な質問を「たくさんさ」とうまくかわした。僕たちは後で、馬鹿な質問をしたシビバツに一斉に突っ込みを入れた。

ついに大会が始まった。初戦のイタリアとの試合、僕たちは最高のスタートを切った。マコウが前半一〇分までに二つのトライを決め、七六対一四で勝利。トップクラスではないものの、過去一〇年でかなり力をつけていたイタリアを粉砕できたことは自信になった。次はポルトガル戦。僕は温存されたが、チームは一〇八対一三と圧勝した。第三戦の相手は手強いスコットランド。僕は先発に復帰し、チームの調子は良くなかったものの、四〇対〇と完勝した。

その後、チームには二日間の休養日が与えられた。ワールドカップのような長丁場の大会では、ときにはラグビーのことを忘れるのも大切になる。リラックスして、ゆっくりと時間を過ごすべきなのだ。その点、僕はラッキーだった。ハイスクール時代の仲間たちが、貧乏旅行しながらオールブラックスの滞在地についてきていたからだ。だから、自由な時間があると、僕は仲間と落ち合い、ビーチで日光浴をしたり、旅の面白い話を聞いたりした。それはいいガス抜きになった。

僕たちにとって、こうしたひとときは長い大会期間を過ごすために欠かせないリフレッシュになった。一方で、チーム全体ではなく、複数のグループに分かれて行動をするのは奇妙な感じもした。現在のオールブラックスでは、こうした個別行動がとられることはない。それでも僕は、このときのチームが間違った判断をしたとは思わない。それは、選手やチームがチームにとって望ましい行動は何かを学ぶうえで必要な経験だったと思うからだ。

そんなわけで、僕たちは休憩を必要としていて、長いシーズンの終わりの、長い大会の真っ只中にいた。恋人と会ったり家族と過ごしたりする選手もいたが、僕は数人の仲間とモナコに行くことにした。バイロン・ケラハーが、マーク・トーマスという名の、ウェールズの元ラグビー選手で、その後なぜかモナコ代表のボブスレー選手にもなった人物を知っていた。トーマスはモナコにある自宅に僕たちを招待してくれた。メンバーは、バイロン、リッチー・マコウ、ルーク・マカリスター、ニック・エヴァンス、ダグ・ハウレット、ブレンドン・レナード、僕だ。飛行機に乗ってモナコに降り立った僕たちは、タキシードに着替え、夢のような二日間を過ごした。

トーマスはなんと、モナコ大公のアルベール二世の友人だった。大公はいなかったが、僕たちはその妻であるモナコ公妃シャルレーヌと一緒に行動した。公妃は有名人に囲まれ、僕たちには想像もできないような豪華な暮らしをしていた。僕たちは王室の人間のように扱われた——おそらくそれは、名の知れたラグビー選手だったからというよりも、王室の人間と共に行動していたからだった。カジノでは、無料でチップをもらえた。掛け金の最小単位が百万ユーロだというポーカーテーブルも見せてくれた。僕はその豪勢さに圧倒されながらも、自分を見失ってはいけないと思った。これは僕の住む世界からはあまりにもかけ離れているし、そもそも僕たちがヨーロッパに来た目的は豪華なカジノで遊ぶことではない。今振り返ると、それはとんでもない週末だった。メディアに見つからなかったのはラッキーだった。もし記事にでもされていたら、僕たちは世間に最悪の印象を与えてしまうことになっただろう。正直に言えば、このときの僕たちには我を忘れてしまう瞬間もあった。その瞬間、ワールドカップのためにフランスに来ていることが、僕たちの頭からすっぽりと抜け落ちていた。

休養日が終わり、フランスのエクス＝アン＝プロヴァンスに集合したチームは、プールステージでの最終戦となるルーマニアとの試合に向けた準備を始めた。すでにプールステージの突破を決めていた僕たちは、準々決勝の開催地がウェールズで、準決勝と決勝はパリで戦うことになるのを知っていた。最後の二週間でウェールズまで往復しなければならないという大会日程については、さまざまな意見が交わされていた。今にして思えば、それは僕たちに対する警鐘でもあった。ここまでの戦いがあまりにも順調だったため、チームにはこのまま難なく勝ち進めるだろうという油断が生じ始めていた。

さらに悪いことが起きた。休養日明けの最初のトレーニングで、僕はふくらはぎを痛めてしまったのだ。僕は練習を早々に切り上げた。たいしたことはないと思ったが、リスクは避けたかったからだ。翌朝も歩くと痛みを感じたため、チームはルーマニア戦に僕を出場させないという決断を下した。この試合に出られないのは残念だった。僕はイタリア戦でも一時間程度しかプレーしていなかった。スコットランド戦の出来も良くなかった。プールステージでまともなパフォーマンスを発揮していない状態で、準々決勝に向かわなくてはならない。ふくらはぎは回復せず、僕は準々決勝までの一週間、チーム練習に参加できなかった。僕はトレーニングに励む仲間を見ながら、回復を信じてリハビリをした。ボールを蹴ることができないのも、不安を膨らませた。僕は、ボールを使わずに蹴る動作を繰り返した。何もしないよりはマシだが、大試合を前にした準備としては当然ながら物足りなかった。試合前日の選手のみでの練習「キャプテンズ・ラン」でも、僕は別メニューで調整した。試合までには間に合うはずだと自分に言い聞かせてはいたが、それは自信というよりも希望だった。

試合当日の朝を迎えた。このシーズン、僕たちは北半球ツアーでフランスと二度対戦し、リヨンでは完膚なきまでに相手を叩きのめした。翌週のパリでの試合は、大差はつかなかったが、それでも力の差を見せつけた。二〇〇七年に入ると、フランスはベストメンバーではないチームで（国内リーグの「トップ14」と日程が重なってしまったためだ）ニュージーランドに遠征してきた。僕たちはこのチームを相手に二試合を戦い、合計一〇〇点以上を奪って撃破した。

試合の数時間前、オーストラリアがマルセイユでの準々決勝でイングランドに負けたという情報がチーム内を駆け巡った。驚きのニュースを耳にして、チームは沸き立った。信じられなかった。最大のライバルだと見なしていたオーストラリアが、準々決勝で敗退するなんて。オールブラックスにとっては、願ってもない展開だ。

だが、フィールドに出た僕たちは、いつもとは違う何かを感じた。フランス・チームはハカを踊る僕たちのすぐ目の前で仁王立ちし、僕たちは意表を突かれた。前半は予想していたよりもはるかに厳しい戦いになった。前半終了時点でリードはしていたし、戦いぶりもそれほど悪くはなかったが、思っていたほど相手を引き離せてはいなかった。フランスは、この一年で僕たちが軽々とねじ伏せてきたのとはまったく別のチームになっていた。

後半に入ってすぐ、ふくらはぎに限界を感じた。まともに歩くこともできず、ましてや走ることもできない。僕は、自分のワールドカップはこれで終わりだと思った。足を引きずりながらピッチの外に出て、医療スタッフにこれ以上プレーはできないと告げた。試合の後、このときのひどく落ち込んだ僕をとらえた写真がさまざまな媒体に掲載されることになる。その写真はそのときの僕の気持ちを見事に表していた。僕は二つの理由から、これで終わりかもしれないと思った。一つは、怪我がひどくてもうこの大会でプレーすることはできないと感じていたこと。もう一つは、この試合そのものだった。僕の目の前で、事態はますます悪化していた。

僕たちは練習していたようなプレーをしていなかった。フランスは強力なチームに成長していて、大観衆の後押しを受けていた。僕の代わりに入ったニック・エヴァンスも、残り一〇分で負傷退場した。そのため、オールブラックスはこのポジションでチームを率いた経験の少ない三番手のスタンドオフ、ルーク・マカリスターを投入せざるを得なかった。この試合には、長年チームを支えてきたダグ・ハウレットとアーロン・メイジャーはベンチ入りしていなかった。終盤になり、試合展開が厳しくなるにつれて、僕はチームがこういうときにもっと冷静になれるような経験を積んでいればよかったのにと思わざるを得なかった。

残り時間が二〇分を切った時点で、僕は負けを覚悟した。僕の夢が、すべてを犠牲にして追い求めてきた夢が、目の前で崩れ落ちていく。残り一〇分、フランスのヤニック・ジョジオンにトライを決められ二〇対一八と逆転されたとき、恐怖がせり上がってくるのを感じた。もう試合は終わったような気がした。その予感は間違っていなかった。

試合終了のホイッスルが吹かれ、僕たちはドレッシングルームに集まった。その雰囲気の重苦しさは、僕がこれまでに味わったもののなかでも指折りのものだった。圧倒的な優勝候補と目されていたオールブラックスは、準々決勝で散った。当然ながら、チームのあちこちで怒りや絶望が渦巻いていた。僕は頭のなかが真っ白になり、ただ呆然としていた。

僕は状況を飲み込めないまま、黙って一人佇んでいた。しばらくして、チームはバスで、宿泊地である郊外のゴルフリゾートに向かった。車内では、チームメイトたちが憂さを晴らすかのように酒を飲み始めていた。だけど、僕はそんな気持ちになれなかった。バスがホテルに着くと、僕はまっすぐ自室に戻った。誰にも側にいてほしくなかった。僕はそのままずっと起きていた。眠ろうともしなかった。自分の怪我を呪い、起きてしまった現実をなんとか受け入れようとしながら、椅子に座ったまま三時間、じっと天井を見つめていた。

午前五時、誰かがドアをノックした。アリ・ウィリアムズとクリス・マソイだった。二人は、そのときの僕に必要な言葉をかけてくれた。部屋に一人いて自分を責めていても何にもならない、と。もちろん、彼らは正しかった。最初、僕はふさぎ込んだままだった。二人に、自分にかまわないでほしい、出て行ってくれと言った。それでも、ウィリアムズとマソイは引き下がらなかった。チームのみんなのところに来るべきだと言って譲らなかった

結局、僕はしぶしぶながら合意した。下の階に行くと、そこは混沌としていた。誰もが思い思いの方法で負けた悔しさに対処していた。仲間と語り合いながら涙を流している者、ギターを弾く者、歌を歌う者。ほとんどの選手は感情をさらけ出していた。それはかなり異様な光景だった。それでも、僕はその輪のなかに入りたいと思った。チームが勝っても負けても、一緒にいることが重要なのだと思った。チームメイトの側にいたら、少しだけ心が慰められたような気がした。

だが、その後が大変だった。チームが次にとるべき行動を決めるまでに、僕たちはカーディフでもう一晩過ごさなければならなかったからだ。誰も、負けたときのプランを考えていなかった。準決勝の開催地であるパリに行くことになると信じていたので、まさかこの時点でニュージーランドに帰ることになるとは思ってもみなかった。チームは慌てて帰国便の手配をした。全員同じ便に乗れたらよかったのだが、大所帯なのでそれは叶わなかった。

結局、僕たちはカーディフで昨夜と同じように飲み明かすことになった。その夜の会議室は、図らずも全員が遠慮なく思いの丈をぶちまける場になった。それぞれが思い思いに語った。すっかり意気消沈している者もいれば、開き直ったような言葉を口にする者もいた。だが全員に共通していたのは、いつまでもみんなと一緒にいたい、このチームを離れるのが名残惜しいという感情だった。多くの選手が「このチームで自身の最後の試合をしたい」と口にしたのは感動的だった。

翌日、僕たちはロンドン行きのバスに乗った。この一年アルコールを口にしていなかっただけ

に、二日酔いは強烈だった。おかしいと思うかもしれないが、僕は酒をやめたのは自分にとって良くなかったと思っている。頭のなかが、ラグビーのことでいっぱいになりすぎてしまったからだ。アスリートとしても一人の人間としても、僕にはリラックスして心を解放する時間が必要だった。もちろん、それは人それぞれだ。僕はビールを軽く飲むとくつろいだ気持ちになれるが、そうではない人もいる。ともかく僕は禁欲的になると、プレッシャーがきつくなるにつれ、試合だけが唯一の重大事だと感じるようになってしまった。そして、そのような考えは僕には向いていなかった。もし試合だけが重要なのだとしたら、負けてしまったときにどう対処すればいいのだろう？

ロンドンに到着した僕たちは、二手に分かれてニュージーランドに帰国することになった。僕は第一陣のグループとして先に飛行機に乗れてラッキーだった。ロンドンにもう一日滞在した後続のグループは、ちょっとしたトラブルに巻き込まれることになってしまったからだ。同じホテルには、僕たちと同じくまさかの準々決勝敗退をして気落ちしているオーストラリア代表が宿泊していた。予想通りというか、同じような苛立ちを抱えていた両チームの選手たちは、一悶着を起こしてしまった。幸い、僕はそのときすでに機上の人になっていた。頭のなかにあったのは、メディアや国民にどう対処すべきかだった。

最悪だったのは、僕が空を飛んでいたときに、僕の家族も同じく空を飛んでいたことだった。母、父、姉が、準決勝と決勝を観戦するためにフランスに向かっていた。ニュージーランドが準々決勝で負けたとき、三人はもう飛行機のなかだった。だから、しかたなく旅を続けざるを得なかった。三人はパリに二週間ほど滞在し、それなりに旅を楽しんだ。だが、父は不要になったチケットを売らなければならなかったし、僕はカナダに住んでいてもう何年も離れ離れになっていた姉と久しぶりの再会をするチャンスを失ってしまった。

僕はワールドカップの前、優勝できなかったら国には戻らないと冗談を言っていた。髭を伸ばして、南仏で漁師にでもなるつもりだ、と。果たして、僕たちは準々決勝で負けた。機内では、ニュージーランドの人たちの前に顔を出すのはどんなに辛いだろうかということばかりが頭を駆け巡っていた。飛行機は東京経由でクライストチャーチに到着した。ゲートを通り抜けると、空港内に大勢の人が詰めかけているのが見えた。僕は覚悟を決めた。ファンには怒る権利がある。罵声を浴びせられてもしかたがない。何を言われても耐えられる――僕たちは最高の舞台で、国民を失望させてしまったのだから。

だが、そうはならなかった。人々は僕の背中を叩いて励ましてくれた。僕には、人々が選手と同じように傷ついていたのがわかった。だが、この最悪の状態のときに、ファンは僕たちへのサポートと忠誠心を示してくれたのだった。信じられなかった。今でもこのときのことを思い出すだけで、鳥肌が立つ。

たしかに批判もあった（そのほとんどはメディアによるものだった）。しかし、帰国から数週間、僕は行く先々でサポーターの温かい反応に驚かされ、嬉しさを感じることになった。ファンはこんな言葉をかけてくれた。「この三年間、ありがとう」「君たち選手はきっと、私たちが想像もできないほど辛い思いをしたのだろう」「運が悪かったな――気持ちはわかるよ」。僕たちが敗戦のブラックホールからようやく抜け出すまでには、優に一カ月はかかった。それでも、もしファンのこうしたサポートがなければ、僕たちはもっと長いあいだ苦しむことになっただろう。

ファイナルイヤー・ダイアリー 4

クライストチャーチ、二〇一五年五月二一日

ワラタス戦に向けて敵地のシドニーに発つ便を待っているあいだに、クライストチャーチ空港からの電話を録音。実質的に、この試合を落とすとクルセイダーズはプレーオフに進出できなくなる。僕はここ数試合に出場していない。足を怪我していたし、何より、息子のフォックスの出産に立ち会っていたからだ。

最初の数試合は、精神的にあまり良い状態ではなかった。「また去年の二の舞になってしまうのか」という不安でいっぱいだった。幸い、怪我は順調に回復していった。今の僕にはスピードや機微さが欠けていて、三、四週間前まではずっとそのことで悩まされていた。四月上旬のハイランダーズ戦に出場したが、わずか二〇分で怪我をしていた箇所を痛めてしまった。ひどく落ち込んだが、試合後には思ったよりも早く状態が上向いてきた。その後、僕たちはブルーズに勝ち、ハリケーンズとチーフスに負けた。足の怪我のことばかりが気になり、プレーには精彩を欠いた。僕は完全に自信を失った。もう、うんざりだと思い始めていた。

この一カ月キックの練習をしなかったのもそのためだ。怪我をしているのは、ボールを蹴る左足

ではなく、軸足となる右足の方だ。キックをするとき、全体重が怪我の箇所にかかってしまう。だから僕は無意識のうちに、蹴るフォームを変えてしまっていた。フォームを少しでも変えてしまえば、キックの精度は格段に落ちてしまう。

チーフス戦でも、キックの出来は散々だった。試合後に映像を見直し、初めてフォームがいつもと違うことに気づいた。いつもの僕は、右足を軸足にしてボールを蹴り、振り上げた左が地面に着く前に、先に右足で着地していた。だが、この映像のなかでは、蹴った後、左足を先に地面につけていた。無意識のうちに、右足をかばっていたのだ。

もはや、これは僕一人の手には負えなくなっていた。組み合わせの関係で試合がない週があったこともあり、数週間のリハビリ期間がとれたので、僕はそこで問題点を修正しようとした。オールブラックスのフィジオに協力を求め、右足にかかる負荷を減らしながら、リハビリを集中的に行った。それはうまくいった。ここ数試合ではキックこそしていないものの、足の怪我のことを考えることなくプレーに集中できるようになった。まだ一〇〇パーセントの状態ではないし、そうなれるかどうかもわからない。それでも、これを自分にとって新しい状態だととらえてもいいのかもしれない。

もう一つ、大きな変化があった。次男のフォックスが生まれたことだ。僕はチームの遠征で訪れていた南アフリカから、妻の出産に立ち会うために早めに帰国した。長男のマルコのときに初めて出産の瞬間に立ち会い、感動していたので、今回もその機会を逃したくなかったからだ。とはいえ、前回と同じような気持ちになれるだろうかというかすかな不安もあった。二人目だけに、今回は僕たち夫婦にかなり余裕があったからだ。でも、フォックスが生まれてきた瞬間、マルコのときと同じようなとてつもなく大きな感動が押し寄せてきた。

出産後の一週間は、家族と一緒に過ごした。特に、妻のホナーの負担を軽くするために、できる限り長男のマルコの世話をした。だけどすぐに、クルセイダーズに合流するためにクライストチャーチに戻らなければならない日になった。産後間もないホナーに、二人の子供の世話を任せなければならない。毎年、家族と離れてクライストチャーチに向かうのは辛い。でも、今年の辛さは格別だった。僕は自分に無力感を覚えた。もっと家族の力になりたかった。子供が生まれる前、ホナーと二人きりだったときは、こんなに辛い思いをしたことはなかった。ともかく今年、ホナーと僕の心のなかには、来年の今頃はパリで家族一緒に過ごせるという思いがあった。今は我慢するしかない。

ニュージーランドのラグビー界全体の話をすれば、僕の足が怪我から回復するのと時を同じくして、他のスタンドオフの選手が怪我をしていくという状況があった。スーパーラグビーのシーズン開幕時、アーロン・クルーデンは絶好調だった。ボーデン・バレットとコリン・スレイドもそうだ。オールブラックスのスタンドオフの座をめぐるポジション争いは熾烈で、多くの選手に可能性があった。

僕は、三人がスタンドオフとしての能力を見せつけるようなプレーをしているなかで、自分がインサイドセンターでプレーをしている状況に若干の苛立ちを覚えていた。心のどこかには、ある種の諦めもあった。若い選手たちがこれほどの好調を維持しているのだから、オールブラックスは僕のことをスタンドオフとしては必要としていないのではないかという気さえした。バレットはオールブラックスでの経験が二年ほどしかなかったが、クルーデンはその前からこのチームにいた。彼は去年、チャンスをつかみ取った。さらに大きくステップアップし、チームを指揮することができるようになるという雰囲気が感じられた。だが、そのクルーデンは負傷し、おそらくはワールドカップに出場できない状況になってしまった。不思議なもので、そうなると急に〝スタンドオフになりたい〟という欲が戻ってきた。オールブラックスは、結局は僕のことを必要とするに違いないという予感もあった。

気持ちは複雑だった。クルセイダーズでスタンドオフとしてプレーしているわけではなかったので、このポジションでの自分の能力を示さなければならなかったからだ。これは簡単なことではない。一年もまともにこのポジションでプレーしていない僕を、オールブラックスのコーチはスタンドオフとして選んでくれるだろうか？

それはフラストレーションの溜まる状況だった。クルセイダーズにはさまざまな格言がある。それらは、クルセイダーズの選手であるうえでの、柱となる考え方を表している。たとえば、「エゴは捨てろ」。もちろん、これはチームにとってとても大切な精神だ。スレイドのプレーも、間違いなくこれに当てはまる。それでも、僕はスタンドオフの定位置争いに加わりたいと思った。特に、フルバックのイズラエル・ダグが負傷で一カ月もチームを不在にしていて、スレイドがフルバックもプレーできる状況のなかでは。

もし僕がこの二年間、存分にラグビーをプレーしてきたのなら、そこまでこのポジションにこだわっていなかったかもしれない。だけど、しばらくまともな活躍ができていなかったからこそ、自分が一番好きなポジションでどうしてもプレーがしたかった。メディアに対しては、気にしていない素振りをした。どのポジションであれラグビー選手であることには変わりはないし、スタンドオフとインサイドセンターは本質的に同じようなポジションだと思っている、と。だけど、やはりこの二つのポジションには大きな違いがある。インサイドセンターは、接触プレーが多いポジションだ。タックルをしたりラックに絡んだりする回数も多くなる。ボールを持ったら、トライを目指し、ゲインラインを突破するために、相手のタックルを受けてでも少しでも前に進もうとする。

対照的にスタンドオフの場合は、ボールを受けたときに瞬時の判断が求められる。相手のディフェンスの弱点を見つけ出し、チームにとって最適な攻撃手段を選択する、司令塔の役割を担うのだ。インサイドセンターでは、とにかく少しでもボールを前に運んで、ゲインを切ることが重要になる。そのために、フィジカルなプレーも多くなる。僕はインサイドセンターでのプレーも好きだが、チームの攻撃を指揮するという意味ではこのポジションに物足りなさを感じていた。クルーデンとバレットが怪我をしている今、ますますスタンドオフで存分にプレーしたいという思いが募った。だが残念ながら今のところは、自分に与えられたインサイドセンターというポジションでプレーするしかない。

オークランド、二〇一五年六月三日

オークランドの自宅にて。前週にワラタスに破れたクルセイダーズは、プレーオフ進出の望みを実質的に絶たれた。翌週はハリケーンズと対戦。僕は数カ月ぶりにスタンドオフでプレーした。

ワラタス戦のゲームプランは完全に間違っていた。その時点まで、僕たちは自分たちが良いラグビーをしていると感じていた。だがそんな自信は、この試合で粉々にされた。それはクルセイダーズの今シーズンを物語っていた。前の試合に四〇点、五〇点の大差で勝っていても、次の試合はあっさりと負けてしまうのだ。今回もまさにそのパターンだった。クライストチャーチにレッズを迎えたホームの最終戦には、高いモチベーションで臨み、勝利を手にすることができた。だがシドニーでのワラタス戦には、そのような万全の準備ができなかった。

僕はひどく落ち込んだ。これまで、プレーオフ進出を逃したことなどなかった。自分にとってクルセイダーズとしての最後のシーズンだっただけに、有終の美を飾りたかった。だけど一夜が明けたとき、この状況のポジティブな側面に気がついた。プレーオフの望みがなくなったので、シーズンは早めに終了する。それによって、僕はこの忙しい一年のなかで有効に活用できる貴重な時間を手にしたことになる。家族と一緒にゆっくり過ごせるし、コンディションを高めたり、気になっている怪我の箇所のケアをしたりもできる。何より、オールブラックスのキャンプに初日から参加できる。だから、負けたことに落胆はしつつも、全体として考えれば、この状況はそれほど悪いものではないと思えた。

翌週、ハリケーンズと対戦した。スレイドはその前から怪我をしていた。他にも、何人もの選手がこの試合を欠場することになった。キーラン・リード、サム・ホワイトロック、ワイアット・クロケット。若手のメンバーが中心になり、それを率いるベテランはリッチー・マコウと僕だけといった状況だった。僕たちはリーダーとしてこの試合に向けて準備することを楽しんだ。マコウがキャプテンを務め、僕はスタンドオフに入った。マコウとは、この試合に自分たちがリーダーとしてチームを率いることの重要性について話し合った。

チーム内にはいい感触があった。それに、僕たちはある意味で開き直ることができた。相手のハリケーンズはシーズンをわずか一敗の首位で終了したチームだし、僕たちはプレーオフを逃した後にメディアに徹底的に叩かれていた。僕にはこの状況がありがたかった。期待されていない分、失うものなど何もないといった気持ちで準備を進めることができたからだ。

果たして、クルセイダーズは狙い通りの試合をして快勝した。「ダン・カーターには、もうトップレベルでプレーできる力はない」と疑問視していた人たちも、僕が復活したと言うようになった。スタンドオフでプレーする機会を与えられないままこのポジションから外されているのはフェアではないと感じていた僕にとって、これは溜飲を下げるような試合になった。

この時点では、確率的には限りなく小さなものではあるが、数字上ではクルセイダーズにはまだプレーオフに進出する望みは残されていた。それでもワラタスとの試合の後、僕はきっぱりとその見込みはないと考えるように頭を切り替えた。僕は、クルセイダーズのメンバーでいられるのはあと三週間しかないという事実に集中したかった。だからこそ、チームで過ごす一日一日を大切にしたかった。チーム内でも、誇りを持ってシーズンを終えようと話し合っていた。僕は残りの三週間を、クルセイダーとしての最後の瞬間を味わうことに捧げたいと思った。パリの家を見つけるという仕事もあったが、こっちの方は、僕とホナーが考えていたよりもはるかに難しい問題だった。

ここ数週間で印象的だった出来事は他にもある。それは、ウェリントンでのオールブラックスのリーダーシップ会議だ。僕はときどき、自分が代表チームで本当にプレーしたいと思っているかどうかを疑問に感じることがあった。だけどこの会議に参加したことで、オールブラックスの一員であることについて、あらためて前向きな気持ちを持つことができた。土曜日にクルセイダーズの試合を終えた翌日の日曜日、僕はこの会議に出るためにウェリントンに飛んだ。ハードスケジュールだったが、オールブラックスのリーダー格の選手たちやコーチと会ったことで、すっかり元気になった。

会議の場所は、空港の向かいにあるゴルフクラブだった。僕は飛行機を降りて空港から出ると、目の前にある駐車場を歩いて横切り、ゴルフクラブで四時間の会議をして、そのまま駐車場を横切って空港に戻り、帰りの便に乗った。オールブラックスのリーダーが勢揃いしていた。ケヴェン・メアラム、コンラッド・スミス、マア・ノヌー、ベン・スミス、リッチー・マコウ、キーラン・リード、サム・ケイン、ブロディ・レタリック、そして僕。コーチのウェイン・スミス、スティーブ・ハンセン、イアン・フォスター、トレーナーのニック・ギル、チーム・マネージャーのダレン・シャンド、メンタルコーチのセリ・エヴァンスとギルバート・エノカもいた。

会議の目的は、今年のチームの目標を明確にすること。話し合いの結果、心からやる気が高まるような目標やコンセプトが設定された。僕はこうした高い目標を持ってオールブラックスに再び参加できることがとても楽しみだ。しかしその前に、クルセイダーズの赤と黒のジャージを身につけることのできる最後の数週間を、心から味わいたいと思っている。

第9章

痛い目に遭いながらビジネスを学ぶ

二〇〇〇年代中盤、僕はラグビー選手として順調なときを過ごし、大きな自信を得ることができた。しかし、グラウンドを一歩離れれば、試行錯誤を繰り返しながら世の中のことを学ぼうとしている、どこにでもいる二〇代の若者にすぎなかった。経済的にはかなり恵まれていた。ラグビーは厳しい世界だ。夢をつかむ者より、夢に破れる者の方が圧倒的に多い。それでも、オールブラックスのメンバーに選ばれ、トップレベルで何年も活躍できるようになれば、弁護士や銀行家が三〇代や四〇代で稼ぐよりもはるかに多くの金を手にできる。惜しむらくは、そのとき選手がまだ二〇代だということだ。大金をどのように使えばよいかを判断できるだけの人生経験がない。

世間やメディアは、成功をつかんだラグビー選手がどれほど若く、人生経験が不足しているかを忘れがちだ。特に、僕たちが何かへまをやらかしたときはそうだ。たとえば、SNSで失言をしたり、馬鹿な行為をしたり。僕は自分が若い頃にSNSが今ほど普及していなかったことに感謝している。ただし、これらは些末な問題にすぎない。富を手にした選手にとってもっとも大切で、もっとも難しいのは、投資やマネープラン、貯蓄などの領域だ。現在では、選手は経済面での適切なアドバイスを得やすくなった。だけどルパート・マードックが一九九〇年代半ばにプロ化を一気に進めたとき、ラグビー界は一世紀もの歴史のあったアマチュア時代から、急旋回をしなければならなかった。ニュージーランドのプロ・ラグビーは、まだこの国で成人と見なされる二一歳にすら達していない。そのことを考えれば、現在のように組織がきちんと秩序立てて運営されているのは、さまざまな面で奇跡的だと思う。

僕は、プロのラグビー選手としての人生の道が切り開かれた最初の世代であると同時に、アマチュアとしてキャリアを積んできた選手たちの背中を見て育った最後の世代に属している。アマチュアの文化は、いろんな意味で楽しかった。だから僕たちの世代は、今の若い選手が体験できなかったものを味わってきたと思う。それでも、僕が若い頃には、組織の面でも個人の面でも、必要なものがラグビー界には整っていなかった。僕は、エッセンシャリー社とエージェント契約をしていて本当に良かったと思う。同社には、ラグビー界屈指の賢くクリエイティブな人たちがいるからだ。しかしその彼らにしてさえ、顧客である僕たち選手のニーズを把握するためには試行錯誤が必要だった。

世間一般が抱く僕の投資家としてのイメージは、皮肉にも僕が実際に投資の意図がなかった案件によって広まってしまった。それは、イタリアのファッションブランド「GAS」に対する投資だ。メディアには何度も取り上げられたし、華やかな業界での出来事だったので、僕はこの件に最大の投資をしたように思われている。だけど、実際には僕のこれまで一番の投資先は、知名度は低いが大きな成功を収めたアルビーダだ。ただ、GASの件についてここで話をしておくのには意義がある。このエピソードは、ラグビー選手が投資の複雑さやリスクを十分に理解しないときに陥りやすい危険をよく表していると思うからだ。

　田舎の出身であるにもかかわらず、僕はファッションに強い興味を持つようになった。きっかけは二〇〇四年、僕にとっての初めてのヨーロッパツアーでの出来事だった。歴史や活気を味わいながらパリの街を一人で歩いていたとき、ルイ・ヴィトンの店の前を通りかかった。普段なら、この手の高級ブランド店にはとてもじゃないが恐れ多くて入りたいとは思わない。だけどそのときはなぜか気持ちが大きくなっていて、店内を覗いてみることにした。

　警備員に怪しげな目で見られたのがわかった。ジーンズにサンダルという恰好をしていたからだ。そのとき、僕は自分が見かけ通りの人間ではないことを示してやりたいと思った。何かを買って、自分の価値を証明してやろう、と。僕は、美しいデザイナーズ・ジャケットを選んだ。このジャケットは今でも持っていて、たまに着ることがある。かなりの値段だった。父の一年分の衣服代より高かったのではないかと思う。でも、それだけの値打ちはあった。ジャケットそのものも気に入ったし、警備員の驚いた顔を見ることもできたからだ。その後、僕はファッションに夢中になり、この世界に興味を持つようになった。だから、ＧＡＳへの投資話が舞い込んできたときにも、自然と関心を持った。

　僕は友人を介してリースとルーシーという人物に会った。二人はニュージーランドで展開する外国のアパレル・ブランドを探していて、イタリアの高級ストリート・ブランド「ＧＡＳ」に目をつけた。聞いたことのないブランドだったが、僕はその商品を見て一目で気に入った。そして、このアイデアに強く惹かれた。会計士に相談したところ、彼は先方が提案した数字を眺め、慎重ながらもOKだと言った。この話に乗りやすかったのは、僕には一ドルも投資する必要がないとされていたことだった。僕は名前と肖像権を使う権利を相手に与えるだけでいいのだという。不明な点もあったが、かなりの好条件だと思えた。今にして思えば、もっと入念に条件を確認すべきだった。だけど、リースの話はとても魅力的だった。だから僕は、金を出す必要がないのなら、と簡単にイエスと言ってしまった。彼らは僕の名前を使ってビジネスを成功させたいと言っているだけだ、問題は何もないはずだ、と。

僕たちはクライストチャーチにある新しい商業施設「ソルスクエア」に最初の店をオープンさせた（悲しいことに、このエリアは二〇一一年の大地震の被災地となった。現在でも、シャッターが閉められたままの店にはGASの看板が掲げられている）。テナント料が安かったのはありがたかった。新しい店舗の準備に関わるのはとても楽しかった。自分で商品を選んだりもした。トレンドを先読みし、一年半前に仕入れをするのだ。最初はカタログを見るだけだったが、その後には、チームでの年末の北半球ツアーが終わった後にイタリアに行き、直接仕入れ交渉をしたこともある。何かと精神を消耗するし、しょせん素人仕事ではあったが、僕にはこの仕事が面白かった。そこでは、プロスポーツ選手としての日常から大きくかけ離れた世界を体験できた。

だが、僕は利幅のことをよく理解していなかった。GASへの支払いをして、さらに自分たちの利益を得ようとすると、ジーンズ一枚を二五〇ドルから三〇〇ドル、シャツを一枚一五〇ドル以上で販売しなければならなかった。ニュージーランドには、衣服にそんなに高い金を払える男性はそれほど多くはない。僕はビジネス面のことはパートナーに任せていた。リースとルーシーには本業があり、専門はそれぞれエンジニアリングと小売だった。だから、二人にとってこの仕事は相応しいものだと思えた。

僕たちの店は上々の滑り出しを見せた。オープニングの売れ行きは好調で、その後も赤字を出すことなく営業を続けていた。今振り返れば、店はこのクライストチャーチの一店舗だけに留め、小さくビジネスを営むことで満足しておくべきだった。だが僕たちは、ウェリントンのランプトン・キー周辺のマーサーストリートに二号店をオープンさせた。突然、まだ事業が完全に軌道に乗る前に、高額のテナント料を支払わなくてはならなくなった。それだけではなかった。店舗には、ヨーロッパ風の高級な外観が必要だった。だから改装工事をした。改装費の一部はＧＡＳの本社が負担してくれたが、それでも僕たちには高額の出資が必要になった。

賃料は高かったが、そのときはあまり心配しなかった。僕はこのビジネスの面白さに魅了されていた。このブランドをニュージーランドでヒットさせることに成功したと感じていたし、メディアの扱いも好意的だった。客観的に見て、ＧＡＳはこのまま成長を続けるだろうという感触もあった。何より、それは楽しかった。金曜日にリースとソルスクエアにある一号店に行き、カウンターの後ろに立って販売を手伝ったりもした。ビジネスは活気に満ちあふれていた。

しかし、ほどなくして金融危機が発生した。それまで高価な服に金を払っていた人たちの懐が、一気に厳しくなった。僕たちは商品が出荷される前に、代金を支払わなければならなくなった。それはリースにとってプレッシャーになった。やがて、リースから店に投資をしてもらえないかと相談された。僕は大金ではないが、それなりの金を出した。リースはエンジニアリング企業での仕事の傍ら、ＧＡＳのビジネスに長い時間を費やして必死に取り組んでいた。僕は彼を助けなければならないと思った。だから、当初の契約条件にはなかったにもかかわらず、出資をしたのだった。

キャメロン・ブリューワーなる人物が僕たちに近づいてきたのはそんなときだった。ニューマーケット・ビジネス・アソシエーション社の代表である彼は、僕たちにオークランドへの出店話を持ちかけてきた。ブリューワーは、オークランドはニュージーランド・ファッション界の中心地なのだから、そこに店を出すべきだと主張した。僕たちはそれまでオークランドへの事業展開は考えていなかったが、魅力的なアイデアだと思った。そして、世界金融危機の影響が強まっていたにもかかわらず、オークランドへの新規出店がビジネスを好転させるかもしれないという期待を抱き、それに賭けた。

オークランド店のオープンは大盛況になり、メディアにも多く取り上げられた。だが数カ月後、金融危機が一時的なものではないことが明らかになると、次第に売上は落ちていった。なんとかビジネスを継続させたかったが、僕にはそのための手腕も時間もなかった。指をくわえたまま、経営が傾いていくのを見ているのは辛かった。最悪だったのは、僕とリースが、オークランドとウェリントンの店舗用の不動産物件を借りるために保証人になっていたことだった。だから僕は、ビジネスに投資はしていなかったものの、高額な店舗用物件の長期契約の支払いの責任を担うことになった。

会計士や弁護士に相談したところ、事業を維持する唯一の方法は、経営状態が回復するまで投資を続けることだとアドバイスされた。だが、確実に成功するという保証はどこにもなかった。それに、僕にはビジネスをコントロールする権限がほとんどなかった。しばらくは右往左往してなんとか打開策を見つけようとしたが、結局、ストレスや苦しみを散々味わった後で、僕たちはこの事業を畳むことにした。店を閉めた後の不動産物件には、住居用としての借り手が見つかった。だが、もらえる賃料は僕たちが支払い続けなければならないテナント料に比べればはるかに少なかった。不況の影響で、小売テナントを見つけることは不可能に近かった。だから、安くても借り手が見つかっただけでもラッキーだった。結局、その後数年間、僕たちはもはや自分たちの店がない物件に、テナント料を支払い続けなければならなかった。僕たちはその間、ずっと心の痛みを感じ続けた。

このベンチャーを始めたとき、僕は失敗したときのことを十分に考えてはいなかった。だがメディアは、この手の失敗話が大好きだった。僕がこの事業に関わっていたことで、この件は単なる小売業の失敗事例よりもはるかに大きな注目を集めることになった。それは、煮え湯を飲まされるような体験だった。それまでの僕は、フィールドの内外を問わず、ほとんど好意的な記事しか書かれたことはなかった。しかしこの件によって、僕の名前は毎日のように、自分にはほとんどコントロールの権限がなかったビジネスの失敗話と共に、メディアを賑わすことになってしまった。

この一件は、一人の投資家としても、自分の名前を事業に使われることのある立場の人間としても、とてつもなく大きな教訓になった。最終的に店を閉めることにしたのは、主に僕の決断だった。リースには申し訳なかった。彼は根っからの働き者で、店を守るためなら何でもしようとしていたからだ。しかし僕は、事業を続けたければとにかく投資を続けることだとアドバイスされていた。そこには終わりがなかった。身勝手かもしれないが、あのままでは僕はラグビーに集中できなくなっていた。それにもともとの契約は、僕は自分の名前を貸すだけで、投資をする必要はないことになっていた。

その後も、僕のところには何十もの投資話が舞い込んできた。僕はそのうちのいくつかに投資をしてきた。GASの失敗から学んだことは、その投資を持ちかけてきた人たちの実績を見ることだ。過去にその業界で何度も成功しているのなら、成功を繰り返す可能性は高い。GASでは、僕たちには小売店経営の経験がなかった。だから、もしそのような状況で僕たちが成功をしたとしたら、それはまぐれだった。そして、ビジネスの世界ではまぐれはそれほど多くない。

GASでの失敗にもかかわらず、僕はビジネスが好きだったし、自分の名前をビジネスに活用することも好きだった。数年後、アリ・ウィリアムズ、リッチー・マコウと僕は、社会に恩返しのできる事業がしたいと考えた。そして、ペットボトルのミネラルウォーターを販売し、売上の一部を慈善団体に寄付する事業「ウォーター・フォア・エブリワン」を立ち上げた。GASのときと同じく、僕たちは当初、少しばかり野心的になり、サラダや牛乳も販売しようとした。だが、スーパーマーケットとの取引は簡単ではなく、またこれらの商品は利幅も薄かった。結局、ミネラルウォーターに専念することにした。現在この事業はiSportと名前を変え、若者のスポーツの支援活動に力を入れるようになっている。これまでに、二〇万ドル以上の寄付を行ってきた。

GASとウォーター・フォア・エブリワンは、僕にとって大きな教訓になった。そしてこれらは世間によく知られた投資だった。だが、僕が初めて真の意味での投資をした件は、あまり世の中に知られていない。そして僕はこの投資が、長期的に大きな成果をもたらしてくれることを期待している。この話を持ちかけてきたのは、地元カンタベリー出身の元ラグビー選手でプライベートバンカーとして仕事をしていたグラント・アダムソンという年配の男性だった。アダムソンは、マコウや僕のように二〇代前半で多くの報酬を手にしたラグビー選手に注目していた。若くして大金を手にした僕たちが、その金で何をすればいいのかわからず途方に暮れていたのを見抜いていたのだ。

アダムソンらの投資家グループは、社会の高齢化に伴い、これからは「リタイアメント・ビレッジ」と呼ばれる、高齢者が老後を快適に過ごすための分譲住宅地の需要が高まっていくと予測していた。そして、それが有益かつ持続的な投資先になると見込んでいた。

マコウと僕は、他の何人かの選手と一緒に、この投資話に乗ることにした。僕たちが投資した金は、全国各地のリタイアメント・ビレッジの所有者から物件を購入するための費用に充てられる。このような集団での投資は、ここ数年、歯科業界からラジオ業界に至るさまざまな分野で見られるようになっている。アダムソンは、このような投資を積み重ねていくことで、いずれは投資家が集団としてリタイアメント・ビレッジの一大ポートフォリオを保有し、規模の経済によるさまざまなメリットを得ることができるようになると構想していた。これは僕たち若い人間にとって、極めて有望な投資になるはずだ、と。

僕たちは何年にもわたって投資を続け、グループはいくつものビレッジを買い足していった。僕はこの投資のことが頭の片隅にあるおかげで、将来の自分のマネープランに安心感を覚えることができた。それから十数年後の二〇一四年一二月半ば、僕はチューリッヒハウスの七階にいた。オークランドの中心街にある最先端の建物で、眼下にはウォーターフロントの広大な景色が望める。屋内にはビジネススーツを着こなした男女が大勢いて、午前一〇時にもかかわらずシャンパンのグラスを手にしていた。ここはニュージーランド証券取引所の会議室。僕は、この日の取引開始を告げる鐘を鳴らすためにここに招かれていた。午前一〇時三〇分、一つの会社がニュージーランド証券取引所に新しく上場されることになる。

会社の名はアルビーダ。僕たちのリタイアメント・ビレッジを管理する会社だ。アダムソンが少し前に他界していただけに、僕たちの感慨もひとしおだった。そこにいた誰もが、この投資を構想し、今日の成功を導いてきたのが彼だったことを知っていた。みんな、アダムソンがすぐ側にいるように感じていた。カウントダウンの合唱が始まった。一〇、九、八、七、六、五、四、三、二、一……カーン！　その瞬間、アルビーダは上場した。僕は鐘を鳴らすことができて光栄だった。気持ちの高ぶりを感じた。それは僕にとって、長年コツコツと続けてきた、地道だがとても満足のいく投資の集大成だといえた。アルビーダでは、投資した自分の金がどう運用されているかが明確に把握できる。また、はっきりとした情報に基づいて投資の機会を検討することもできる。

ＧＡＳでの失敗とアルビーダでの成功のあいだには大きな違いがある。僕が引退後に、選手にお金の面でアドバイスをしたいと思っているのも、こうした体験をしてきたからこそだ。かつての僕がそうだったように、ラグビー選手の多くにはお金についての知識がほとんどない。だから投資話を持ちかけられると、簡単に首を縦に振ってしまう。

ラグビーでは、リスクをとることでチャンスが広がる。むしろリスクテイクは、このスポーツでは必須だと言ってもいい。フィールド上の僕たちの身体には、アドレナリンが駆け巡っている。だから、フィールド外の世界でも同じような刺激を求めようとする。ビジネスは、そんな刺激を与えてくれる。しかしラグビーと同様、ビジネスの世界も過酷だ。経験が不足していれば、簡単に失敗してしまう。だから、僕は自分の経験を若い選手に伝えたいと思っている。プロになったばかりの選手に、マネー面でアドバイスしたり、信頼できる人々を紹介してあげたいのだ。自分のことを振り返っても、ＧＡＳに投資をする前に、ファッション業界に詳しい人からアドバイスをもらえていたらよかったのにと思う。アドバイスをもらっても、結局僕は投資をしたのかもしれない。だがその場合は、現実的なリスクを見ながらファッションの世界に入ることができたはずだし、あり得ないような儲け話に心を奪われたりもしなかったはずだ。

ＧＡＳでの失敗は残念だったが、それですべてが終わりになったわけではなかった。アルビーダの件を通じてアダムソンと知り合ったおかげで、僕は彼から何年にもわたってファイナンスについてさまざまなことを教えてもらえるようになった。僕は選手として長くプレーをすることができたが、すべての選手がそのような機会に恵まれるわけではない。そして、その短いキャリアのなかでは、なかなかアダムソンのような信頼できる人物と巡り会うチャンスはない。若い選手のなかには、悪い投資話にたった一度乗ってしまったばっかりに、財産のほとんどを失ってしまう者も珍しくない。そのため、無理をして現役を長く続けなければならなかったり、三〇代前半で一文無しの状態から第二の人生をスタートさせなければならなくなってしまう。僕にはそのような現実が正しいものだとは思えないのだ。

第10章
甘くて苦いサバティカル

僕は二〇〇七年のワールドカップを、精神的にも肉体的にも傷つきながら終えた。そして、重苦しい現実から逃げ出したいと思った。ニュージーランドの人たちは、僕たちに心からの同情を示してくれた。ありがたいと思ったが、それをそのまま受け入れることには抵抗もあった。心の奥底では、結局は負けてしまったのだという思いが消えることはなかったし、「もし優勝カップを持ちかえっていたら、ファンはどれほど喜んでくれただろうか」と想像せずにはいられなかった。同時に、僕はしばらくニュージーランドから離れたかった。オールブラックスの選手ではなく、一人の普通の男に戻りたかった。

ホナーはワールドカップの準決勝以降の試合をフランスで現地観戦する予定だった。だけど、オールブラックスが負けてしまったので飛行機をキャンセルしていた。それでも、僕たちはどこかに旅行したかった。ある朝、目を覚ました僕は、彼女に言った。「休暇の予約をしよう」

僕たちは一カ月かけてヨーロッパと中東を気ままに旅した。まずはバルセロナやスペイン各地を観光すると、北イタリアに移動し、コモ湖、ミラノ、ヴェネツィアでの時間を楽しんだ。トレビソでは、当時イタリア代表のコーチをしていたジョン・カーワンにも会った。GASの工場も見学した。服がデザインされ、製造される様子を見るのはとても楽しい体験だった。その後はロンドンとドバイに滞在し、最後にモルディブで最高の一週間を過ごした。素晴らしい時間だった。そこではホナーと僕は、どこにでもいる二人の若者でいられた。

残念ながら、旅は終わりのときを迎えた。僕たちは一二月上旬にニュージーランドに帰国した。ホッケー選手の傍ら企業でフルタイムの仕事もしていたホナーは、翌年の初め、DBブリュワーズ社でマーケティングの良い仕事を得たことで、オークランドに引っ越すことになった。離れ離れにはなりたくなかったので、僕も彼女と同じ都市に住むことにした。とはいえ住む場所が変わっても、僕たち二人の生活にはそれほど大きな変化はなかった。もともと僕は遠征で不在にしがちだったし、クルセイダーズのあるクライストチャーチに滞在することが多かったからだ。それでも僕はこの移住をきっかけにして、別のチームでプレーする可能性について考えるようになった。実際、それまでにも海外からいくつかのオファーをもらったことがあった。僕はそれを多少は現実味のある話だと受け止めていた。ただし、本気で移籍を考えていたわけではなく、〝もしそうなったら〟という想像をしていただけだった。

サバティカル（長期休暇）制度というアイデアを思いついたのも、そんな背景があったからだった。僕は今までとは違うチャレンジを必要としていた。新しい環境で自分を試してみたかった。クルセイダーズとの交渉では、エッセンシャリー社の僕の代理人が頑張ってくれた。リッチー・マコウも、サバティカルの交渉をすることになった。僕たちはまとめて交渉に臨むことで、個人として良い契約を得るだけではなく、サバティカル制度に革新をもたらしたかった。僕は約半年間の自由な時間をチームからもらい、その間に海外のチームと契約してプレーしたいと思った。

オークランドに引っ越した後、僕はクルセイダーズを試してみようと思った。そこで、エッセンシャリー社の契約担当者ウォーレン・オールコックに、「ブルーズの球団本部に行って、僕と契約するつもりはあるか、話をしてきてほしい」と頼んだ。話し合いから戻ってきたオールコックによれば、ブルーズは破格の好条件で僕にオファーを出すつもりがあるということだった。僕は真剣に他のチームへの移籍を考えていたわけではない。ただ、クルセイダーズにメッセージを伝えたかったのだ。クルセイダーズは、選手に必要最小限の年俸しか払っていないことに誇りを持っていた。そこには、選手には金よりも大切な何かのためにこのチームでプレーしてほしいという哲学があるように思えた。もちろん、クルセイダーズの選手は金のためだけにこのチームでプレーしていたわけではなかった。だけど僕たち選手としては、交渉時に「自分は、このジャージへの思いをチームに利用されたり、搾取されたりしている」と思いたくはない。

他にも僕のこの年の交渉で考慮すべき点があった。それは、ロビー・ディーンズがクルセイダーズのヘッドコーチとして最後の年を迎えようとしていたことだった。彼はその後、オールブラックスか海外チームのコーチになろうとしているようだった。ディーンズは最後の年にタイトルを獲得すべく、なんとしても僕を引き止めようとした。僕には彼の思いがよくわかった。だが、ブルーズのオファーがあまりにも好条件だったので、契約更新を少しためらっていた。

クルセイダーズは、そんな僕の気持ちに応えるかのように、良い条件を提示してくれた。シーズン中のオークランドからクライストチャーチへの通勤も許可してくれたので、ホナーと暮らし続けることができた。スケジュールはこんなふうだった。土曜日は試合で、日曜日は家で過ごす。火曜日には練習のためにクライストチャーチに戻り、水曜日は休みなのでいったん家に帰る。木曜日から土曜日までは再びクライストチャーチでチームと共に行動する。大変だったが、僕はクルセイダーズと契約してよかったと思った。僕はいまだに、他のチームのジャージを着てクルセイダーズと対戦している自分のことをうまく想像することができない。

クルセイダーズに残った理由は他にも二つある。一つは、ブルーズとの交渉の件が何者かによってリークされてしまったことだ。僕はそれがエッセンシャリー社の人間ではないことだけは知っている。誰にリークされたにせよ、契約交渉などの機密情報を漏らされるのは、個人的には許しがたいことだった。この件は、もう一つの理由が生じた原因でもある。そして、この二番目の理由こそが、クルセイダーズとの契約更新を決定づけるものになった。それは、僕のブルーズへの移籍話が世間の知るところとなった後で、祖母が電話をかけてきたことだった。ひどく狼狽《ろうばい》していた祖母は、ブルーズには移籍しないでほしいと強く訴えた。移籍をすれば、大勢のカンタベリーのファンが失望するから、と。おそらくそれは、僕にとって何よりも大きなメッセージだった。僕はクルセイダーズとの契約書にサインした。

ブルーズから好条件のオファーをもらったことも、このチームの地元であるオークランドに対する僕の印象を良くはしてくれなかった。この都市に住んでいたダグ・ハウレットがW杯後にアイルランドに移住したので、僕は彼がそれまで住んでいた古い家に移り住んだ。とりたてて特徴はないが、しっかりとした造りの5ベッドルームの家だった。僕は最初この都市が嫌いだった（オークランドの人たち、ごめんなさい！）。人々はフレンドリーだとは思えなかったし、渋滞がひどく、街も騒々しかった。ここに住み始めてから二年というもの、その印象は変わらなかった。良いところは、ホナーが住んでいることだけだと思えた。

通勤も大変だった。僕の身体は、飛行機でクライストチャーチに降り立ち、その一時間後に練習を始めたりしても平気なようにはつくられていなかった。結局、練習日の前は前泊することにした。その甲斐もあり、クルセイダーズは二〇〇八年のスーパーラグビー・シーズンで優勝を果たし、最高の形でロビー・ディーンズを送り出すことができた。ディーンズは僕がこれまで指導を受けたなかでも屈指の素晴らしいコーチだった。僕たちは彼のためにも、有終の美となるタイトルを獲得したかった。ディーンズはその後、ニュージーランド代表ではなく、オーストラリア代表のヘッドコーチに就任することになっていた。僕は、ディーンズがオーストラリアに行かなければならないことが腑に落ちなかった。

同時に、僕はその理由も理解していた。ワールドカップの後、グラハム・ヘンリー率いるコーチ陣を再任すべきかどうかについて、ニュージーランドの国民を二分するような議論がわき起こった。僕にもその答えはわからなかった。僕は彼らを尊敬していたし、ヘンリーは準々決勝で負けただけで即、解雇されてしまうようなコーチではないと思っていた。選手たちも、この件について意見を求められた。僕もスティーブ・テューやジョック・ホッブズのような協会幹部と話をしたが、ヘンリーとディーンズのどちらも素晴らしいコーチだと伝えるほかなかった。最終的に、ヘンリーの再任が決まった。僕はそのことに少しばかり驚いた。結局のところ、勝負に負けたコーチが首を切られるのがこの世界の常だからだ。だがヘンリーはコーチを続け、協会の判断の正しさを証明していくことになる。

それを裏付けているのは、二〇一一年のオールブラックスのワールドカップ制覇だけではない。二〇〇四年以来、ヘンリーたちがチームにもたらしたものの大きさを思えば、二〇〇七年の敗戦も小さな出来事に過ぎないとわかるはずだ。ヘンリー、ハンセン、スミスは素晴らしいトリオだ。僕が聞いたところでは、この三人のコーチは協会に対して「再任されたらチームをどう導くか」について見事なプレゼンテーションを行い、契約を勝ち取ったのだという。一方のディーンズは、これまでの実績とワールドカップでのパフォーマンスを見れば、自分が選ばれて当然だと考えていたようだ。僕はそのディーンズの目論見が外れたことを残念に思う。だがその一方で、ヘンリー体制で大きく成長してきた僕にとって、コーチ陣の再任は何一つ問題なかった。

四年間で三度目となるスーパーラグビーのタイトルを獲得したことで、ワールドカップで味わった悪い感情もかなり払拭できた。ディーンズがシーズン最後に退任することがわかっていたので、他でもないこのシーズンに優勝することは、僕たちにとってタイムリミットのある明確な目標になった。しかし、南アフリカ、オーストラリアとの毎年恒例の三カ国対抗戦「トライネイションズ」には、スーパーラグビーに対してと同じような気持ちで臨むのは難しかった。僕はこの対抗戦が、南半球のラグビーを支える貴重な収入源になっていることを理解している。それに、最近アルゼンチンが加わったことは、いい刺激にもなったと思う。それでも、選手もファンも少しばかりマンネリを感じているのは否めない。

実際、これを書いている今も、僕はトライネイションズのいくつかの試合が、どの年のものだったかをはっきりと思い出せずにいる。ワールドカップのように、短期間でさまざまな相手と戦う大会を終えた後では、毎年同じ二カ国を相手にそれぞれの国で二試合ずつ、合計六試合戦うというこの対抗戦は、余計に単調なものに感じられてしまう。出場選手や会場が似ているスーパーラグビーの直後に、同じような選手たちと同じような会場でトライネイションズを戦わなければならなくなることも、この単調さに輪をかけている。だけど、年末の北半球ツアーは違う。たしかに、このツアーでも毎年同じような五、六チームと試合をする。だけどそのほとんどの相手とは一年に一度のみの対戦であり、会場は巨大な国際的スタジアムで、観衆の雰囲気にも異文化が感じられ、活気にも満ちている。

この感覚は、オールブラックスが二敗を喫しながらも通算九度目となるトライネイションズのタイトルを獲得した二〇〇八年に、特に強く感じられた。優勝したことを特別に喜んだりする者はいなかった。この対抗戦とその後の北半球ツアーを通じて、僕は心のなかでずっと、フランスのチーム「ペルピニャン」のことを考えていた。僕がサバティカル休暇をとって海外のチームでプレーしたのは、金のためだと言われることが多い。だけど、それは違う。金がすべてなら、オールブラックスの選手は全員、二〇代半ばでヨーロッパに移籍し、ニュージーランドには戻ってこないはずだ。でも、そんなことにはなっていない。なぜなら選手たちにとって、オールブラックスというチームは何よりも大切な存在だからだ。僕がサバティカル制度を利用した一番の理由は、同じ相手とばかり試合をするのに飽きていたからだ。いつもとは違う相手と、違うスタイルで、違う大会で戦うことで、新鮮な刺激を得たかったからだ。

だから、二〇〇八年にペルピニャンと契約することを決めた後、僕はずっとこのチームでプレーする日のことを指折り数えてきた。北半球ツアーが終了した後、オールブラックスとしてのビジネスが残っていた。ペルピニャンに加入する前の僕は、まだニュージーランドラグビー協会によって拘束されている身だった。僕たちは数日間ミラノに滞在し、アディダスのプロモーションイベントに参加した。アディダスは、一〇人ほどのオールブラックスのメンバーを、イタリアのサッカーチーム、ACミランのメンバーと引き合わせてくれた。僕たちはACミランの施設をくまなく案内してもらった。それは素晴らしかった。特に、クルセイダーズとカンタベリーの質素な施設と比べると、その違いは際立っていた。その後、僕たちは一緒にボールを蹴った。僕は世界的に有名なブラジル人攻撃的ミッドフィルダーのカカと、さまざまな角度からサッカーボールやラグビーボールを蹴り、ボールを曲げてゴールに入れる競争をした。またしても、それは夢を見ているような瞬間だった。

面白かったのは、イベントが終わるとACミランの選手たちがすぐにいなくなったことだった。駐車場に停められていた色とりどりの高級車は、あっという間に姿を消していた。ACミランの控えキーパー、ジェリコ・カラッツは、まだそこにいた。オーストラリア人で、僕たちに会えて感激しているというカラッツは、サッカー界のチーム文化について説明してくれた。カラッツによれば、練習以外の場での選手同士の交流はかなり少ないのだという。みんな、練習場に来て、トレーニングをして、そして帰る、そういう関係なのだそうだ。僕はニュージーランドのラグビーには、自分がクルセイダーズやオールブラックスで体験してきたような選手同士の深い結びつきがあって良かったと思った。

数日後、僕はチームに加わるためにフランスのペルピニャンを訪れた。この地域を訪れるのは初めてではなかったので、そこがどんな場所かはある程度わかっていた。数カ月前に怪我をしていたとき、僕はオフを利用して契約書に署名するためにこの市《まち》を訪れていた。スタジアムには、僕を歓迎するためだけに数千人のファンが集まってくれた。歓声を浴びながらフィールドに出て行くと、ファンは僕の名前をリズムに合わせて何度も連呼してくれた――故郷のサウスブリッジから数千マイルも離れたこの異国の地で。いまだかつて、僕は個人としてこれほどの歓迎を受けたことはない。

初めて練習に参加するためにスタジアムを訪れたときも凄かった。駐車場から練習場に向かうまでに、大勢のファンをかき分けて進まなければならなかった。それはフランス人の情熱をよく表していた。この国の人たちは、人生のさまざまな場面で感情を顕わにする。僕たちニュージーランド人も自国のファンを騒々しいと思っているが、ヨーロッパのファンとは比べものにならない。

情熱的なのは選手も同じだった。僕にとっての初試合の前、更衣室ではフォワードの選手たちがシャワールームで雄叫びを上げていた。彼らは互いに頭突きをし、頬を張り合い、極限の興奮状態に自分たちを追い込もうとしていた。僕は外からそれを見ていることしかできなかった。それは僕がこれまでに体験してきたラグビーとは別世界だった。僕は試合前に心を集中させ、チームのためにプレーしようと自分に言い聞かせることしかしてこなかった。

この試合、チームもキャプテンも僕を注目の的に置きたいと考えていた。だから、入場前にはちょっとしたぎこちない押し問答があった。キャプテンは僕に最初にグラウンドに出てほしいと主張した。僕は頑なに断った。結局、僕は根負けする形でグラウンドに飛び出した。この試合の観衆の熱狂ぶりは凄まじかった。相手はイングランドのレスター・タイガース。仲間のニュージーランド人であるアーロン・メイジャーがインサイドセンター、スコット・ハミルトンがウイングで出場していた。僕たちは勝った。新しいチームでの初試合に勝つのは素晴らしいことだ――それに、仲間がいるチームに勝つのはいつだって気分がいい。まったく違うスタイルのラグビーをプレーするのは、すごく勉強になった。新しい動きや戦術を覚えなければならない状況は刺激的だった。

僕はそれまで慣れ親しんできた安全地帯の外側にいた。そして、それこそが僕が求めていたものだった。しかし、それは難しいことでもあった。特に大変だったのは言葉の壁だった。僕はフランス語がまったく話せない状態でチームに合流し、コーチもほとんど英語が話せなかった。僕の最初のトレーニングセッションは、レスター戦の前のビデオレビューだった。僕はこのセッションの前の一週間、オールブラックスの一員としてのプロモーション活動で多忙な日々を過ごしていて、その最後にはシーズンの終わりを祝うために何人かの仲間と酒を飲んだ。このビデオセッションでは、一時間をかけて映像を再生しながら細かなプレーの説明をしていた。もちろん、説明はすべてフランス語だ。どこかの時点で僕は舟を漕いでしまい、誰かに肩を叩かれて目が覚めた。チーム全員がこっちを見ていた。恥ずかしくてたまらなかった。近くにいた南アフリカ人の選手がそれまでのコーチの説明を英語で要約してくれたが、それは三〇秒しかかからなかった。細かなプレーの分析にここまで時間をかけるのはどうかとも思ったが、ともかくそれがフランスでのやり方なのだ。

僕はフランスの新居での生活を始めた。二週間後に、ホナーがクリスマスと新年を過ごすためにここに来てくれることになっていた。その間、もう一試合に出場し、クリスマス休暇を挟んで一月上旬に次の試合を迎えることになっていた。クリスマスイブに行われた休暇前の最後のトレーニングセッションで、左アキレス腱に張りを感じた。だけどチームに入ったばかりだったこともあって、面倒を起こしたくはなかった。休暇中に痛みは引くだろうと自分に言い聞かせた。休暇に入り、ホナーとモロッコのマラケシュに行った。気温は二〇度もあり、フランスの冬からの脱出としては悪くなかった。しかも、たった三時間のフライトだった。だけど僕たちが本当に求めていたのは、ニュージーランドの夏のような暖かさだった。クリスマスを祝う習慣のないモロッコでの休暇は、僕たちにとっては完璧ではなかった。旅行は楽しかったが、家族に会えないのが寂しかった。ホナーがホッケーの試合や練習のためにニュージーランドに帰らなくてはならない日が近づいていた。彼女と一緒にいられなくなるのが辛かった。

休暇が終わり、一月初旬に次の試合に出場したとき、アキレス腱にはまだ痛みがあった。プレーはしたが、後半はベンチに下がった。状態を悪化させてしまったので、次の試合は欠場して落ち着くまでしばらく様子を見ることにした。まだチームに来て間もないこともあり、試合に出られないのが忍びなかった。早くプレーがしたかった。次の試合は、八万人の大観衆が詰めかけた満員のスタッド・ドゥ・フランスでのスタッド・フランセ戦。ビッグゲームだ。ホナーはその夜に帰国することになっていた。飛行機の時間に間に合わせるために、試合の終了前にスタジアムを出なければならなかった。僕はなんとしてもフィールドに立ちたかった。試合前、コーチからプレーできるかと尋ねられた。アキレス腱はまだひどく痛かったが、大丈夫だと答えた。ウォームアップ中も痛みを感じたが、そのまま試合に出ることにした。鎮痛剤や抗炎症薬をとり、できる限りのプレーをしようとした。スタジアムの光景には驚かされた。フランスでのクラブラグビーでは、ラグビーの試合だけではスタジアムを満員にすることが難しい。そこで、集客のために試合前に本格的なショーを催すことがある。そのため、観衆の半分はラグビーが目的だが、半分はショーが目的のような雰囲気があった。ショーではライオンが出てきた。本物のライオンが、巨大なラグビーボールから飛び出してくるのだ。乳首に小さな星飾りをつけただけのトップレスの女性も登場した。ニュージーランドの殺風景なマッチ・プレゼンテーションとは大違いだ。

幸い、試合もこのオープニングに負けないほど盛り上がり、白熱した僅差での競り合いになった。それは僕にとっておそらくペルピニャンでのベスト・パフォーマンスだった。前半は、アキレス腱の感触は悪くなかった。同点で迎えた試合終了間際、僕たちはゴールまで約五五メートルの位置でのペナルティキックを獲得した。僕は試合中、ずっとゴールキックを任されていたのだが、これは自分の距離を超えていた。そこで、長距離が得意なキッカーに譲った。彼のキックは外れ、そのボールをスタッド・フランセの選手がキャッチした。試合開始から八四分で同点という状況だったので、僕は相手がそのままボールをタッチに蹴り出すだろうと思った。だが彼らはボールを蹴り返してきた。味方がそれをキャッチし、パスが僕のところに回ってきた。今にして思えば、僕はアキレス腱に爆弾を抱えた状態で、フル出場はすべきではなかったのかもしれない。僕はボールを抱えたまま、前に走り出した。タックルを狙う相手が近づいてきた。身体に力を入れた。その瞬間、足に強い痛みを覚えて転倒した。僕は地面に倒れ込みながら、後ろを見た。誰かに足を蹴られたような感触があったからだ。

しかし、そこに誰もいなかった。僕はすぐに、アキレス腱をやってしまったのだと気づいた。倒れている僕の頭上でラックができ、敵味方が押し合っていた。だけど僕はそのまま地面に横たわっていた。とても動ける状態ではなかった。プレーが中断し、医療スタッフが僕のふくらはぎを捻った。何も感覚がなかった。僕の足は完全にいかれてしまっていた。

タイミングも最悪だった。ホナーは帰国便に乗るために試合終了一〇分前にスタジアムを後にしていた。ホナーは乗り継ぎ地のドバイの空港から僕に電話をしてきた。事情を話すと、パリに戻ってくると言った。僕は、大丈夫だからと言って彼女を説得した。僕はサッカーチームのパリ・サンジェルマン専属の専門家に足を診てもらった。オールブラックスのチームドクター、デブ・ロビンソンとも電話で話をした。ロビンソンはフランスの医師たちとコミュニケーションをとろうとしたが、言葉の壁でうまくいかなかった——アキレス腱は部分断裂なのか、完全に断裂しているのか？ともかく、この怪我が僕のオールブラックスとしてのシーズンに大きく影響するのは間違いなかった。結局、最初は部分断裂だと診断されたが、後になって完全断裂であることがわかった。僕は二重の意味でがっくりきた。自分にとっても大きな衝撃だったし、ペルピニャンに対しても申し訳ない思いがしたからだ。

いずれにしても、僕は母国から遠く離れた異国の地で手術を手配しなければならなかった。まず、オークランドの腕利きの整形外科医、ブルーズ・トワドルとバリー・ティーチェンスに連絡をした。二人は、リヨンの外科医を紹介してくれた。手術後、ペルピニャンに戻ってリハビリを開始した。僕は孤独で、落ち込んでいた。怪我をしてしまったからだけではない。友人や家族が側にいなかったからだ。

そんなとき、僕はブノワ・ブラゼスという人物の世話になるようになった。彼はペルピニャンでメディア担当の仕事をしていた。だが、ブノワにとってこのチームとの関わりは仕事以上のものだった。ペルピニャンの熱狂的なファンで、言わば長い伝統を誇るこのクラブの息子であり、孫だった。クラブのためになら、喜んで命を差し出すだろうと思わせるくらいの入れ込みようだった。彼はリヨンでの手術にも同行してくれたし、通訳もしてくれた。僕の側にいて、いろいろと面倒を見てくれた。ブノワのことを馬鹿にする選手もいたが、僕にとっては天の恵みのような存在だった。僕たちはラグビーについて熱く語り合った。あるとき、ブノワは教えてくれた。クラブに新しく就任した会長から、このチームに必要な選手は誰だと思うかと尋ねられ、「ダン・カーター」と答えたというのだ。つまりブノワのその一言があったからこそ、僕はこのチームに誘われ、ここに来ることになったのだ。

ブノワは、このクラブとこの町の人々の典型だった。フランスはサッカーがさかんなことで知られているが、ペルピニャンが位置する南の地域ではラグビーが一番の人気を誇っている。ペルピニャンのファンは情熱的だったが、このクラブは一九六〇年代以来、タイトルとは無縁だった。だから、僕がこのクラブに移籍したとき、念願のタイトルをもたらしてくれる救世主が現れたかのような手厚い歓迎を受けた。ところが、僕は五試合に出場しただけで怪我をしてしまった。僕は罪悪感を覚え、クラブとファンに何らかの恩返しがしたかった。だから退院すると、真っ先にサイン会を開いた。それは数時間も続き、ファンは大喜びしてくれた。ファンは僕とは正反対の見方をしていた。彼らはこの怪我を、クラブのジャージのために流してくれた血だと見なしていた。まるでそれが、この僕のクラブに対する献身の証だとでもいうように。実際には、それはプレー中にたまたま生じた怪我にすぎなかった。だがファンは、ペルピニャンのジャージを着て大怪我をした僕を、英雄のように見ていたのだ。

それからほどなくして、僕は気づいた。この怪我のおかげで、クラブは僕への報酬を保険金でまかなうことができるようになったのだ。それを知ったことで、罪の意識はだいぶ軽くなった。プレーはできなかったものの、ともかく僕はこのクラブと行動を共にしようと思った。ニュージーランドラグビー協会からはニュージーランドに戻ってリハビリをするようにと言われたが、僕はペルピニャンに忠誠心を感じていたので、チームの戦いぶりをシーズンの最後まで見届けたいと思った。ホナーはホッケーの活動があるためにまだ六週間はフランスには来られない。代わりに、親友の三人が僕の世話をするためにやってきてくれた。エルズミア・カレッジ時代や、卒業後にガレージに住んでいた頃からの仲である、マーク・マードック（マンク）、ニック・マッケイ（マツダ）、ジェームズ・ヤング（ヤンギー）だ。愉快な奴らで、僕たちは冗談ばっかり言っていた。だけど、リハビリは真面目に手伝ってくれた。僕は血液循環を良くするために、毎日抗凝血注射をしなければならなかった。看護師から方法を教わった三人が、僕のおなかに交替で注射をしてくれた。ヘンな感じもしたが、効果はあった。

三人が滞在してくれた数週間は、まるでテレビ番組の『アントラージュ★オレたちのハリウッド』だった。ただし僕は、ギプスをはめていたけれど。僕たちは近郊を旅行して楽しんだ。ナイトクラブにも行った――僕は松葉杖をついて店に入った。バルセロナでは素晴らしい週末を過ごした。一〇万人の観客に混じって、サッカーの試合を観戦した。マンクと僕は誕生日が同じだったので、一緒に祝った。それは楽しい日々だった。

悪友たちが帰っていった後は、両親が来てくれた。僕は二人を連れてフランス各地を観光して回った。その後、ホナーがやってきた。その頃、やっとギプスがとれた。リハビリは、再び一から歩き方を覚えるようなものだった。アキレス腱は固くなっていて、つま先は下を向いたままだった。僕はフランスの医者を完全に信頼していたわけではなかった。なぜならこの問題は、僕のキャリアと人生にとって非常に重要な意味を持っていたからだ。そこでポケットマネーを出し、オールブラックスのフィジカル・コーチ、ピーター・ギャラガーにフランスまで来てもらった。僕たちは一日に二回、プールとグラウンドでリハビリに励んだ。ギャラガーはすごく緻密なリハビリ用メニューを作成してくれた。僕は自分の身体に自信を取り戻していった。

ホナーは、今回は一カ月フランスに滞在してくれた。僕たちは平日に旅行を楽しみ、週末にはチームの試合を観戦した。アウェイでの連戦では、珍しい現象が起こり始めていた。チームが連勝していたのだ。フランスのチームはホームでの試合をものすごく大切にするが、その分、アウェイの試合を軽視しがちだ。だが、この年のペルピニャンはアウェイの重要性を強く意識していて、それが成果となって現れ始めていた。チームはヨーロッパカップでは早々に敗退してしまったが、それは結果として悪くなかった。フランス国内で大きな盛り上がりを見せる国内リーグ「トップ14」に集中しやすくなったからだ。ペルピニャンは準々決勝、準決勝を勝ち進み、決勝に進出した。クラブは異様な雰囲気に包まれた。五〇数年間も手が届かなかったタイトルが、あと一勝に迫っているのだ。僕は、決勝の舞台となるパリに一週間前から滞在した。週末の大一番を待っているあいだに、モエとアディダスの知り合いに頼んで、二〇〇九年の全仏オープンのチケットを手に入れてもらった。優勝したのはロジャー・フェデラーだった。フェデラーのファンだっただけに、僕にとって試合を生で観戦できたのは素晴らしい体験だった。

決勝の相手はフランスの名門クラブ、クレルモンだった。僕は満員のスタンドにいた。数千人ものペルピニャンのファンがはるばるパリにやって来ていた。ペルピニャンとクレルモンのカラーに染められた観客席は壮観だった。スタジアムは中立地であるスタッド・ドゥ・フランスだったので、どちらのチームにもホームアドバンテージはなかった。

そして、僕たちは勝った。僕はたったの五試合しかプレーしていなかったが、それでもチームの一員だという気持ちがした。観客席の盛り上がりは凄まじかった。すぐに、この優勝トロフィー「ブークリェ・ド・ブレニュス」がフランスのラグビー界にとってどれほど大切なものなのかがわかった。深い歴史が刻まれたこのトロフィーは、フランスでは欧州全体の大会であるヨーロッパカップのトロフィーよりも重要だと見なされているのだ。

チームはトロフィーと共に地元に凱旋し、市内の中心部をパレードした。僕はクルセイダーズで優勝したときに、スーパーラグビーのトロフィーを一目見ようとして、大勢のファンがコロンボストリートの建物の窓から身体を乗り出していたのを思い出した。通りのあちこちにはクラブの旗が飾られていた。パレードの最後には式典があり、各選手が大歓声を浴びながら紹介された。自分の番になったとき、僕は仲間からシャツをはぎ取られてしまった。恥ずかしかった。

翌日、僕たちはクラブの元選手が所有するバーで祝杯をあげた。僕はいったん店の外に出て街を歩いていたら、大のラグビーファンだという数人の建設労働者に、ペルピニャンのジャージと作業服と交換してほしいとせがまれた。このときの様子を撮影した動画に、僕がバーの上でなぜか作業服を着て喜びのダンスを踊っている姿が映っているものがあるのは、そのためだ。

お祝いのパーティーはその後も二、三日続いた。ようやくほとぼりが冷めた頃、僕はひどい二日酔いのまま帰国便に乗り込んだ。飛行機がニュージーランドに到着するまでのあいだ、ずっと深い眠りに落ちていた。

ファイナルイヤー・ダイアリー 5

オークランド、二〇一五年七月六日

オールブラックスのキャンプ中に、オークランドにあるヘリテージホテルのロビーで録音。数時間後、チームは敵地での初対決となるサモア代表とのテストマッチのために、この国の首都アピアに向かうことになっている。

僕のクルセイダーズのキャリアは正式に終わった。このチームで過ごした一二シーズンで、プレーオフ進出を逃したのは初めてだった。だけど、大きな誇りを持ってこのシーズンを終えることができた。最後の数試合で、いい試合ができたからだ。シーズンが残り三週間になった後、僕たちはハリケーンズ、ブルーズ、ブランビーズを大差で破り、大きな満足感と共にシーズンを締めくくった。最後の数日間、僕は終わりが近づいたことを強く意識していた。最終戦となったブランビーズ戦の後、マコウと僕は、僕たちがこれまでに何度も記憶に残る戦いを繰り広げてきたオーストラリアの二人の名選手、スティーブン・ラーカム、ジョージ・グレーガンとジャージを交換した。クライストチャーチに戻ると、今シーズン限りでチームを離れる僕たち五人の選手のための送別会が催された。家族も招待され、僕の両親もこの瞬間を分かち合ってくれることになった。

その一週間、僕はずっと胸を熱くしていた。だけど、その思いがこぼれ落ちないように踏ん張っていた。チームを去るのは寂しかったが、それを前向きにとらえたかった。それは一つの時代の終わりには違いない。だけど、新しい時代の始まりでもあるのだ。送別会が始まり、アンドリュー・エリスがスピーチをした。エリスは、クルセイダーズでの僕の日々を回想する動画を流してくれた。動画は感動的だった。隣にいたワイアット・クロケットが肘で僕をつついて囁いた。「おい、泣くなよ」。僕は笑って、大丈夫さと言った。本当に、泣いたりなんかはしないと思っていた。僕は立ち上がって壇上に進むと、みんなの前でスピーチを始めようとした。だが、言葉に詰まってしまった。ただそこに立っていることしかできなかった。もうクルセイダーズのジャージを着ることはないのだという思いがこみ上げてきて、深い悲しみに襲われた。

言葉が出てこなかった。涙を流しながら、途切れ途切れにみんなに感謝を伝えるのがやっとだった。何をしゃべったのかはほとんど覚えていない。クルセイダーズでプレーすることが、若い選手にとってものすごく価値があることだという話はしたと思う。だけど心のなかにあったのは、別のことだった。僕はただ、このチームで時間を過ごせたこと、このチームに長くいられたことへの感謝の気持ちでいっぱいだった。なんとかスピーチを終えると、ふらふらになりながら座席に戻った。その後、マコウが僕と同じように感極まりながらスピーチをした。マコウは僕ほどに泣きじゃくったりはせず、溢れる思いを必死に堪えていた。

送別会が終わった。僕は恥ずかしさを覚えながら、オークランドで子供たちと一緒に過ごしているホナーに電話をした。みんなの前で馬鹿みたいに泣いてしまったのだと伝えると、ホナーは温かい言葉をかけてくれた。ありがたかった。僕はそのまま二日間、年末のパーティーが終わるまでチームと一緒に過ごした。クライストチャーチに最後の別れを告げることができたような気がした。

その一カ月前には、もっとショッキングで悲しい別れもあった。クルセイダーズがオークランドに滞在していたときのことだ。僕はイーデンパークでのキック練習を終えると、宿泊先のクラウンプラザホテルに戻った。車を駐車し、自分の部屋に入ると、ルームメイトのナフィ・ツイタバキが待っていた。「ジェリーのことは聞いた？」彼は言った。何のことだ？　僕は思った。「本当に聞いていないのか？」ナフィが繰り返した。嫌な予感がした。最悪の事態が起こったのだという予感がした。ナフィが言った。「交通事故に遭った。ジェリーは死んだ」。何も言葉が出てこなかった。

誰も、チームメイトの身にこんな不幸な出来事が起こるなんて想像できない。オールブラックスの元選手が亡くなったというニュースを知って、悲しい気持ちになることはある。だが、今一緒にプレーしている仲間がそうなるのとはわけが違う。時刻は午後五時三〇分。テレビのニュースは事故の詳細を報じていた。チームのみんなが集まる部屋に行くと、アーロン・メイジャーとリッチー・マコウがいた。僕たちはすぐに、ジェリー・コリンズの話をした。悲しい知らせを聞いた後で、自分と同じようにチームメイトの突然の死を嘆いている仲間と悲しみを分かち合うことができたのはせめてもの救いだった。僕たちは、ジェリーがいかに並外れた人間だったかという話をした。

アーロンは、ジェリーと初めて対戦したときのことを話した。僕は、それはハイスクール時代かもしれないと思った。ジェリーは誰よりも大きくて強い、桁外れたプレーヤーだった。彼はニュージーランドのハイスクール選抜のキャプテン候補だった。だがおそらくコーチはジェリーが酒を飲んだり煙草を吸ったりしていることに気づいたという理由から、彼をメンバーに選ばなかった。

コーチはその後、彼が選手として大成していくのを見て、このときの判断を後悔したに違いない。

ジェリーはそのキャリアを通じて、自分自身であり続けた。金曜日にハリケーンズで試合をした後で、土曜日にクラブラグビーの試合に出たり、日曜日にラグビーリーグの試合に出たりしたこともあったらしい。ジェリーほどラグビーが好きな選手はいなかった。

僕のジェリーとの出会いは、二〇〇三年にオールブラックスとしての初試合を控えた数週間前のことだった。それまで、ジェリーの武勇伝を何度も耳にしたことがあったので、正直に言うと彼のことが少し怖かった。ある夜、一般人の友達数人と酒を飲んでいたら、同じバーにいたジェリーに見つかり、こっちに来いと言われた。恐る恐るジェリーのところに行った。僕はまだ、オールブラックスのキャンプには数えるほどしか参加したことがなかった。「飲んでるのか？」ジェリーが尋ねた。「友達と少しだけ」僕は言った。彼は目の前にウォッカのショットを八杯並べた。僕は驚いた。「一人四杯ずつだ」ジェリーが言った。「飲むぞ」。不安そうにしていると、ジェリーが言った。「お前が四杯、俺が四杯。もし飲めたら、これからはお前のことを放っておいてやる」

僕は頑張って勇ましい顔を浮かべ、吐かないように気をつけながら、四杯のウォッカを立て続けに飲んだ。ジェリーは僕の背中を叩いて言った。「お前はいい奴だ」。僕は足下をふらつかせながら友達のところに戻った。ジェリーはそのとき、僕がどんな人間なのかを試そうとしていたのだと思う。それ以来、僕は彼に認められたような気がした。そして、僕たちはとても仲が良くなった。

僕たちはチームバスでも、何年間も隣同士に座っていた。選手はバスのなかで回ってくる大量の記念品にサインをしなければならない。ジェリーは、彼のサインを真似して書けるように僕を仕込んだ。気が乗らないときに、代わりに僕に彼のサインをさせるためだ。こんなふうに豪快なところもあったけど、ジェリーは心根の優しい人間だった。彼はどんなときでも僕のことを守ってくれた。試合中、僕たちスタンドオフの選手は相手に標的にされやすい。敵はチームの司令塔を叩きつぶそうとして、容赦なく襲いかかってくる。だけどこんなとき、ジェリーがいると安心できた。僕が危険な目に遭いそうになると、真っ先に駆けつけて助けてくれた。ジェリーは決して、誰からも舐められたりはしない男だった。

事故に遭う前のジェリーは、とても幸せそうな人生を送っていたように見えた。それだけに、この件はまさに悲劇というしかなかった。その日から土曜日のブルーズの試合まで、僕はジェリーのことばかり考えていた。数日後、彼の葬式があった。僕はこの式に参列できて本当に良かった。それはジェリーの人生を祝福する場になった。僕には、故郷のポリルアの人たちをはじめとして、どれほど多くの人たちがジェリーのことを愛していたかがよくわかった。

一週間後、僕はオールブラックスのキャンプにいた。何年もこのチームにいると、いかに自分が恵まれた環境にいるかをつい忘れそうになってしまう。このチームには最高のコーチがいて、最高に栄養価の高い食事が与えられ、最高の医療チームがいる。必要なものがすべてあるため、プレーをするのがとても楽に感じる。そして僕はついに、このチームに良い状態で参加することができた。ここ数年は怪我のために毎年恒例の体力テストにも参加できず、チームメイトからチクリと皮肉られたこともある。でも今年は違った。走力テストの「ブロンコ」ではチームで四位。年齢を考えればとても満足のいく結果だった。何より、今年最初のテストマッチを、サモアでプレーできることが楽しみだった——しかもポジションはスタンドオフで、先発だ。

第11章

オールブラックスのつまずきと復活

僕がペルピニャンから戻ったのは、ニュージーランドのラグビーシーズンにおいて、選手が途中からプレーを始めるには難しい時期だった。スーパーラグビーは佳境を迎えていたが、僕はまだリハビリ中だったので、クルセイダーズに迷惑をかけたくはなかった。エア・ニュージーランドカップの名称で開催されていたニュージーランド州代表選手権もプレシーズンの最中で、開幕はまだ先だった。というわけで、僕がプレーする場所はクラブチームしかなかった。クラブラグビーは、僕のように大きな怪我から復帰したプロ選手がプレーするには最適なレベルだと言えた。

僕はサウスブリッジで生まれ育ったにもかかわらず、このクラブのシニアチームでプレーをしたことはなかった。ミジェットやジュニアのグレードの試合には出たことがある。だけどその後はハイスクールオールドボーイズのコルツとシニアのチームでプレーをした。僕は二七歳という選手としての円熟期にあって、初めてサウスブリッジのシニアチームでプレーをすることになった。ハイスクールオールドボーイズで過ごした日々のことも大切な思い出だ。だけどそのときの僕には、生まれ故郷のサウスブリッジ以外にプレーしたいクラブはなかった。そのチャンスは二度と巡ってこないと思えた。これは、僕と僕の家族にとって特別な思い入れのあるクラブだ。何の迷いもなかった。僕はサウスブリッジのシニアチームでプレーする。ついに。

僕はホーンビー戦でデビューすることになった。ホーンビーはクライストチャーチ郊外にあり、僕たちがサウスブリッジからクライストチャーチに行くとき、最初に出くわす信号がある町だ。そのホーンビーが、なぜエルズミア地区で試合をしているのか？　クライストチャーチ地区の競争は激しく、多くの若い選手が必要なレベルの高いリーグであるために、ホーンビーは苦戦していた。そこで、レベルの落ちるエルズミア地区のリーグに移ってきていたのだ。これはサウスブリッジのアウェイゲームだった。だがサウスブリッジ側は、僕の出場するこの試合をどうしても地元で開催させてほしいとかけあった。だがホーンビーはきっぱりとそれを断った。それは彼らにとって悪くない判断だった。その夜、ホーンビーのファンは地元のあちこちのバーで、ここ数年味わったことのなかった楽しい夜を過ごせたのだから。

サウスブリッジの選手たちと共に、このクラブの練習日である火曜日と木曜日にトレーニングをした。サウスブリッジのジャージももらった。感慨深かった。父や親族も、これと同じものを長年身につけてきたのだ。しかし、僕は少し怖じ気づいてもいた。クラブラグビーのレベルは決して低くない。そして、僕はまだ怪我から復帰したばかりだ。練習には全速力での動きが要求されるメニューもあったが、まだスピードが戻っていないと感じた。試合では十分なパフォーマンスが出せないかもしれない。

試合開始の笛が吹かれた後、相手の標的にされていることに気づくまでにそう時間はかからなかった。ボールを味方にパスした後に、それでも僕めがけてタックルをしてくる敵をサイドステップで二人ほどかわさなければならなかった。もし僕をタックルで倒すことができれば、彼らにとって一生仲間に自慢のできる勲章になるのだろう。それは、僕が試合前にある程度は予測していた事態でもあった。身体の調子は万全ではなかったが、キックなら大丈夫だと思っていた。そのために、試合で使うボールを慣れ親しんだものにするという小細工までしていた。クラブラグビーでは、使えるボールがあればどんなものでも試合球として用いられる。だけど僕は試合前にギルバートの新品のボールを四個購入し、それをゲームで使ってもらうように頼んでいた。これできっとキックもうまくいくはずだ。

だが、そうはならなかった。この試合の最初のゴールキックはゴールポストからそう遠くない簡単な位置からのものだった。楽勝だと思ったが、ゴールポストが短くてうまく狙いが定まらない。理由はともかく、ボールはポストのあいだには飛んでくれず、タッチジャッジは旗を上げなかった。これで歯車が狂ってしまった。僕は四本連続でキックを外してしまったのだ。僕は大きな期待を浴びて登場したこの試合で、まさかの無得点で終えてしまうかもしれないという危機にさらされながら、試合終了間際になんとかトライを決めた。僕は必死に走って、ゴールポストの真下にボールをグラインディングさせた。そのときにすでに、僕のキックは同じ失敗を繰り返すコントのようなものになってしまっていた。ようやくコンバージョンゴールを決めると、観衆は皮肉混じりのスタンディングオベーションをしてくれた。

このときの辛さを忘れるには長い時間がかかった。僕は二〇一四年にもサバティカル明けのリハビリ期間にサウスブリッジでプレーをすることになるのだが、チームメイトからはホーンビー戦のパフォーマンスを何度もネタにされた。「お前のサウスブリッジでのキックの成功率を知ってるぞ。今週の試合は俺がキッカーになった方がいいかもな」。あのホーンビーでの大失敗以来、サウスブリッジでゴールキックを蹴るときはとてつもないプレッシャーを感じるようになってしまった。

ホーンビーの試合の後、別の儀式があった。僕はそれまでにオールブラックスの一員として六〇試合ものテストマッチに出場していた。だけど、サウスブリッジではまだ新人だった。僕はクラブの伝統的な通過儀礼として酒をたらふく飲まされることになった。大変だったが、ついに真のサウスブリッジのラグビークラブの一員になれたような気がした。

クラブラグビーのライフスタイルを楽しむ時間はそう長くは続いてはくれなかった。僕は翌週、カンタベリー州代表の試合に出場していた。さらにそれから数週間後には、シドニーでオーストラリア代表を相手にペナルティキックを蹴ろうとしていた。試合は残り時間二分、ワラビーズが二点をリード。僕は会心のキックでゴールを成功させ、チームは試合に勝った。ほぼ一年ぶりのオールブラックスでの試合だっただけに、喜びもひとしおだった。

思わず、ここ最近の日々を振り返らずにはいられなかった。数週間前、僕はホーンビーの郊外にあるグラウンドで散々キックを外しまくった。それが、今日はシドニーのスタジアムを埋めた大観衆の前で、試合を決めるキックを成功させた。僕は、オールブラックスの選手として戦うこの大試合の雰囲気が好きなのだとあらためて思った。この強烈なプレッシャーを味わえなくて、物足りなさを感じていたのだと気づいた。

しかし、オーストラリア戦での快勝は、その時点のオールブラックスの実力を正しく反映したものではなかった。この年は、南アフリカ《スプリングボクス》が圧倒的な強さを誇っていた。僕たちはそれまでに二試合連続で南アフリカに破れていた。オーストラリア戦の後、僕たちは再び南アフリカと相まみえた。開催地は敵地のハミルトン。涼しく、澄んだ夜だった。結果はこれまでと同じ――大差ではないものの、はっきりとした力の差を見せつけられる負けだった。僕はそれまで、一年間に同じ相手に三度も負けたことはなかった。これをきっかけにして、チームは深く自己分析をするようになった。

北半球ツアーに先立ち、僕は他のリーダー格の選手たちと共にトライネイションズでの敗因について徹底的に話し合った。そして、コーチの指示に従おうとするあまり、試合の流れに応じた自由なプレーが犠牲になっていたのかもしれないと気づいた。オールブラックスは世界ランキング一位の座から転落していた。ショックだったが、それは北半球ツアーに向けて気合いを入れ直すうえではいい刺激になった。実際、このツアーでは僕たちは近年まれに見る素晴らしいパフォーマンスを発揮した。圧巻はマルセイユでのフランス戦だった。僕たちは白のジャージでプレーし、当時絶好調だったフランスを三九対一二で粉砕した。チームは二〇一〇年に向けて復活の手応えを感じていた。

ワールドカップ前の一年の過ごし方は簡単ではない。どうしてもワールドカップに目が向いてしまうので、毎年恒例のリーグ戦や対抗戦に身が入りにくくなってしまうのだ。慣れのようなものは生じてしまうし、軽視とまではいかないまでも、ある種の退屈さを感じてしまうのも否めない。だけど二〇一〇年は、少なくともスーパーラグビーではそうではなかった。なぜなら、クルセイダーズの新しいヘッドコーチにトッド・ブラックアダーが就任したからだ。僕はそれまで、スーパーラグビーではロビー・ディーンズの指導しか受けたことがなかった。これまでとはまったく異なる考え方や指導方法を持つコーチのもとでプレーできると考えただけで、わくわくした。おまけに、ブラックアダーはカンタベリー州の人々からものすごく尊敬されていた。

クルセイダーズ、あるいはクルセイダーズ・マンについて考えるとき、心に浮かぶのは三人の偉大な選手。ルーベン・ソーン、リッチー・マコウ、トッド・ブラックアダー。なかでもブラックアダーは草分け的存在だ。チームの黎明期から、クルセイダーズの文化を築き上げてきた第一世代の選手。伝説的なプレーヤーであり新しいヘッドコーチである彼のもとでプレーをすることは、僕がキャリアを通じて絶えず求めてきた新鮮な挑戦だった。

僕たちはシーズンを順調に戦い、準決勝でブルズと対戦するために南アフリカに飛んだ。この年、南アフリカではサッカーのワールドカップが開催されていたので、従来のラグビースタジアムの多くがサッカーの会場として使われていた。そのため僕たちは、いつものロフタス・ヴァースフェルド・スタジアムではなく、ヨハネスブルグのソウェトで試合をすることになった。僕は一〇年前、二一歳以下のニュージーランド代表チームでの遠征で（ナイトクラブでの乱闘騒ぎを起こしたときだ）、この地区を訪れたことがあった。この地区には強烈な印象が残っていた。そこは貧困やホームレスの影響で、非常に荒涼とした場所に見えた。

僕はこの地区は、プレーするには面白い場所だと思っていた。過去の試合では、地元の人々の多くがクルセイダーズやニュージーランドのチームを応援してくれた。だからこの場所が会場になったことは、ひょっとしたら自分たちに有利に働くかもしれないと思っていた。キックオフの瞬間を迎えたとき、僕は自分の見込みが甘かったことを痛感した。その日のブルズは誰にも止められなかった。南アフリカのファンの大歓声に後押しされたブルズは、完全無敵だった。僕たちはまったたく歯が立たなかった。一度も主導権を握れないまま、一五点差をつけられて破れた。

オールブラックスとしてのシーズンが始まった。トライネイションズに向けて、僕たちのモチベーションは高かった。前年、三試合連続で南アフリカに破れ、世界ランキング一位の座を失ったことで、チームには借りを返すという雰囲気があった。僕たちはまず手始めにアイルランド戦、そしてウェールズとの二連戦に圧勝し、勢いに乗ってイーデンパークでの南アフリカ戦に臨んだ。

僕たちは勝つことに取り憑かれていた。世界ランキング一位の座を取り戻したかった。怖じ気づいてなんかいないと世界に示したかった。その日、オールブラックスのフォワードは僕がそれまで見たことがないくらいに凄いプレーをした。タックルは危険なほどに強烈だった。当然ながら、南アフリカも誇りを持ってその肉体的な強さを全開にして向かってきた。だけどその夜に限っては、僕たちの方が一枚上手だった。

それまでオールブラックスは、トライネイションズよりも他の対抗戦や大会を優先してきた。だけど二〇一〇年は、この大会に特別な意気込みで臨んでいた。僕もそうだった。僕はそれまで、トライネイションズ一大会を通じて真に印象深い活躍を残すことができていなかった。僕はメンタルコーチのギルバート・エノカとの話し合いを通じて、この対抗戦で一番のスタンドオフと見なされる活躍をするという目標を立てた。具体的な目標を定めたことで、僕の集中力は高まった。

オールブラックスの強い決意を物語るのが、ソウェトに建設された新しいサッカースタジアムでの対南アフリカ戦だ。僕たちは残り数分の時点でリードを許していた。この試合はジョン・スミットの代表一〇〇試合目ということもあって、南アフリカにとって特別な意味を持っていた。試合終了間際、ボールを保持したマア・ノヌーがスミットによる足下へのタックルをかわしてラインをブレイクし、イズラエル・ダグに決定的なパスを渡した。ダグはトライを決め、僕たちは逆転勝ちした。大観衆の前で、自分のタックルミスによって記念すべき試合に負けてしまったスミットはさぞかし無念だっただろう。だけどそれは僕たちにとっては、輝かしく、溜飲を下げる勝利だった。それはその後数年間にわたって僕たちが挙げていくことになる数々の印象的な勝利の先駆けであり、現在の〝最強の〟オールブラックスのイメージの始まりでもあった。僕たちはそのままトライネイションズを全勝で終えた。前年に自分たちの力を疑ってしまうような負け方をしていただけに、この勝利は自信を取り戻すうえでも大きな意味を持っていた。

トライネイションズの後、年末の北半球ツアーまでに一カ月ほどのあいだがあった。僕には大きな計画があった。南アフリカでの最後の試合後、僕はホテルの部屋で目が覚めたときに思った。ホナーと結婚したい。いったん決意したら、それはこれ以上ないくらいに当然のことのように思えてきた。なぜもっと早く決断しなかったんだろう。ホナーこそが、僕の残りの人生で一緒にいたい人だった。僕はさっそくプロポーズの準備に着手した。

いつものように、ラグビーが僕の人生の邪魔をした。まず、足首の骨片を除去するための外科手術をしなければならなかった。僕は手術を受けるためにクライストチャーチに飛び、シドニーでのブレディスロー・カップの試合を欠場した。年末のツアーの準備が始まるので、プロポーズのために残された時間は少なかった。そこで翌日、オークランド行きの便に乗る予定だったのを、ホナーの父親のジマが住むブレナムに回り道をして寄ることにした。そう、彼に結婚を許してもらうためだ。もちろん、ホナーには内緒だ。

ジマに空港で拾ってもらい、一緒に昼食に出かけた。僕は信じられないほど緊張していた。彼は僕が突然一人でブレナムにやってきたのを訝《いぶか》しく思っていたはずだ。僕はなんとか本題を切り出すことができた。ジマは承諾してくれた。その後、僕たちはさっそくシャンパンで乾杯した。

父親の許可を得た僕は、プロポーズのチャンスを探し始めた。ホナーはホッケーの傍ら企業でフルタイムのマーケティングの仕事もしていて、忙しい日々を送っていた。当然、僕にもラグビーの予定がある。だから二人同時にまとまった休暇がとれるようにスケジュールを合わせるのは難しかった。結局、僕はそれから一カ月先の週末に狙いを定めることにし、クイーンズタウンのホテルを予約した。だけど、まだ大切な仕事が残っていた。ホナーの母親のメイリングに許可を得ることだ。しばらくして、母親がホナーのホッケーの試合を観戦するために僕とホナーが住む家に泊まりに来た。僕はなかなか話を切り出すことができずに、何度もチャンスを逃し続けていた。時間は残り少なくなっていた。僕はとんでもなく神経質になっていた。

ある夜、僕はメイリングと二人で食事をした。絶好の機会だったが、なかなか肝心の言葉が出てこない。そうこうするうちに、彼女は寝室に行こうとして階段の方に歩き始めた。僕は咄嗟《とっさ》に言った。「話があるんです」。メイリングは心配そうにしながら、ホナーが何かをしたのかと尋ねた。プロポーズの件を話すと、彼女はまずほっとして、それからとても喜んでくれた。

次のタスクは、計画に気づかれないようにして、ホナーをクイーンズタウンへの旅行に誘うことだった。僕はスポンサー企業のレクソーナの企画で、懸賞の当選者との交流会に出るためにクイーンズタウンに行かなければならないという話をでっちあげた。その手のイベントはしょっちゅうあったので、これは実にもっともらしいシナリオだと言えた。僕はさらに、レクソーナ社がホナーにも一緒に来てほしがっていると付け加えた。こうして、僕たちは一〇月上旬にクイーンズタウンに向かった。

現地では、友人の力を借りることにした。ヘリコプターで人里離れた湖までホナーを連れて行き、そこでプロポーズをするというのが計画だった。天候が良くなかった場合の代案も考えていた。

二〇一〇年一〇月九日。いよいよ決行の日を迎えた。朝、目覚めたとき、窓の外の空は灰色の雲が覆い、霧雨が降っていた。それは僕が求めていた天気ではなかった。悪天候の場合のプランBも入念に計画はしていたが、やはりどうしても湖畔でプロポーズしたかった。午前中、僕はホナーに気づかれないように何度も雲を見上げた。そして、次第に空が晴れていくのを見て安堵した。僕はこっそりとパイロットに電話をした。ヘリコプターの準備はOKとのことだった。僕はホナーを湖に連れて行くために、もう一芝居打った。僕はレクソーナから電話がかかってきたふりをした。そして、「懸賞の当選者に会う前の一時間、彼らを運ぶためにチャーターしていたヘリコプターを自由に使ってもいい」とレクソーナから言われたことにした。僕はできる限り平然を装って、ヘリコプターに乗りたいかとホナーに尋ねた。

「ううん、別に」——それが彼女の答えだった。思いがけない展開だ。これは不味いことになった。僕はクールに振る舞いながらホナーをコーヒーに誘い、なんとかヘリコプターに乗る方向に話をもっていった。ヘリコプターの待つ場所に行った。僕はプロポーズ作戦の実行のために、今回のヘリのパイロットをホナーの親友のルイザ・〝チョッパー〟・パターソンに頼んでいた。それは、僕がホナーをどうしてもクイーンズタウンに連れてきたがっていた理由をうまくカモフラージュするのにも役立った。しばらく当てもなく周辺を飛行した後、ヘリコプターはルナ湖の畔《ほとり》に着陸した。付近の農場が保有する私有湖で、近くには釣り小屋があった。チョッパーは計画通り、ランチが入っているピクニックバスケットを僕たちに渡すと、ホナーと僕を二人きりにするために再び飛び去ろうとした。だが、ここでまた予想外の展開が起こった。ホナーがチョッパーに一緒にランチを食べていけばいいのにと言い張ったのだ。僕はホナーの後ろに立ち、目を皿のように大きくして、なんとか言い訳をひねり出してこの場を去ってほしいとチョッパーに口パクで合図をした。幸い、チョッパーは農家のところに行って着陸の許可をもらった方がいいという、よくできた言い訳を思いついてくれた。ホナーはようやくそれで引き下がった。

ヘリコプターが飛び去り、ついにホナーと湖畔で二人きりになったそのとき、僕は重要なことに気づいた。ここまでこれほど周到に計画をしてきたにもかかわらず、彼女に伝える言葉を何も考えていなかった。最悪なことに、ホナーがバスケットを開いてシャンパンのボトルを見つけてしまった。「あら、朝の一一時からシャンパンを飲むの?」。彼女に勘づかれてしまうかもしれない——完全に動揺した僕は、その場でプロポーズを始めた。それはもう滅茶苦茶だった。

上着のポケットから婚約指輪を取り出したのはいいが、気が動転していた僕はそれを投げるようにしてホナーに渡してしまった。プロポーズの言葉を伝えるために跪こうとしたが、ジーンズがきつすぎて中腰にしかならなかった。言葉をつっかえ、しどろもどろになりながら、なんとか結婚してほしいと言ったが、彼女の姓とミドルネームを逆にしてしまった。ショックだった——完璧な計画をしてきたつもりだったのに、僕はプロポーズの言葉を練習するのを忘れていたのだ。その瞬間、僕は窒息しそうだった。フィールドでは味わったことのないような息苦しさだった。ありがたいことに、ホナーは僕のプロポーズを受け入れてくれた。とてつもない安堵感がこみ上げてきた。とはいえ数分後、僕はホナーにせがまれてプロポーズをやり直すことになった——今度はまともな方法で。

しばらくしてチョッパーが戻ってきて、僕たちをホテルまで運んでくれた。ホテルには、ホナーと僕の両親が待っていた。僕が、このタイミングでホテルに来てもらうように手配していたのだ。僕たちは夢のような週末を過ごした。僕は今でも、手の込んだ計画をしてプロポーズができたことを誇りに思っている。だけど、これから僕と同じようにドラマチックなプロポーズを計画している人には、プロポーズの場面を演出するのと同じくらい、プロポーズの言葉を練習することを強くおすすめする。

僕たちはオークランドに戻った。僕は結婚式の準備をホナーに任せて、北半球ツアーに向けて出発した。僕は人生の一大イベントを終えて心からほっとしていた。それはとても楽しくもあったが、今まで生きてきてこれほど緊張したこともなかった。満員の競技場に立った僕は、自分にとってはこっちの方が気が楽だと思ったのだった。

年末のツアーは香港でのオーストラリア戦で始まった。この試合はいつもとは勝手が違った。毎年恒例のオーストラリアとの対抗戦「ブレディスロー・カップ」ではあったが、この年すでに僕たちはこの対抗戦での勝ち越しを決めていた。だから、それはある種のお祭りのような雰囲気があった。香港という馴染みのない場所での、勝負に大きな何かがかかっていない状態での試合だ。ラグビーがそれほどさかんではない場所では、試合にはどことなく紛いもののような雰囲気が生じてしまう。そして、僕たちはこのゲームを落とした。それと同時に、国際試合での連勝記録を更新するチャンスもふいにしてしまった。僕たちの記録は一五でストップした。またしても、リトアニアが持つ世界記録の「一八」という魔法の数字には三つ届かなかった。僕はオールブラックスとして三回この記録に挑むチャンスがあり、そしていつも手前で失敗した。この試合、僕は六〇分までプレーし、〝ビーバー〟ことスティーブン・ドナルドと交代した。終了間際にオーストラリアのジェームズ・オコナーがコンバージョンを決め、オーストラリアが勝った。がっくりしたが、僕の記憶に残っているのは、ワラビーズの喜びようだった。彼らはまるで、ワールドカップで優勝したかのようだった。僕たちは翌年オーストラリアと対戦するときは、このときの彼らの喜ぶ様子を思い浮かべてモチベーションに変えた。

試合後、キャプテンのリッチー・マコウがチームに活を入れた。来年にワールドカップを控えている今、このツアーがチームにとってとても重要であることをあらためて確認しようとした。マコウはチーム全員に、今夜は外出禁止だと伝えた。たいしたことはないように思うかもしれないが、その日の宿泊地は香港だった。メンバーのほとんどにとって初めて訪れる異国の地だ。何人かの選手はかなりがっくりしていた。だけどマコウは意に介さなかった。この決定は、チームに良い緊張感をもたらした。僕たちは、休暇を楽しむためではなく、ラグビーをするためにツアーに来ているのであり、真剣に取り組まなければならないのだ、と。

決意を新たにした僕たちは、その後のツアーで力を出し切った。イギリス連邦の四カ国にもすべて勝った。僕自身三度目となるグランドスラムの達成だった。この年、オールブラックスは香港でのオーストラリア戦の一敗を除いて全勝した。二〇一一年のワールドカップに向けて、理想的な一年を過ごせた。自国開催となるワールドカップは、僕たちにとって人生でもっとも重要な戦いだと思えた。だけどその前に、とてつもない自然の力が僕たちの前に立ちはだかることになる。

第12章

二〇一一年三月一一日

　そのとき、僕は少し前に練習を終えたところだった。グラウンドに残って、ウォームダウンをしていた。この年齢になると、練習後の身体のケアにも時間がかかるようになるのだ。他の選手の多くは、すでに昼食を食べに出かけたり、帰路についたりしていた。僕はラグビー・パーク・スタジアムの観客席の下にある入り組んだ狭い通路を歩き、シャワーを浴びて更衣室を出た。その瞬間、地面が凄まじい勢いで揺れ始めた。

　コンクリートブロックの壁には、何もつかめるものはなかった。まったく身体を支えることができない。僕は為す術もなく波打つ床の上を転がり回った。激しい揺れと恐ろしい轟音は、永遠に続くかのように思えた。得体の知れないものすごい力が、地面を下から突き上げてきた。上下左右に揺さぶられた建物が金切り声のような音を立てて軋《きし》み、スタンド全体がガタガタと激しい音を立てていた。僕は建物がこの巨大な力に耐えられるとは思えなかった。このままでは崩壊した建物のなかに閉じ込められてしまうかもしれない。立っていることすらできない状態のなかで、地震の発生があと数秒遅かったら、ここよりは安全な芝生の上にいられたのに、という思いが脳裡をよぎり、そのことがさらに僕の恐怖を増幅させた。

更衣室付近にいた選手たちは、本能的に、揺れる地面の上を走ってフィールドに出ようとした。僕もなんとか建物の外側に出た。そのとき、突然地震が止まった。身体をひどく床にぶつけたり、その際に擦りむいたりはしていたが、僕は生きていた。スタンドも崩壊してはいなかった。まだ震えが止まらず、全身をアドレナリンが駆け巡っていたが、僕は立ち上がり、フィールドのところに駆け寄った。みんなフィールドに集まっていた。コーチやチームスタッフもオフィスから飛び出してきていた。誰もがショックを受けていた。昨年九月の地震を経験した人たちでさえ、どう対処していいのかわからずに戸惑っていた。明らかに、今回の地震の規模は桁違いだった。幸い、大怪我をしている者はおらず、僕と同じく膝や肘に擦り傷を負った人がいる程度だった。

数分後、チームのマネジメントが、家族の安否を確認するために家に帰るよう選手に指示を出した。それ以降の僕の記憶は、断片的なものとしてしか残っていない。強烈に覚えている場面もあるが、僕のなかではそれらの時系列はバラバラになっていて、うまくつなげることができない。僕は呆然としながら、スタジアム付近の路上に駐車していた自分の車に乗り込んだ。何が起きたのかをうまく理解できないまま、自宅に向かって車を走らせた。

幸い、ホナーはクライストチャーチから遠く離れたオークランドに住んでいる。だから僕の頭に最初に浮かんだのは、シャーリー地区にある僕の自宅で同居している姉のことだった。家に電話をかけてみたが、通信状況が悪くてつながらない。

馴染みの通りを走っていると、地面から泥水が大量に溢れてきた。僕は後に、それが液状化現象と呼ばれるものであることを知った。クライストチャーチの人たちは、この問題に数カ月も悩まされるようになる。だけどこのときは、なぜ道路に泥水が流れているのか、その理由がまったくわからなかった。ただでさえ恐ろしさを感じていただけに、余計に不気味だった。

車をスタートさせた直後から、無意識にラジオをつけていた。どの局も地震の報道をしていた。ポップミュージック専門のZMのような局でさえ、音楽を流さずに地震の情報を伝えていた。走り始めてしばらくすると、エッセンシャリー社のルーから電話がかかってきた。オークランドにいる僕の代理人の一人だ。僕はオークランドと電話がつながることに驚いた。ルーは地震のことを何も知らない様子で、ビジネスの話を始めた。僕にはルーの言葉がまったく耳に入ってこなかった。だが、なぜか地震のことを伝えようとは思わなかった。僕はただ、誰かが側にいてくれるような安心感を覚えながら、呆然と、黙ってルーの声を聞いていた。

ハンドルを握る僕の視界には、衝撃的な光景が映し出されていた。見慣れた建物が、ことごとく歪み、壊れている。郊外でこれほどの被害なのだとしたら、クライストチャーチの中心街はどれほど悲惨な状況なのだろう？　腹の底から恐ろしさがこみ上げてきた。

余震がいつ来るかわからなかったので、慎重に運転をした。すぐに、道路は家族や大切な人のところに向かう車でいっぱいになった。信号は停止し、路面には亀裂が入っていた。普段なら一〇分で到着する自宅まで、四五分もかかった。大勢の人たちが家の外に飛び出し、あふれ出す泥水や崩壊した建物を見渡しながら、たった今起きた出来事の規模の大きさに気づき始めていた。人々は泣き、感情を爆発させていた。

不思議なことに、このような悲劇的な状況にどう反応するかは人によって大きく違う。ほとんどの人たちは泣いていたが、僕はずっと呆然としていた。試合では極限状態に置かれたとき、こんなふうに固まってしまわないように、自分と戦わなくてはならない場合もある。それは、僕がスポーツ選手として長い時間をかけて学んできた自分をコントロールする方法だった。だけど、この地震は僕がこれまでフィールド上で遭遇してきたどんな出来事よりも深刻なものだった。僕は家にたどり着くまで、ずっと固まったままだった。

ようやく自宅に着いた。二〇〇五年、僕は初めて家を買った。それが、閑静で緑豊かな通りにあるこの家だ。この家にはたくさんの思い出がある。初めてホナーと一緒に暮らした場所だ。何度か仲間を呼んでパーティーもした。この家には僕の姉も住んでいた。九月に地震があったとき、姉はこの家に一人でいた。あまりにもひどく家が揺れたので、姉はワードローブのなかに逃げ込み、そのまま二時間を過ごしたのだという。

僕の家の前には小川が流れていて、そこにかけられた橋が、近所五軒の家の敷地につながっている。だが地震によって橋は片側が陥没し、通行できない状態になっていた。僕は路上に車を停めると、小川を跳び越えて自宅に向かった。姉が庭に立っているのを見た瞬間、心からほっとした。近所の人たちも、それぞれの庭に出ていた。

地震の前、近所同士にはそれほど付き合いがある方ではなかった。しかし、大地震を体験したことで、地域全体で人々の連帯感が高まった。それから数カ月間、人々は地震がなければあり得なかったような形でお互いの人生に触れ合うことになる。僕もその日、隣人の家にそれぞれがあり合わせの食材を持ち寄り、一緒に簡単な食事をとった。その後、姉と話し合い、サウスブリッジに住む両親の家に向かうことに決めた。

その時点で、もう午後六時になっていた。だけど、他に選択肢はないように思えた。家では水道も電気も使えなかった。そのまま夜をこの家で過ごしても何もならない。家を片付けるのはあまりにも大変な作業だし、その時点ではすぐに着手できるような心境でもなかった。家は地震のダメージを受けていたし、いつ余震が来てもおかしくはない。僕は慎重に家のなかを探して、寝袋や水などサバイバルのために必要最低限の道具を車に積んだ。出発した時点では、サウスブリッジがどんな状況になっているのかはわからなかった。ただし、震源地がクライストチャーチの中心付近だということは知っていたので、そこから離れた場所にあるサウスブリッジはここよりも被害は少なかったはずだと考えていた。

クライストチャーチを出るまでに二時間もかかった。どの道もひどい渋滞だった。誰もが町から逃れようとしているように思えた。衝撃に打ち震えていた僕たちは、黙ってラジオのニュースに耳を傾けた。まだ地震発生からあまり時間が経過しておらず、わかっていることも限られていた。死傷者数や避難計画も漠然としか伝えられていなかった。まだ、地震とその影響の全体像を把握することは誰にもできなかった。

ようやく都市部を抜け、サウスブリッジに続く平野に出た。僕たちは安堵した。だが家に着くと、父が僕たちとは逆方向の町の中心部に向かったと知って不安になった。ボランティアの消防士である父は、クライストチャーチでの救助活動をするために借り出されたのだった。警察や消防、軍などに勤務する人たちは、真の英雄だと思う。僕たちの大半が自分自身や家族のことしか考えられない状況のときに、自分のことを脇に置いて人々を助けようとするのだ。幸い、父はその夜遅くに帰ってきた。これで僕たちは家族の安全をお互いに確認できた。

ホナーともようやく話ができた。僕と連絡がとれず、最悪の事態も頭に浮かんでいたというホナーは、僕よりも大きな不安を感じていたのかもしれない。これが、彼女がオークランドに住み、僕が週の大半をクライストチャーチで過ごすという生活の現実だった。僕も、ホナーがオークランドで無事だったと知って安心した。この地震の最中、そしてそれから数カ月間の体験を通じて、僕たちはそれまでのように離れて暮らすことの難しさを強く実感するようになった。

その夜、僕たちは何時間もテレビでニュースを見た。クライストチャーチを象徴する建物や場所が壊滅的な被害に遭っているのを目にするのは、本当に恐ろしかった。それでも僕はその夜、熟睡できた。それは僕の才能なのだ。どんな状況でも、寝ることができる。たとえ地震があった日でも。

翌日、僕はクライストチャーチの自宅に向かった。サウスブリッジの仲間が大勢、一緒に来てくれた。こんなときに黙って力を貸してくれるのが、僕が生まれ育った町の人間であり、僕の幼馴染みたちだ。道具や手押し車を持参した僕たちは、現地に着くとさっそく片付けを開始した。まずは僕の家、それから共用の私有路、そして近所の家の敷地も片付けた。一部にはかなりのダメージもあったが、僕の家は新しく造りもしっかりしていたので、なんとかなりそうだった。一番の問題は液状化だった。近隣の家や庭は泥で溢れていた。僕たちは八時間かけてシャベルや手押し車を使って泥を運び出した。

木曜日、地震からまだ四八時間も経過していないとき、僕は片付けの手を休めることになった。クルセイダーズが、この非常事態にチームとして何をすべきかを話し合うためにミーティングを開くことになったからだ。災害に見舞われてはいたが、週末には試合が組まれていた。議題の中心は、チームが予定通り試合をすべきかどうかを決めることだった。会議が始まると、メンバーは賛成派と反対派に真っ二つに分かれた。

僕は反対派だった。まだラグビーのことは考えられなかった。もしチームが試合をすると決定するのなら、プレーをするつもりだった。だけど、個人としてはまったくその考えには同意できなかった。賛成派の中心はアンディ・エリスだった。エリスはタフな男だ。いつの日かクライストチャーチの市長になるかもしれないと思わせるようなところがある。エリスはカンタベリーの人々に愛されていて、そしてこの町のことを心から大切にしていた。

エリスはこの町の人たちのために試合をしたがっていた。彼はチームのためになら何でもやる男だった。そして、とことん強い男だった。地震直後のこの生々しく、感情的な時期にあって、試合をするだけではなく、勝とうとしていたのだ。僕はエリスの信念を称賛するが、同じ考えにはなれなかった。まだラグビーをするには早すぎると感じたからだ。結局、ほとんどのメンバーが反対し、その週末のハリケーンズとの試合は中止になった。この試合は引き分け扱いになった。

試合がなくなったことで、チームは今後の行動について考える時間を多く得ることができた。僕たちはこの重要な時期に、チームがクライストチャーチに何ができるかについて真剣に考えた。そしてこの一週間、チームとして崩壊物の撤去作業に取り組むことにした。これまで僕たちに多くを与えてくれた町に恩返しをする、町の人々が助けを求めているときに力を貸す、それは正しい行いであり、そして気分の良いものだった。

翌日、チームはトレーニングを再開した。だがまだクライストチャーチは復旧の最中にあり、僕たちがすべきことは山ほどあった。高度なパフォーマンスが求められるスポーツに打ち込みながら、復旧活動でさまざまな役割を担わなければならない。僕たちはシーズンを通じて、そのバランスをとり続けなければならなかった。

このバランスの問題は、震災の数日から数週間にかけては特に深刻だった。僕たちはみな、被災した自宅を復旧させるという問題を抱えていた。トレーニングは臨時の場所で行われた。年長の選手の多くには、助けを必要とする家族がいた。チームのマネジメントは、ホームゲームの開催地を必死に探した。チームは死者を悼み、悲劇を哀しみながら、それでも前に進まなければならなかった。それは都市の復興に取り組んでいたクライストチャーチの人々が直面していたジレンマでもあった。

そんな特殊な状況にあって、僕たちにはこの年のチームは特別だという感覚があった。それは僕が経験したなかで最強のクルセイダーズだったかもしれない。クリス・ジャックがロックとして戻り、ブラッド・ソーンとコンビを組んだ。サム・ホワイトロックも存在感を放っていた。ソニー・ビル・ウィリアムズもロビー・フルーエンもいた。そしてこの年は、イズラエル・ダグのクルセイダーズでのデビュー・シーズンだった。それはとてつもないチームだった。だがチームがどれだけ強くても、震災の問題は僕たちに重くのしかかってきた。町には住む場所のない人たちもいた。この年のチーム・メンバーの苦労は並大抵ではなかった。

大変なのは選手だけではなかった。チームの取締役だったフィリップ・マクドナルドが、震災で亡くなった。マクドナルドはアシュバートン出身の素晴らしい人間だった。それがこの震災で失ってしまった。誰もが、知り合いや身近な人の命を失っていた。喪失感がクライストチャーチの町全体に漂っていた。僕たちはシーズンを通じてそれを感じ続けた。

もっとも差し迫っていた問題は、ホームゲームをどこで開催するかだった。チームのスタジアムは被災し、立ち入り禁止のフェンスで囲まれているような状態だった。決定しなければならないことは多く、それを決めるための時間は少なかった。

結局、僕たちはネルソンやティマルで試合をすることが多かった。クルセイダーズのファンは、地元が大変な状況にあるこのときにも僕たちを応援してくれた。週に八〇分間だけだったけど、それはファンにとってわずかなあいだ辛い現実を忘れられる時間だったのだと思う。その後数カ月、チームはこうした状況のなかで試合を続けた。

翌年、アディントンにあったスタジアムが震災からたったの一〇〇日で改築された。それはまさに奇跡だった。僕はこのスタジアムでプレーするのが大好きだった——対戦相手が、このスタジアムの飾り気のない雰囲気に面食らうところも。それでも僕は、これまでにプレーしたどのスタジアムでも、今はなきランキャスター・パークでプレーしたときと同じような感動やスリルを味わったことはないし、これからも味わうことはないだろう。

このスタジアムが、今なお誇り高く、だが荒廃した様子で屹立しているのを見るのは心が痛む。僕はこの場所にとても惹きつけられている。車でこの近くに来る度に、建物の周りを走ってしまう。甘い思い出が蘇り、クルセイダーズへの思いがこみ上げてくる。だけど、現在のスタジアムそのものの姿を見るのは好きではない。そこは金網で囲われ、雑草が生い茂っている。

それは、クライストチャーチが常に味わっている喪失感でもある。かつて人々の心にこの町のイメージを形成していた建物やモニュメントの多くは、震災によって姿を消してしまった。僕はときどき、辺りを見渡して悲しい気持ちになる。以前は建物があった場所には何もなく、市の中心部も空き地となってゴミが散乱している。町の遺産をできる限り保存したいという人の心情もわかるが、個人的にはクライストチャーチはこの空白を埋めるためにもっと積極的に手を打つべきだと思っている。そのことを話すと、同じ感覚を持っているという友人は多い。見たくないので、町に来るときにも中心部は避けるという人もいる。僕は、早く町を再建してほしいと思っている。悲劇から立ち上がった新しいクライストチャーチの光景を見るのを心待ちにしている。

二〇一五年の初め、僕は震災以来、初めてこのスタジアムを訪れた。車で側をしょっちゅう通り過ぎてはいたが、立ち止まってじっくりと眺めたことはなかった。それは曇り空の日だった。僕はフェンス越しにスタジアムを見つめ、かつて僕の夢だった、そして今は閉ざされてしまったこの場所の思い出に浸った。初めてこのスタジアムでプレーをしたのは、八歳以下のチームにいたときだった。僕は子供用に横半分の広さに区切られたフィールドを駆け回った。試合前にスタジアムの周りにできていた長い列のこともよく覚えている。そこには活気と期待が溢れていた。広告用の掲示板によじ登って、そこから試合を観戦したこともあった。掲示板のてっぺんに座り、足をぶらぶらさせながら、高い位置から試合を眺めていた。今では考えられないことだ。試合が終わるとフィールドに飛び出し、選手にサインをねだった。最後の一人が更衣室に消えていくまで、ずっとフィールドを離れなかった。僕は恥ずかしがり屋だったので、あまりサインをもらえなかった。選手に話しかけることができず、黙ってペンと紙を差し出すだけだった。数年後、ハイスクールに通うようになると、このスタジアムのコンクリートのスタンド席で荒っぽい声援を送るようになった。それは僕の人生のなかでも、最高に幸せな思い出の一つだ。

そして、僕はかつて応援していたクルセイダーズの選手としてこのスタジアムでプレーをするようになった。広い更衣室、熱気溢れる雰囲気、フィールド上で味わった無敵の感覚。だがその年のクルセイダーズチームは、他のシーズンのようにこのAMIスタジアムの雰囲気を楽しむことはできなかった。代わりに、僕たちは不慣れな環境でプレーすることを余儀なくされた。収容人数の多いホーム・スタジアムで試合ができなくなったために、収入が激減した。それを埋め合わせるために、はるばるロンドンにまで飛んで試合をしたこともあった。

クライストチャーチの人々が味わった苦しみに比べれば、僕たちの苦労などなんでもなかった。僕たちはこのシーズン、毎試合、何か大きなもののために戦っているという感覚を抱いていた。たしかにこの町は大地震に襲われたが、決してそれに負けたりはしないということを、自分たちのプレーによって世界に示したかったのだ。

そして、チームは実際にそれを結果で示していった。僕たちは三月下旬、トゥイッケナムでシャークスを大差で破った。それは復興救援活動のための素晴らしい宣伝になった。しかし、移動が多く選手は疲労が溜まっていた。最後の数週間は、常に飛行機に乗っているような感覚だった。パース、ブルームフォンテーン、ケープタウン、ネイピア、シドニー、ティマル――。落ち着く間も、ホームゲームで充電する間もなかった。

一五チームと参加チームが増えたこの年のスーパーラグビーのレギュラーシーズン最終戦、僕たちはハリケーンズを破った。プレーオフではネルソンでシャークスとの接戦を制した。準決勝ではケープタウンに戻り、一九点差をつけてストーマーズに勝った。決勝の相手は、このシーズン圧倒的な強さを誇っていたレッズだった。僕たちはレギュラーシーズンでの敵地ブリスベンでの試合で、レッズにわずか一点差で負けていた。そしてこのプレーオフにうまく自分たちのピークを持ってくることができたと感じていた。

僕たちはこの一年、選手として、カンタベリーの人間として、大きな災難を体験し、それを乗り越えてここまで勝ち進んできた。あと少しで、喉から手が出るほどにほしかった優勝に手が届く。予想通り、前半は緊迫感のある締まったゲーム展開になった。そんななか、三四分に僕がグラバーキックで相手のラインをブレイクし、そのままトライを決めた。僕たちは前半を七対六で折り返した。ハーフタイムの更衣室で、僕たちは手応えを感じていた。勢いはこちらにある、震災に見舞われたこの年に優勝して歴史をつくる――誰もがそう思っていた。クライストチャーチの人々のためにも、なんとしても優勝したかった。そしてここまで、それを実現するための最高のストーリーが描けていた。タイトルを獲得するまで、あとたったの四〇分だ。

後半の立ち上がり、両チームはお互いに点を取り合い、試合は一三対一三の同点のまま残り二〇分を切った。突然、僕たちの動きが鈍くなった。ここ数週間のハードな移動で溜まった疲れが、ここにきて顕わになり始めたのだ。まるで三シーズン分もの心労が、一気に押し寄せたような感じだった。僕はチームメイトの様子を見て、不味いことになったと思った。クルセイダーズは試合の主導権を失い始めていた。同時に、敵の勝利に対する飢えが強まっているのを感じた。案の定、残り時間一〇分のところでウィル・ゲニアが僕たちのラインを破り、三〇メートルを独走して鮮やかなトライを決めた。僕の脳裡には、ここからチームが挽回するのは難しいかもしれないという思いがよぎった。結局、このトライがこの試合最後の得点になった。

レッズはチャンピオンに値するチームだった。彼らはこの年のスーパーラグビーで、もっとも印象的でダイナミックなチームだった。しかし、僕たちがこの一年、クルセイダーズとして、そしてカンタベリー市民として味わってきた苦難を思えば、決勝での敗戦は耐えがたいほどに辛いものだった。試合後の更衣室は沈鬱な雰囲気に包まれた。僕たちは自分たちが優勝する運命にあると感じていた。だが、ラグビーの神様は運命ではなく強い者の味方だった。僕たちは、「地元の人たちのために優勝する」という自分たちに課した目標を果たせないまま、罪悪感を覚えながらシーズンの苦い幕切れを迎えた。

ファイナルイヤー・ダイアリー 6

オークランド、二〇一五年八月五日

オークランド・エアポート・ノボテル・ホテルで携帯電話での通話を録音。ワラビーズ戦に向けてシドニー行きの便に乗り込む数時間前に。

サモアでのテストマッチの予定が発表されたとき、僕はこの試合のメンバーに選ばれないことを願った。これは、この国でのオールブラックスとしての初試合だった。その歴史的なゲームに参加することに興味がなかったわけではない。クルセイダーズとしてスーパーラグビーのタイトルを獲得したかったからだ。結局、クルセイダーズは決勝にも進めなかった。そして決勝が行われている頃、僕はサモア戦に向けた準備を始めていた。一年で最初に迎えるテストマッチには特別な意味がある。さらに、ニュージーランド代表がこの島で試合をするのが初めてであることが、このゲームに特別な意味を加えていた。

僕たちは熱烈な歓迎を受けた。空港は数千もの人々でごった返し、大騒ぎになっていた。僕はワールドカップでの優勝後のニュージーランド以外で、これほどの熱狂的な観衆を目にしたことはない。ホテルまではバスで四〇分の道のりだった。通り過ぎるすべての村々で、人々はバスに向かってオールブラックスとサモアの旗や横断幕を振っていた。全国民がこの試合のこと以外は考えていないかのようだった。

次の日、僕たちは窓ガラスのないバスに乗って首都アピアの大通りをパレードした。この日もファンは熱狂的に歓迎してくれた。それはまさにカオスだった。僕たちはオールブラックス歓迎のための式典に参加した。それはこの特別な試合に向けて、僕たちの気持ちをあらためて高めてくれるものになった。僕たちはサモアの民族衣装「ラバラバ」に身を包んだ。とても楽しい体験だった。だが最前列で両脚を閉じずに座っていたルーク・ロマーノは、そのことを後悔したはずだ。客席のカメラはロマーノの股間にある見てはいけないものをとらえていて、その写真はSNSで瞬く間に広まった。僕たちはしばらくこの件でロマーノをからかい続けた。

試合当日、僕たちは何よりも暑さを警戒した。僕は以前、ブリスベンのプレシーズンマッチでこの日のような灼熱の日差しのもとでゲームをしたことがあった。だけど、最高に気合いの入ったサモアを相手にテストマッチを戦うのは、まったくの別の話だ。僕たちがフィールドに姿を現すと、観客席から大歓声が上がった。人々の情熱は、この試合がいかに特別なものかを僕たちにあらためて教えてくれるものだった。

ただ、オールブラックスに選ばれていた選手たちの顔触れは、このテストマッチの意義に相応しいものだとは言えなかったかもしれない。スーパーラグビーの決勝にニュージーランドの二チームが進出していたために、常連メンバーの多くを召集できなかった。その結果、各ポジションでは初めての組み合わせが多く見られたし、このようなケースでなければ代表に呼ばれなかったかもしれない初招集の選手も少なくなかった。もちろん、協会はこの試合を軽視していたわけではない。そうせざるを得なかったのだ。

僕たちのパフォーマンスが低調だったのには他にも理由がある。それはサモアの素晴らしいプレーだ。ディフェンスラインのスピードは強烈で、僕はたまらず「キック・パス」と呼ばれる戦術を何度か使った。これはフィールドの反対側にいる味方のウイングめがけて前方にボールをキックするというものだ。そのうちの一本を、この日オールブラックス・デビューをしたジョージ・モアラが見事にキャッチし、そのままトライを決めた。しかし、際立っていたのはそのプレーくらいで、この日の僕たちにはミスが多かった。一方のサモアは僕たちを相手に存分に力を発揮した。

僕自身は全体的にそこそこのプレーをしたと思っていた。キックの調子が良かったのは嬉しかった。何より、怪我をしなかったこと、そしてオールブラックスのスタンドオフとしてプレーできたことが嬉しかった。ワールドカップを目前に控えた今、このジャージを着てプレーすることには特別な意味がある。

翌朝、僕たちはクライストチャーチのキャンプ地に向けて出発した。オーストラリア、南アフリカ、ニュージーランドの三カ国対抗戦として長年開催されてきたトライネイションズは、二〇一二年からアルゼンチンを加えた四カ国対抗戦となり、名称も「ラグビー・チャンピオンシップ」に変わった。僕たちはこの対抗戦の初戦を、地元でアルゼンチンと戦うことになっていた。スーパーラグビーの決勝を終えたハリケーンズとハイランダーズのメンバーが、オールブラックスに戻ってきた。それによってチームは四一人の大所帯となり、チームバスに全員が乗り込むのもやっとだった。僕はこの試合で、この一年で何度も体験してきた別れをいくつも味わうことになった。これはクライストチャーチにおける僕の最後のテストマッチであり、この町で試合をすること自体もおそらく最後になる。またそれは、僕にとってこの地での久しぶりとなるオールブラックスとしての試合でもあった。僕は再びスタンドオフで先発できて嬉しかった。パフォーマンスが上向いていることも示せた。まだ自分のプレーに満足しているわけではないが、この二年のシーズンを振り返れば、このジャージを着ていられること、怪我をせずに長い期間プレーを続けられていることだけでも、大きな喜びだった。

試合後の更衣室で、ヘッドコーチのスティーブ・ハンセンから、南アフリカの遠征メンバーから外れたことを知らされた。がっかりした。アウェイチームが感じるエリス・パークでのプレッシャーの厳しさは、世界のスタジアムのなかでも屈指のものとして知られている。その厳しい環境にさらされるのを、楽しみにしていた。それでも、僕は自分を選ばなかったコーチの考えがわかった。シーズンの最初の二試合にスタメンとして出場できたことに感謝しなければならないと思った。

メンバーから外れたことで、家族と一緒に過ごす時間が増えた。生後四カ月のフォックスの成長は目覚ましかった。八月一日には、初めて夜に一度も目を覚まさずに眠り、夜泣きの世話に疲れた母親を喜ばせた。わずかな期間ではあるが、一人の父親に戻り、子供たちと満ち足りた時間を過ごせたのはありがたかった。

遠征には行かなかったが、その間、休んでいたわけではなかった。オールブラックスのトレーナー、ニック・ギルの指導のもとでハードなトレーニングに取り組んでいたので、疲れて夜は普段より眠りが深くなったくらいだ。しかし、感触は悪くなかった。身体は負荷に良い反応をしていた。

僕はみんなと同じく、南アフリカ戦のスタンドオフにボーデン・バレットではなくリマ・ソポアガが先発したことに驚いた。しかし、ソポアガは見事なプレーを披露してみせた。僕はクライストチャーチのキャンプで同部屋になったこともあるソポアガのことを、高く評価している。彼は賢い男で、ベテランの僕にいくつもの的を射た質問をしてきた。今後数年間で素晴らしいキャリアを築き、オールブラックスにとって宝物のような選手になるに違いない。

何より、僕はこの二試合で長い時間プレーできたことに満足している。そしてこの週末、僕にとって今シーズン三試合目のテストマッチであるオーストラリア戦を迎えることになった。いったんはこの手から滑り落ちたジャージを、もう一度つかみ取ったような気分だ。これから二カ月もしないうちに、ワールドカップが始まる。待ち遠しくてしかたがない。

第13章

歴史がつくられるのをスタンドから見ていた

スーパーラグビーの決勝で負けることの利点の一つは、落ち込んでいる暇がないことだ。たいていその翌週には、オールブラックスの試合が始まるからだ。ワールドカップが差し迫っていたこの二〇一一年には、なおさら落ち込んでなどいられなかった。ウォームアップと位置づけられた試合にも重要な意味があった。どの選手も、なんとしても本大会のメンバーに選ばれたいと思っていた。しかもワールドカップがあるために、前哨戦の数も限られていた。まずフィジーと試合をして、その後でブレディスロー・カップを兼ねた短縮版のトライネイションズを戦うと、もう九月のワールドカップに突入する。

フィジー戦を一週間後に控え、チームのマネジメント、コーチ、選手のリーダーたちが集まり、今年の大会にどのような優先順位で臨むかを話し合った。この年、オールブラックスはワールドカップ、トライネイションズ、ブレディスロー・カップの三つの大会を戦うことになっていた。協議の結果、チームはこれらの三つを、絶対に勝たなくてはならない大会（もちろん、ワールドカップ）、できれば勝ちたい大会（ブレディスロー・カップ）、勝敗にはあまりこだわらなくてもいい大会（トライネイションズ）と定義した。妙な話だが、実際に結果はその通りになった。その当時、もし仮に誰かが「シーズンの最終的な結果はこの優先順位の通りになる」とチームに教えたとしたら、僕たちは大喜びしただろう。だけど僕は現在のオールブラックスが、トライネイションズに負けることに平然としていられるとは思えない。チームのマインドセットは大きく変わった——現在の僕たちは、世界のラグビー史上で最強のチームでありたいと考えている。世界最強を目指している限り、すべての大会に優勝しなければ満足はできない。

フィジー戦は順当に勝ちを収めた。スーパーラグビーの決勝に出ていた僕を含むクルセイダーズの選手数人はこの試合には出場せず、ウェリントンでのトライネイションズ開幕戦からの登場となった。その南アフリカ戦、チームは四〇対七と圧勝した。その後、チームは想定通り、そこそこの結果でこの大会を終えた。この大会、選手は集中力を維持するのに苦しんだ。迫り来るワールドカップの存在があまりにも大きすぎて、頭から振り払うことができなかったのだ。何人かの選手にとっては、これが最後のワールドカップになるだろうと見なされていた。多くの選手が、おそらくそのピークにいて、ワールドカップ後の数年間で、引退したり、ヨーロッパのクラブに移籍する可能性が高いと考えられていた。実際には、僕もマコウもノヌーもスミスも四年後のイングランド大会でもこのチームに残っていた。だけどこのときは、僕たちはこれが最後のチャンスだと腹を決めてワールドカップに臨もうとしていた。ファンの前にいると、余計にその覚悟は強まった。

振り返ってみると、二〇一一年のチームは現在のオールブラックスとはいろんな意味で別のチームだった。たしかにこのときの僕たちは世界ナンバーワンのチームであり、ワールドカップ前の二〇一〇年シーズンも絶好調だった。それでも、このチームには現在の僕たちのような無慈悲なまでの強さはなかった。僕たちはトライネイションズで二位に終わり、オーストラリアに優勝を譲った。この対抗戦の最終戦、ワールドカップ前の最後の試合となったブリスベンでのオーストラリア戦でも、二五対二〇と競り負けた。この結果は、僕たちにとってはたいして重要なものではなかった。だけど、それがいろいろと深読みされたことに驚かされた。オールブラックスは無敵ではなく、十分に倒せるチームだという声もあれば、トライネイションズでの負けが僕たちにとっていい薬になり、選手たちの気持ちを引き締めることになるだろうという意見もあった。だけど僕たちにとっては、この対抗戦での結果は本当にたいした問題ではなかった。僕たちはもう前を見て進んでいた。

オールブラックスがプレッシャーに耐えられるのかどうかということも大きな話題になっていた。一部の海外メディアは、ホスト国であることが僕たちにとってマイナスに作用するのではないかという疑問すら呈していた。ニュージーランドは熱狂的なラグビーの国だから、僕たちがそのプレッシャーに押しつぶされてしまうのではないかというのだ。僕にはそれは馬鹿げた考えに思えた。僕たちは、自国のファンの前で試合をすることに慣れている。たしかにプレッシャーはあるが、それはどこの国で試合をしても感じるものだ。自国開催ならではの難しさもあるだろう。だけどそれ以上に、僕たちは満員の観客で埋まった地元のスタジアムで世界トップクラスのチームと試合ができることに、言葉で表せないほどの興奮を感じていたのだ。

開幕前、ニュージーランド国民向けのオールブラックスのプロモーション・ツアーが行われた。僕たちは全国を回り、普段は決してチームでは訪れたりはしないような田舎の小さな町にも行った。それはワールドカップを控えた僕たちにとって最高の刺激になった。都会にいるとなかなか感じることのできない、この大会への人々の熱い期待を身近に感じることができたからだ。田舎の人たちの情熱は凄かった。チームがどこに移動しても、三〇〇人くらいの熱狂的なファンがついてきた。チームバスとすれ違う車という車がクラクションを鳴らし、窓から身を乗り出すようにして僕たちに向かって声援を送っていた。誰もが顔を明るく輝かせていた。何人かの選手と一緒にキウイフルーツの首都として知られるテプケを訪れたとき、僕はまるで王族にでもなったかのような気分を味わった。学校や地元のラグビークラブを訪問したのだが、大勢の人たちが集まり、町はもぬけの殻になってしまった。

いよいよ大会が始まった。人々との触れ合いを通じて気持ちを新たにした僕たちは、プールステージ初戦のトンガとの試合に向けた準備を開始した。チームはいつものようにオークランドにあるヘリテージホテルに宿泊した。もとは百貨店だった建物を改装してつくられた豪華なホテルだ。これまで数え切れないほど泊まってきたので、第二の家のような感覚さえあった。ホテルからそう遠くない場所にあるクイーンズワーフの「ザ・クラウド」という商業施設には、大会期間中にファンに向けてさまざまなサービスを提供するための「ファンゾーン」が設けられていた。僕たちがホテルで夕食をとっているとき、ザ・クラウドの方から、開会式で盛り上がるファンの歓声が聞こえてきた。オークランドじゅうが、僕がそれまでにこの市では体験したことがないような熱狂に包まれていた。翌日、僕たちはついに初戦を迎えた。試合は北半球のタイムゾーンに合わせて午後遅い時間に開始されることになっていたため、チームは試合前のルーチンの時間をずらした。

僕たちはキックオフの四時間前に食事をとった。その後、僕を含むほとんどの選手は三〇分程度の仮眠をとるために自室に戻った。僕は基本的にどんな状況でもすぐに眠れる体質だ。だが、この日ばかりは違った。ひどく興奮していたし、街の騒音が気になって神経の高ぶりを抑えられなかった。僕たちはバスに乗り込み、スタジアムに向かった。沿道では大勢のファンが手を振っていた。いつもなら、ホテルを出てからスタジアムにつくまでは沿道にはほとんど人間の姿はない。だけど今日は別だった。スタジアムに到着するまで、人々の姿が途切れることはなかった。みんな沿道や家の前に立ち、バスに向かって手を振っていた。この試合に対する国民の大きな期待を感じないわけにはいかなかった。

試合自体は、典型的なトンガとのテストマッチだった。いつもトンガは猛攻を仕掛けてくる。だけど僕たちは、いったんそれを凌げば、自分たちが主導権を握れるのを知っていた。試合が始まり、トンガは予想通り立ち上がりから厳しく前に出てきた。だが僕たちはなかなかペースをつかめない。その日の僕たちは、なぜかまとまりを欠いていた。緊張していたからなのか、興奮していたからなのか、初戦らしく派手に勝たなければならないと気負っていたからなのか——。その理由は誰にもわからなかった。ともかく、結局は四一対一〇と相手を引き離し、何よりも必要だった勝利を手にすることができた。その後、トンガはプールステージで健闘を続け、その戦いぶりは今大会の驚きの一つと見なされるようになった。それは、僕たちが初戦で苦戦したことのそれなりの理由づけにもなった。

それからしばらくすると、僕たちはワールドカップでどのチームも直面する問題に対処しなければならなくなった。それは、チームの勢いをいかに保つかという問題だ。六週間は長丁場であり、ずっと精神を張り詰めていることはできない。そのなかで、毎試合うまくチームの状態をピークにもっていかなければならない。試合ごとに、浮き沈みがあるようではいけないのだ。年末恒例の北半球ツアーは、いつも四、五週間かけて行われる。ツアーの最後の二週間くらいになると、選手たちは帰国の日を指折り数えるようになる。オールブラックスが北半球ツアーの最後の一、二試合で思わぬ負けを喫することがあるのはこのためだ。長期間チームとして行動することは、それくらい選手を消耗させるものなのだ。だからそれよりも長い六週間という期間をかけて戦うワールドカップでは、選手にとって精神面をどうコントロールするかが重要なテーマになる。そこで問われるのがチームとしてこの問題にどう取り組むかだ。気持ちが緩んでしまわないように、うまく娯楽的な要素を取り入れていくなど、チームとして工夫をしていくことが大切になる。もちろん、休養日を入れることも重要だ。地元ニュージーランドで大会が開催されていることのメリットは、そこにもあった。休養日には、選手は友人や家族に会うことができた。僕もそうやってオフの日を過ごした。自宅に帰り、慣れ親しんだ場所でホナーとくつろいでいると、長いホテル暮らしで溜まった心の垢《あか》を落とすことができた。

僕は当初の計画通り、ハミルトンでの日本戦では温存された。その週の練習中、スクワットジャンプをしたときに背中を捻ってしまった。背中というのは不思議なもので、怪我をしたときにそれがどの程度深刻なのかを把握するのが実に難しい。痛みはあったが、たいしたことはなさそうだったので特に気にはしなかった。だがハミルトンでの公開イベントの最中、状況が変わった。背中が痙攣し、痛みでほとんど動けなくなってしまった。結局、鎮痛剤でなんとか痛みを和らげた。だがその後も背中の張りはとれず、僕はプールステージのフランス戦に間に合わないのではないかと不安になり始めた。フランスはプールステージ一番の強敵であり、僕たちはこの試合を決勝トーナメント前の大一番と位置づけていた。僕はどうしてもこの試合に出場したかった。大量の鎮痛剤をとっていたという状況ではあったものの、週末に近づくにつれて幸い痛みは落ち着いてきた。

僕は心からほっとした。フランスは過去に僕たちが何度も激戦を繰り広げてきた因縁のチームだ。優勝するためには、ここできっちりと叩いておきたい相手だった。そしてオールブラックスは、三七対一七でフランスを撃破した。この日のイズラエル・ダグは誰にも止められなかった。チームの連携も高まり、僕たちは大いに自信を取り戻した。僕のランニング・プレーもかつてないほどに冴え渡った。過去三回のワールドカップで、過去最高のプレーをしたという手応えがあった。唯一の懸念材料は、リッチー・マコウの足だった。それは、大会を通じてチームを悩ます問題になった。だがそれは、彼の強靭な精神力を明らかにするものでもあった。マコウは練習ができず、走ることさえままならなかったが、チームを離脱することなど微塵も考えていなかった。マコウは僕と同じく日本戦の出場を見合わせたが、それを本当に悔しそうにしていた。フランス戦はなんとか痛みに耐えながら乗り切ったものの、カナダ戦への出場には危険信号が灯っていた。

フランス戦を終え、僕は次のカナダ戦に向けて気持ちの高まりを感じていた。この試合は、ニュージーランドでは珍しい日曜日に開催されることになった。通常、試合前日にはチームでのプロモーション活動があるが、このときは土曜の午前中がオフだったので、ゆっくり朝寝をした。このときの宿泊先は、ウェリントンの中心街にあるインターコンチネンタル・ホテルだった。それからマア・ノヌーとライアル・ベイにある彼のカフェに行き、人ごみを避けてくつろぐことにした。コーヒーを飲んでいると、チーム・マネージャーのダレン・シャンドから電話がかかってきた。シャンドは、マコウの足の調子が回復せず、カナダ戦を欠場することになったこと、そのため次の試合は僕がキャプテンを務めることになったので、記者会見に出るためにすぐにホテルに戻ってきてほしいと言った。通話を終え、一瞬、動揺しながらも、ノヌーに事情を説明し、彼の運転でホテルに戻った。

僕は二年半前の二〇〇九年から、オールブラックスのバイスキャプテンを務めていた。だけど、主将になったことは一度もなかった。なぜなら、常にマコウと一緒にプレーしてきたからだ。マコウが試合に出ないときは、僕も出なかった。だから、マコウのいない試合では、ミルズ・ムリアイナなどの他の選手がキャプテンを務めた。プールステージでの日本戦では、その役割を担ったのはケヴェン・メアラムだった。僕は彼らやマコウをうらやんだりはしていなかった。だけど、オールブラックスのキャプテンという名誉ある役割を任されることになり、純粋に嬉しかった。父に電話で報告をすると、ものすごく喜んでくれた。記者会見では質問攻めにあった。キャプテンになって心境の変化はあるかと尋ねられた。僕は、何も変わらない、といささか面白味のない答えをした。それは本心だった。僕は長年、マコウを側で見てきて、キャプテンシーとはフィールド上の行動によって示すものだということを学んできた。スタンドオフである僕は、もともと戦術と戦略の面でリーダーシップを発揮する立場でもあった。だから、あえてメンバーに言葉として伝えることはそうは多くないはずだ。ともかく僕は、この機会をもらえたことに興奮していた。

記者会見の後、僕たちはチーム会議室で一緒に昼食をとった。マコウの負傷はそれほど深刻ではないとのことだったので、チームの雰囲気が暗くなったりはしていなかった。マネジメントが、僕がキャプテンになったことを説明した。その後、僕たちは試合前日のキャプテンズ・ランでの練習メニューについて話し合った。そして、まずウォームアップ、次に少しタッチラグビーをして、最後に戦術面での確認をして終わりにすることにした。大会の渦中にあるときは、前日練習を長くする必要はない。すでに戦うための準備はかなり整っているからだ。唯一いつもと違っていたのは、ウエストパック・スタジアムが塞がっていたので、ニュータウンのラグビーリーグ・マークを練習場にしたことだけだった。

グラウンドの状態は粘り気があって理想的とは言えなかったが、大きな問題ではないと思えた。ウォーミングアップ時には、体調の良さを感じた。タッチラグビーでは、チーム全体として走る速度を落として軽めにゲームをした。それでも僕は、ステップを踏んだ瞬間に足首を捻ってしまった。だからゲームが終わるまで、ウイングの位置に移動してなるべくプレーに関わらないようにした。最後の戦術確認のときも、まだ足首の痛みが残っていた。瞬間的だったが、鋭い痛みだった。普通なら、こんな感じで足首を捻ったときは、次第に痛みが引いていくものなのだが、このときはそうではなかった。それでも、ルーチンを変えたくはなかったので、チーム全体での戦術練習が終わった後、フィジカル・トレーナーのところに行って足首を見てもらう前に、いつもの通りキック練習をしようと思った。いつもは、ゴールキックを一五本から二〇本と、ドロップキックを数本蹴る。だけど背中に張りがあったし、足首も捻ったばかりだったので、ゴールキックを四本蹴ってキックのタイミングだけを確認することにした。まず正面から二本、その後、タッチラインから一五メートルの位置で、両サイドから一本ずつ蹴ろうと思った。

正面からの二本は無事に蹴れた。捻ったのは軸足となる右足の足首だった。一〇〇パーセント問題ないという感触でもなかったが、試合までには落ち着くだろうと思った。僕は三本目を蹴るための準備を始めた。片膝をつき、ボールをティーの上に乗せて、左足の力で立ち上がる。すべてのキッカーに共通する儀式のような動作だ。それは僕がこれまでに数え切れないほど繰り返してきた動作だった。左足で立ち上がる瞬間、脚の付け根にズキッとした小さな痛みを感じた。おかしな感触だった。かすかに不安がよぎった。とはいえ、この手の小さな違和感は身体のあちこちで発生するものだ。だからあまり気にしなかった。後ずさりし、助走をつけて、ボールを蹴った。成功。問題ない。

最後の一本だ。これを蹴り終わったら、足首を診てもらおう。僕はいつものルーチンを始めた。ボールを置いて立ち上がった瞬間、またしても脚の付け根がズキズキと疼いた。心配は要らない。少し気をつければいいだけだ。僕は痛みを無視するかのようにして、後ずさりし、助走を始めた。軸足を踏み込み、いつもとまったく同じフォームで左足を振り抜こうとした――だがその結果は、いつもと同じではなかった。左足の甲がボールをとらえた瞬間、左足の付け根に猛烈な違和感を覚えた。身体の内側でヘンな音がした。僕は地面に崩れ落ち、痛みに悲鳴を上げた。ボールは一〇メートルほど手前を転がっていた。僕は身動きがとれずに、そのまま地面に横たわっていた。

最初、周りにいた誰もが冗談だと思ったらしい。それはごく普通のルーチン・キックだったし、僕はこの手のいたずらの常習犯として知られていた――こんな重要な試合の前に、ふざけたりしたことはなかったのだけど。それでも、僕が股間を押さえたままいつまで経っても起き上がらないので、それに気づいたチームメイトが僕を取り囲み始めた。チームドクターのデブ・ロビンソンから、どうしたのかと尋ねられた。僕は苦しみに喘ぎながら、途切れ途切れのかすかな声で、脚の付け根を痛めた、と言った。

キャプテンズ・ランの後、バックスはキック、フォワードはラインアウトの練習をした。その後、メディアがグラウンドに取材に来ることになっていた。デブは、記者たちに見つかる前に僕を更衣室へ移動させようとした。彼女に歩けるかと尋ねられ、歩こうとしたが駄目だった。結局、仲間の手を借りて更衣室にたどり着いた。椅子に座った僕は、ショックに打ちひしがれていた。またしても、こんな大事なときに怪我をしてしまうなんて——。脚の付け根に目をやると、グロテスクな動きで痙攣していた。デブが僕の鼠径《そけい》部に手を当てて状態を確認した。僕は黙ってそこに座っていた。強烈な痛みだった。明日の試合や大会に影響することは間違いないだろう。猛烈な不安がわき上がってきた。

やがてチームの残りのメンバーが練習を終え、更衣室に戻ってきた。僕の頭のなかは質問でいっぱいだった。怪我はどれくらい深刻なのだろう？　僕のワールドカップは終わってしまったのか？　僕には怪我の度合いを確かめる術がなかった——数週間で治る程度の部分的な断裂なのか、完全な断絶なのか。僕にはわからなかった。

デブはこのようにストレスの多い、感情的な場面に対処する術を心得ている。彼女には周りを落ち着かせるような冷静さがあった。デブは僕に、早急に結論を下してはいけないと言った。怪我をしたのはたしかだが、次に何をすべきかを決めるのは検査をして診断結果が出てからだ、と。僕は明日のカナダ戦を観戦するためにウェリントンに滞在していたホナーに電話をして、怪我をしたこと、これから検査を受けることを伝えた。その後、デブと一緒にホテルに戻り、病院の予約がとれるのを待った。ホテルでは、できるだけ悪いことは考えないようにした。夕方、ウェリントン病院から連絡があった。僕たちは病院に向かって出発した。大勢のサポーターが、スタジアムに向かっているのが見えた。

スキャンが終わった。僕はしばらく待合室に座って、医者とデブが結果について話し合っているのを待った。僕はその会話に加わりたくなかった。知りたかったのは、僕のワールドカップが終わったかどうかだけだった。僕は宗教的な人間ではないが、このときは祈った。部分断裂であってほしい、なんとか決勝までに回復する可能性がある怪我であってほしい、と。しばらくして、僕は部屋に呼び出された。彼らは画面に表示したスキャン画像を見せながら、僕が恐れていた結果を伝えた。内転筋の断絶――。長内転筋と呼ばれる、大腿部と恥骨のあいだで重要な機能を担っている筋肉だ。この筋肉が断絶することは誰にとっても深刻な怪我に違いないが、僕たちキッカーにとってはなおさらだ。僕たちのキックの精度を支えているものは、同じ動作の反復だ。長内転筋は、大腿部の微細な運動をコントロールする上で重要な役割を担っている。僕の長内転筋はもう駄目だった。MRIは、この筋肉が完全に骨から外れてしまっていることを示していた。

僕は、自分のワールドカップは終わったのかと尋ねた――答えはもう、わかってはいたけれど。医者は、そうだと言った。回復は、楽観的に見積もっても三カ月はかかるという。僕の心は沈んだ。何も言葉が出てこなかった。

僕たちは車に乗り込んだ。チームの渉外担当者がハンドルを握り、デブは助手席に座った。僕は後部座席に沈み込むようにして座った。涙が溢れてきた。「なぜだ?」――疑問ばかりが頭に浮かんできた。「なぜここで?」「なぜ今?」、そして何よりも、「なぜ僕が?」――。この大会は僕にとって何よりも大切なものだった。その夢が、毎日何十回も繰り返している動作をしただけで、生まれてからほとんど毎日のように繰り返してきた動作をしただけで、もぎ取られてしまった。それはごくまれにしか発生しない偶発的な怪我だった。それが、よりによってワールドカップ期間中の、代表での初キャプテンを翌日に控えたこの日に起こるなんて。ボールを蹴るという、これまで僕に多くの喜びとチャンスをもたらしてきた動作をしただけで、これまでのラグビー人生すべてをかけて追い求めてきた夢が奪われてしまった。たった一回のキックで。

ホテルに到着し、人目に付かないように裏口から入れてもらった。メディアはすでに異変に気づいていた。僕は相当に落ち込んでいたので、記者の大群に取り囲まれたりしなかったのはせめてもの慰めだった。大会期間中、チームの宿泊先のホテルには、家族や恋人は泊まってはいけないことになっている。だけどこのときに限っては、ホナーが僕の部屋に泊まるのをチーム・マネージャーのダレン・シャンドが許可してくれた。ホナーはホテルで僕を待っていた。そしてその長い夜に、僕を慰めてくれた。ホテルの部屋に戻ってからの数時間、チームの主要なメンバーが何人か会いに来てくれた。グラハム・ヘンリー、ウェイン・スミス、リッチー・マコウ、他のリーダー格の選手たち。彼らは、チームのメンバーに僕の部屋に近づかないようにと指示を出してくれた。ありがたかった。たぶん、僕の部屋に来ても、どんな言葉をかければいいのかわからず困ってしまっただろうからだ。部屋に来てくれたマコウたちとも、うまく言葉を交わせなかった。事実は事実だった。僕はチームを離脱する。僕は少しだけ軽い冗談を言って、その場の空気を明るくしようともした。だけどそれは本心ではなかった。たとえ自分がいなくなっても、チームのことは信じていた。必ず優勝するだろうと思っていた。僕がそう信じていることを、チームのみんなにも知ってもらいたかった。だけど、マコウたちが部屋を出て行った後で、僕はすぐにふさぎ込んでしまった。そして自分の不運を呪った。

その夜はほとんど眠れなかった。激しい痛みを、何錠もの鎮痛剤でなんとか押さえ込んだ。

翌朝目覚めたとき、僕はまず、どうやってこの怪我を治すかについて考えた。前向きにならなければいけないと思った。ただふてくされて、じっとしているなんて嫌だと思った。それから一週間、医療チームと治療方法について議論を続けた。内転筋の接合手術を受けるべきか、それとも自然治癒に任せるか。自然治癒に任せた場合、キック力が落ちる可能性があることが指摘されていた。また、手術によってキック力を落とさずに済んだアメリカンフットボールの選手の事例が何件かあるとのことだった。アメリカンフットボールは、ラグビーよりもキックを多用するスポーツだ。僕は、キック力が落ちるのは怖かった。もしそうなれば、ラグビー選手としての可能性が狭まったり、終わったりしてしまうかもしれないと思った。だから、関係者のなかには反対する人もいたが、外科手術をすると決めた。メルボルンに腕のいい医師がいると紹介してもらったので、予約が取れたらすぐに手術をすることにした。

翌日はずっとホテルの部屋にいて、テレビでオールブラックスがカナダを圧倒するのを見ていた。コリン・スレイドが僕と同じく脚の付け根を負傷した。それは、遠い世界での出来事のように感じられた。僕は自分の内側に閉じこもっていた。怒りと後悔が渦巻いていた。なぜ僕はフィールドの上にいないのだろう？　キャプテンとしてチームを率いていないのだろう？　そんな暗い気分のまま、数日間が過ぎていった。

それを打ち砕くきっかけをくれたのが、チームのメディア・マネージャーのジョー・ロックだった。ロックは僕に、準々決勝の前に記者会見をしないかと言った。普段なら、記者会見はできるだけ避けたいと思っている。もともと内気で、人前でしゃべるのが苦手だからだ。だけどそのとき僕は、ダン・カーターが抜けたオールブラックスは優勝できない、という世論があるのを知っていた。もちろん、僕はそんなことはないと思っていたし、チームは僕抜きでも勝てると世の中に訴えたかった。それに、僕は怪我のことを公の場でひと思いにしゃべってしまいたかった。そうすれば、いちいちいろんな人に説明しなくても済むからだ。だから、記者会見をすることにした。

この記者会見で、僕はかなり感傷的になってしまった。僕は自分の夢が奪われてしまったことを、正直に話すしかなかった。この日は、僕がいつもメディアとのあいだに築いている壁はなかった。夢破れた無念さを人前で吐露するのは辛かった。それでも、それは気持ちを軽くしてくれるものでもあった。僕は話すことで、この恐ろしい出来事の犠牲者であることをやめ、怪我をした自分を俯瞰しているような感覚を得ることができた。僕は正直に、自分自身とチームについての話をした。チームがこの大会で優勝するのを確信していると言った。

話すことは、僕を驚くほど清々しい気持ちにさせてくれた。周囲が良い印象を持ってくれたことにも驚いた。僕の記者会見によって、国民のムードが変わったとさえ言ってくれる人もいた。僕はそれほどの影響があったとは思わない。それでも、メディアや国民に僕の怪我のことを忘れさせ、再び大会とチームに目を向けさせるのには役立ったと思う。僕はそのことがとても嬉しかった。

記者会見後、僕はチームの力になることを続けたいと思った。だけどその前に、手術を受けなければならなかった。その週、僕はメルボルンに飛び、チームがアルゼンチンと準々決勝を戦っているまさにそのときに、身体にメスを入れられていた。オークランドに戻った僕は、キャンプ中のチームとは別行動をしなければならなかった。ワールドカップの残酷なところは、選手の登録人数が決まっていることだ。いったん怪我で登録を抹消されたら、チームに同行することはできない。

僕は練習も見学できず、チームメイトと一緒に時間を過ごすこともできなかった（ただし、それはあくまでも表向きだった。フレンドリーな警備員に、なかに入れてもらえることもあったからだ）。チームから離れて行動しなければならないのは、精神的にきつかった。それまでは自分はチームの中心的な存在だと感じていたのが、急にのけ者にされてしまったような気分だった。もちろん、チームにそんな意図はまったくなかったのだけど。

僕の怪我によって、代わりにアーロン・クルーデンがチームに召集された。僕はたまにチームの近くにいるチャンスを得たときに、クルーデンや他のスクラムハーフ、スタンドオフにメンターのような立場でアドバイスをすることができた。少しでもチームに貢献できた気がして嬉しかった。チームのみんなやファンの前にいるときには、できる限り明るく振る舞おうとした。長年の選手生活を通じて、人前で楽天的な人間である振りをすることが習い性になっていた。何かを尋ねられたときにも、当たり障りのない答えをすることがうまくなっていた。この習慣は、そのときの僕にとって役立った。正直に自分をさらけ出すよりも、はるかに楽だったからだ。ふさぎ込んで、自分を哀れんでいる姿など、誰にも見せたくはなかった。

僕は準決勝と決勝を、スタンドから複雑な思いで観戦した。チームとチームメイトのことは大好きだった。だけど、僕はみんなと一緒にそこにいたかった。良いことも悪いことも一緒に味わいたかった。緊張と不安、興奮。そして一週間分のアドレナリンが勝利の満足感で吹き飛ぶような、あの感覚。チームメイトはピッチの上にいて、僕がずっと夢見てきたことをしていた。僕がずっと目指してきたことをしていた。なぜ他の誰かではなく、この僕が怪我に見舞われてしまったのだろう？　そんな思いを頭から振り払うことができなかった。

オーストラリアとの準決勝、チームの出来は素晴らしかった。あらゆることが上手くいった。僕は試合開始の笛が吹かれた瞬間から、何の疑いもなく勝利を確信した。僕は、仲間の戦いぶりに感銘を受けた。決勝のフランス戦の緊迫感は凄かった。だけど僕たちはなんとかリードを保っていた。試合終了のホイッスルが吹かれた瞬間、僕の苦しみは溶けていった。最高だった。チームメイト、コーチ、ファンにおめでとうと言いたかった。僕はフィールドに入ることを許され、みんなと一緒に優勝の喜びに浸ることができた。それは僕が望んでいたような形ではなかった。今でも、もう一度やり直すことができるのなら、と思う。それでも、スタンドを埋め尽くした自国のファンの前で、僕たちがワールドカップで優勝したことに変わりはなかった。

ついに――。

第14章

結婚式、ピーク、故障

決勝戦が終わってからまだ二四時間も経過していなかった。何百人もの選手が参加し、何百万ドルもの大金が動くこの巨大な大会で、誰もが追い求めていたのは、たった一つ——ウェブ・エリス・カップだった。どういう流れでそうなったのかはよく覚えていないのだが、ともかく僕はヴァイアダクト・ハーバーでのチームの祝賀会に向かうタクシーの後部座席で一人、この優勝トロフィーを手にしていた。僕は両手で大切にカップを抱えながら、大きな満足感に浸っていた。ニュージーランドは一九八七年のW杯第一回大会以来となる二度目の優勝を果たし、とてつもなく長いあいだ追い求めてきたこのエリス・カップをついに取り戻すことができたのだ。

オークランドの中心街に近づいたとき、僕は親友が大勢集まっているバーの前を通りかかった。仲間たちはそこで、ニュージーランドじゅうの人々がそうであるように、勝利を盛大に祝っているのだ。そのまま通り過ぎるのはいかにももったいなかった。僕は運転手にタクシーを停めてもらうと、ジャケットの下にトロフィーを隠しながら店内に入り、こっそりと仲間のところに近づいた。

エリス・カップを手にした僕を見つけたときの彼らの驚いた顔といったらなかった。僕たちは急いでカップに酒を注ぎ、みんなで回し飲みした。僕は素早くタクシーに戻ると、何事もなかったような顔をしてチーム・イベントに参加したのだった。あのバーにいた仲間たちは、最高の土産話ができたに違いない。

その後の数日間、僕はオールブラックスの一員としてこれ以上ないほど素晴らしい時間を過ごした。優勝カップを手にした僕たちは、ニュージーランドの主要都市の中心街を凱旋パレードし、信じられないような歓迎を受けた。基本的には同じような内容ではあったが、各都市のパレードには特徴もあった。なかでもひときわ重要な意味を持ち、感動的だったのが、クライストチャーチでのパレードだった。人間の力ではどうすることもできない巨大な地震に襲われたことで、僕たちはニュージーランド・ラグビー界の中心地であるこの都市でワールドカップの試合ができなかった。それは残酷な現実だった。だが僕たちがウェブ・エリス・カップを持ちかえったとき、たった一日かもしれないにせよ、クライストチャーチを覆っていた地震の苦しみが消えたような気がした。その場にいた誰もが、この日のことを忘れたりはしないだろう。オールブラックスのメンバー全員がそうだったのはもちろん、特にクルセイダーズのメンバーは、この瞬間、そしてそれが象徴するものに対して大きな感動を味わっていた。

このような大勝利の後は、いつまでもその余韻に浸ってしまい、新たな日常に向けて頭を切り替えるのが難しくなるものだ。僕はこの点で幸運だった。二カ月後に、結婚式という人生の一大事を控えていたからだ。式には約一八〇人の招待客をブレナムに招くことになっていた。その準備は並大抵のものではない。それでも、僕たちはなんとかメディアの目にとまらないように事を進めてきた。このイベントの規模を考えれば、それは驚くべきことだった。メディアは僕たちが婚約したのは知っているが、いつ、どこで挙式をするのかについては何も知らない。残念ながら、僕が独身さよならパーティーを開いたことがきっかけで、この秘密を漏らしてしまうことになる。パーティーに出かける前、ホナーからはこう言われていた。「好きなだけ楽しんできてね。だけど、新聞記者にだけは見つからないようにして」。僕は結婚式で花婿の付添人を務めてくれることになった友人たちにも、ホナーの言葉をそっくりそのまま伝えた。だが、それは簡単なことではなかった。

僕たちはクライストチャーチの僕の自宅を出発地点にして、貸し切りバスで目的地のクイーンズタウンに向かうことにした。金曜日の午前一〇時三〇分、バスは出発した。そのときの僕たち一行はちょっとした見世物だった。独身さよならパーティーを派手に楽しもうと、全員が仮装をしていたからだ。僕たちは、頭のてっぺんからつま先までを覆う全身タイツに身を包み、さまざまなキャラクターに扮した。仮装するのは楽しかった。それに、これなら公の場でも自分たちの身元を明かさずに楽しむことができる。僕たちは途中で寄り道をしたり、何軒かのバーで喉を潤したりしながら、一〇時間後にクイーンズタウンに到着した。

その週末、僕たちはクイーンズタウンの一軒家を借りていた。夜はそこでビールを飲んだ。メディアには何も勘づかれていなかった。翌朝、二日酔いがキツかったので、予定していたゴルフをキャンセルし、昼食をとるために町に向かった。午後は、予約していたバーに入り浸り、盛大に飲んだ。午前〇時を回ると貸し切りの時間が終わり、店には一般客も入ってきた。僕たちはもうそのときは仮装をしていなかったし、誰かに見られているかもしれないということもほとんど気にしなくなっていた。その後、さらにバーを二、三軒はしごし、夜明けまで飲み続けた。翌日の午後、僕たちは二日酔いになりながらも、満ち足りた気持ちで飛行機に乗った。僕はオークランドの自宅にたどり着くと、ベッドに潜り込んだ。メディアにも見つからなかった、すべてがスムーズにいった、と思いながら。

翌朝目を覚ますと、ラルド紙の朝刊を手にして不機嫌そうにしているホナーが目の前にいた。一面には、「ダンの独身さよならパーティー」という見出しが躍っていた。クイーンズタウンの街で僕たちを見かけた誰かが、新聞社に連絡したに違いない。ホナーから唯一お願いされていたことを、僕は守れなかった。すべてが台無しだ。今、僕たちの結婚式が近づいていることがメディア各社に知れ渡ってしまった――不味いことになった。

結婚式まであと数週間。バレてしまったものはしょうがない。僕たちは完全にメディアに非公開で挙式することを諦め、特定の雑誌社と独占契約をして式の取材をしてもらうことを検討し始めた。僕たちにとってこのようなケースは初めてだったので、未知数な部分はあった。とはいえ、もしどこかの雑誌と独占契約を結べば、その雑誌社は他のメディアに特ダネをとられないように、ガードを固めてくれるはずだった。

それは僕たちにとって、正しい判断のように思えた。カメラマンが周りに隠れていないかどうかを気にしながら、結婚式を挙げたくはなかったからだ。式場に選んだのは、ブレナム近郊の美しい湖畔の施設「ティマラ・ロッジ」。人里離れた場所にある私有地だったが、僕たちは部外者に邪魔されないように細心の注意を払った。まず、式場がどこかはゲストには知らせなかった。招待客は行き先を知らされないまま、空港から出発する専用のバスに乗って式場に到着する。ケータリングなどのサービスも、別名で手配していた。こんなふうにしてかなり入念に準備を進めてきたつもりだったが、結局、それは徒労に終わった。招待客が空港に降り立ったとき、ブレナムにはほとんどいないはずのパパラッチが大勢待ち構えていたからだ。メディアはすべてを知っていたのだ。

こんなふうに記者たちに監視されているような状況ではあったものの、僕たちは素晴らしい時間を過ごすことができた。ロッジにはベッドルームを四部屋予約し、両親に宿泊してもらうことになっていた。結婚式の前夜、義理の弟のジョンティ・エドガーが、僕たちの家族と付添人のためにカクテルイベントを催してくれた。それは両家の人たちが交流を深める良い機会になった。その後、僕はホナーを残し、花婿付添人を務めてくれる仲間たちとホテルに行った。彼らは、ヨーロッパやメルボルンから飛んできてくれた。結婚式という一大イベントが始まる前に、悪友たちと一緒にいられるのは何よりだった。

結婚式が始まるのは午後四時で、まだ時間があった。僕たちは僕のもう一人の義理の弟ピート・ウェルズの家に行き、粘土でつくった鳥を銃で撃ったりした。ピートは僕たちのために入念に準備を整えていてくれていた。僕は以前にもそこで射撃をしたことがあった。だけど、その日は弾がさっぱり標的に命中しなかった。結婚式を前にして、文字通り緊張で震えていたのだ。その後、花婿付添人たちとヘルツォーク・エステート・ワイナリーで昼食をとった。グラス一杯のロゼ・ワインが興奮を和らげてくれた。それからは、とても気分よく一日を過ごすことができた。ホテルに戻り、アパレル・ブランドのクレーン・ブラザーズが僕たちのために特別にあつらえてくれた伝統的なモーニング・スーツに着替えた。同社はカールという名の社員をわざわざホテルまで派遣してくれて、僕たちの着付けを完璧に整えてくれた。この結婚式は、伝統的なスタイルで行われた。こうした格式ある儀式に合わせて正装をするのはとても楽しかった。

ホテルを出発し、会場に向かった。式場の敷地の一キロ手前の時点で路肩に車を停め、セキュリティ・スタッフに携帯電話で状況を教えてもらった。スタッフによれば、昨夜は一騒動があったとのことだった。夜中に、式場の庭園のなかに隠れていた何人ものカメラマンを見つけてつまみ出したのだという。つまり、メディアはここが会場だということを嗅ぎつけていた。ゲートに向かって車を走らせたが、それはまるでサーカスだった。あちこちにカメラマンがいた。結婚式の日にこんな問題に対処しなければならないのは気が滅入った。だけど僕は、セキュリティ・スタッフが必ずメディアを式場から閉め出してくれるはずだと信じていた。

いったん会場に入ると、かなり気分が楽になった。場内の雰囲気から、部外者が紛れ込めないだろうことがはっきりとわかったからだ。僕は少し緊張を緩めたが、スピーチをしなければならない花婿介添人のベン・ジョーンズは違った。ベンは汗をかき、スピーチの内容を書いたメモを手に持ち、そわそわと落ち着かない様子だった。人前で話すのが苦手なのに、一八〇人に向かって話をしなければならないのだ。僕は、むしろ天気の方が気がかりだった。雨を凌ぐことのできる大テントを張るかどうかは、二四時間前に決めておかなければならなかった。ホナーと僕は、天気予報と直感を信じて、テントは不要だと判断していた。だが当日は曇り空で、雨が降ってもおかしくはなかった。でも式が始まる一時間前には、空は綺麗に晴れ渡っていた。もう心配は無用だった。

そうこうしているうちに、あっという間に式の時間が近づいてきた。家族や友人が次々と来場している。僕と花婿介添人は然るべき場所で待機した。再び緊張が高まってきた。式が始まり、僕は湖畔に移動して花嫁が到着するのを待った。歌手のヘイリー・ウェステンラが、僕たちのために歌をうたい始めた。ヘイリーの美しい歌声は、ホナーがそう遠くない場所にいることの合図だった。まず花嫁介添人が登場し、そして僕の美しい花嫁が姿を現した。式の前は泣いたりはしないと決意していた。だけど、涙を堪えられなかった。愛する人たちに囲まれ、バージンロードを歩くホナーを見た瞬間、言葉にできないような感情がこみ上げてきた。

ホナーと僕が誓いの言葉を述べ、セレモニーが終わった。その後、素晴らしい見世物があった。ホナーの父のジマはパイロットで、この日のために、地元の航空クラブの友人に頼んで古い中国製航空機のデモ飛行を手配してくれたのだ。航空ショーは壮観だった。だが、このアイデアの真に天才的なところは他にもあった。ジマがこのデモ飛行を行うための許可を取得したので、結婚式の最中は他の飛行機は式場の上空を飛べなくなったのだ。つまり、パパラッチを乗せたヘリコプターは式場に近寄れないし、上から僕たちを撮影することもできない。後になって聞いた話では、この日のためにパパラッチたちは三機のヘリを予約していたらしい。だがジマの計画が僕たちを救ってくれた。上空でヘリコプターのうるさいプロペラ音がしていたら、誓いの言葉もよく聴き取れず、セレモニーは台無しになっただろうから。

一時間後、他の飛行機も上空を飛べるようになり、二台のヘリコプターがやってきた。だがそのときにはすでに、結婚式の主なイベントはほとんど終わっていた。僕たちは日傘を差して上から自分たちの姿が見えないようにした。腹立たしくもあったが、それよりもパパラッチを出し抜いてやったという満足感の方が大きかった。

テニスコートに用意した大テントの下で、レセプションが行われた。ジマとジョンティをはじめ、みんな見事なスピーチをした。僕は最後から二番目にマイクの前に立った。最初はうまくしゃべれなかったが、思い切って途中でメモを見るのをやめて自分の心に浮かんだ言葉を話すようにした。この判断は成功だったと思う。最後にベンの番になった。誰もがこの日の彼がそれまでずっとひどく緊張していたのを知っていた。とんでもないことになってしまうかもしれないという予感もした。だけど、ベンはそんな周りの不安を吹き飛ばすくらいの素晴らしいスピーチをやってのけた。

その後、会場のスタッフがテーブルの片付けをしている間に、僕たちはゲストを湖畔に案内した。そして、ホナーと僕を緊張させるこの夜最後のイベント、ファーストダンスを迎えた。ダンス曲には、七〇年代に活躍したカントリー・ユニット、ベラミー・ブラザーズのシングル『レット・ユア・ラブ・フロー』を選んだ。僕たち二人が大好きな曲だ。ホナーと僕は、二週間前くらいからダンスを練習してきたし、踊る前にはシャンパンを一飲みして勇気を出した。だけど、うまく踊れている自信はまったくなかった。二人だけで踊るのが辛かったので、すぐに友人たちをフロアに招いて一緒に踊ってもらった。そんなこともあったけど、それは完璧な一日であり夜だった。夢のようだった。

次の日、僕たちは再び会場に行き、湖に向かってゴルフボールを打ったり、カヤックに乗ったりした。友人のDJ、クラークゲイフォードとデヴィン・アブラムスがパーティーの最中、ずっと音楽を鳴らし続けてくれた。前日の結婚式に比べればプレッシャーはなかったし、全体の雰囲気もはるかにリラックスしていた。だから僕も大いに楽しめた。この数カ月、本当にいろんなことがあった。僕はワールドカップを戦った。大きな怪我もあった。ホナーはこの大がかりな結婚式の準備のために奔走してくれた。この日のパーティーは、そんなめまぐるしい日々を締めくくるものだった。結婚式が終わり、ホナーと僕は心から休みたいと思った。そして、新婚旅行としてフィジーに飛び、一週間を過ごした。この国は僕たち二人がこの数年間、何度も訪れてきた場所だった。僕たちはこの国の人々や文化、風土が大好きだった。だから結婚式が終わって真っ先にフィジーに来ることに、なんの迷いもなかった。

僕たちはニュージーランドに戻り、クリスマスと新年を過ごした。だけど、母国に滞在したのはわずかなあいだで、以前から計画していた通り、旅行を続けることにした。僕は脚の付け根の怪我が癒えるまで、スーパーラグビーの最初の三試合はオフを与えられていたからだ。試合まで二カ月も期間があった。ホナーも僕もこれまでヨーロッパとアジアのあちこちの国々を訪れたことがあった。そこで、これまでほとんど行ったことのなかったアメリカ大陸を旅することにした。

まずLAからスタートし、ビッグ・サー、ナパバレー、ヨセミテ、サンフランシスコを回った後、南下してラスベガスで数泊した。そこからニューヨークに飛んで一週間を過ごし、ブエノスアイレスに向かった。次にガラパゴス諸島で驚きの数日間を体験し、マチュピチュを訪れた（残念ながらトレイルは歩かず、鉄道に乗っただけだった）。最後にブエノスアイレスから客船に乗って、カーニバル期間中のリオ・デジャネイロに行った。カーニバルはまさに熱狂的で、そして最高に楽しかった。

ブラジルにいたとき、たまたまつけた衛星テレビのチャンネルで、スーパーラグビーの試合が放映されていた。そのとき気づいた。あと三週間で、自分もここでプレーをするのだ、と。そして、そのことにたじろいでいる自分がいるのにも気づいた。怪我の状態は良くなってきていた。だがまともな練習はしておらず、ホテルのジムでトレーニングしているだけだった。キックに至っては、怪我をして以来、もう数カ月もボールを蹴っていなかった。早く家に帰らなければならないと思った。夢から覚めて、ラグビーに戻るときがきたのだ。

オークランドに戻るとすぐ、クルセイダーズに合流するためにクライストチャーチ行きの便に乗った。メディカルチェックを受け、フィジカル・トレーナーの指導のもとでコンディションを整えた。ほどなくして、初めてプレースキックを蹴る日がやってきた。数歩離れた位置からボールを凝視したとき、とてつもない恐怖がわき上がってきたのを今でもよく覚えている。ワールドカップでの悪夢が蘇った。キックをしたくない、できることならそこから逃げ出したいと思った。キックの衝撃に鼠径部が耐えられるという確信はなかった。なかなか助走を始められなかった。

だが、いつまでもそこに立っているわけにはいかなかった。助走をつけ、ボールを蹴った。ひどいキックだった。足の付け根はまだ少し敏感だった。だけど、ダメージはなかった。チームにトム・テイラーがいてくれたのも助かった。僕がキックを蹴れるようになるまで、試合で代わりにプレースキックを担当してくれたからだ。僕が自信を取り戻せるようになるまでには、半年もかかった。その間、ずっとボールを蹴る前に大きなためらいを感じ続けた。キックは僕が大好きなプレーだった。それはいつも簡単だった。それが、ティーにボールを乗せる度に、あのウェリントンでの午後のおぞましい記憶と戦わなければならなかった。ようやく鼠径部への不安が消え、プレースキックをしても大丈夫だと思えるようになるまでには、本当に長い時間がかかった。

僕自身のプレー以外の面でも大きな変化があった。それは、オールブラックスのヘッドコーチの変更だった。新たにヘッドコーチに就任したのは、スティーブ・ハンセン。就任後のハンセンと初めて顔を合わせたのは、スーパーラグビーのシーズン中に開催された、オールブラックスのリーダー会議だった。二〇〇四年からオールブラックスのアシスタントコーチをしていたハンセンのことは、よく知っていた。ただし、指導を受けたことはほとんどなかった。ハンセンはフォワードのコーチで、ブレイクダウン時のプレーなど、僕たちバックスとは関係のない領域が専門だったからだ。ハンセンの任命が発表されたとき、僕は彼がどんなチームを目指すのかがはっきりとはわからなかった。ワールドカップを制覇したオールブラックスは、大きな成功を体験したばかりだった。正直に言うと、こうした状況でヘッドコーチを変えるのは簡単ではないと思っていた。

しかし、件の初めてのリーダー会議でハンセンが示したビジョンは、彼がこのチームで何か特別なことをするつもりだということを物語っていた。ハンセンが計画を詳しく説明したとき、僕たちリーダーは少しばかり怖じ気づいた。ハンセンが示したのは、それまでどのチームも達成したことのないような目標だった。僕たちは、それは無理だと直感的に反発を覚える一方で、このチャレンジに挑んでやるという意欲もかき立てられた。それはスーパーラグビーのシーズンを通じて、僕たちリーダーの大きなモチベーションになった。

このシーズン、クルセイダーズは順調な戦いぶりを見せた。僕は大きな負傷をした翌年にはいつもそうであるように、ラグビーに集中したシーズンを過ごせた。心のなかには、選手としての僕の価値をもう一度自分自身と世の中に証明したいという思いがあった。とはいえ、好調だったクルセイダーズも、この年のチーフスには歯が立たなかった。どのチームも、チーフスの優勝を阻止することはできなかった。

僕はある意味でそれを予想していた。ウェイン・スミスがオールブラックスのコーチを辞めてチーフスのコーチになると聞いたとき、胸騒ぎがした。そして、スミスの存在はチーフスに大きな影響を与えるだろうと思った。実際、それはすぐに明らかになった。ゲームへのアプローチの仕方や、ディフェンスの激しいプレーなどがその好例だった。チーフスは明らかに、注目すべき新しいチームに生まれ変わっていた。シーズンを通じて類い希な戦いぶりを見せた彼らは、優勝に相応しいチームだった。

さらに僕は、チーフスはこの年だけのチームにはならないだろうと確信していた。彼らは確固とした永続的な強さを構築していた。こんなふうに、第三者である僕がチーフスの状況やカルチャーが良い方向に進んでいると感じたのは、彼らの実力が本物である証だった。外部の人間の方が、チームの状態がよく見えることもある。チーフスを傍から見ていると、彼らがいかに情熱を持って試合に臨み、各ゲームを大切なものに感じているかがよくわかった。その情熱は、タイトルを獲得するチームにとって不可欠のものだ。だからチーフスが優勝したとき、ニュージーランド・ラグビー界の人間は誰もそのことに驚かなかった。

オールブラックスのシーズンはアイルランドとのテストマッチ三連戦で始まった。僕はこのシリーズを通じて好調を維持した。第一戦と第三戦は快適な天候のなかで行われたが、クライストチャーチでの第二戦の日はひどく寒く、試合に集中するのが難しかった。試合終了間際に僕がドロップゴールを決め、チームはかろうじて勝利した。だがハミルトンでの第三戦、チームは精彩を欠いた一週間前のプレーの埋め合わせをするかのように徹底的に相手を叩きのめした。僕は試合の数日前にふくらはぎを痛め、試合を欠場。その後、ラグビー・チャンピオンシップの第二戦までプレーしたが、怪我によって次の二試合の出場を見合わせた。

この年から、南アフリカ、オーストラリア、ニュージーランドの三カ国対抗戦「トライネイションズ」が、新たにアルゼンチンを加えた四カ国対抗戦となり、名称も「ラグビー・チャンピオンシップ」に変わった。トライネイションズにマンネリを感じていたこのときの僕にとって、これは絶好のタイミングだった。毎年、スーパーラグビーで南アフリカやオーストラリアのチームと対戦した直後に、ニュージーランド代表として同じような選手、同じようなスタジアムで試合をしなければならなかった。たしかに着ているジャージは違うが、似たような相手とあまりにも何度も試合を続けているので、モチベーションを保ちにくかった。だから、アルゼンチンの加入はありがたかった。特にブエノスアイレスでの試合は、僕たちの年間スケジュールに新鮮な刺激をもたらしてくれた。

僕たちはラグビー・チャンピオンシップを無敗で優勝した。全勝できた大きな理由は、ヘッドコーチのスティーブ・ハンセンのおかげだった。ハンセンは就任直後のリーダー会議で、ワールドカップを制覇したチームは翌年パフォーマンスを落とすというジンクスがあると指摘した。だから、ワールドカップの優勝チームとしてさらなる成長を遂げることが、この年の僕たちの目標になった。僕たちは、過去の優勝チームのようにワールドカップの二日酔いにはなりたくなかった。それが二〇一二年の僕たちを突き動かす原動力になり、その結果、ほぼ完璧な戦績で一年を終えることができたのだった。

年末のツアーを前にして、僕は自分の個人的な記録が近づいているのを意識するようになった。オールブラックスとしての、通算一〇〇試合出場だ。すでに九〇数試合でプレーしていた僕は、あることに気づいた。うまくいけば、記念すべき一〇〇試合目をホームであるハミルトンでのアルゼンチン戦で迎えられるかもしれない。ハミルトンは、僕がオールブラックス・デビューを果たした思い出深い場所だ。このアイデアは冴えていると思った。一試合目と一〇〇試合目が同じ場所というのは運命的だし、おまけにそれは地元のニュージーランドだ。僕はヨーロッパでのチームの初戦であるスコットランド戦に出場した。次戦のイタリア戦ではベンチスタートになったが、ハミルトンでの一〇〇試合を達成するためにも、残り時間一〇分くらいから出場できればと思っていた。

試合終盤、オールブラックスは大差でリードしていた。ヘッドコーチのハンセンは、このテストマッチのスタンドオフにアーロン・クルーデンを使った。力の差のある相手との試合に起用することで、クルーデンに自信を与えたかったのだ。実際、この日のクルーデンは素晴らしいプレーをしていた。とはいえ、すでに点差は三〇点以上もあった。僕は身勝手ながら、数分間でもいいから試合に出場して、キャップ数を一つ稼ぎたいと思った。そのような考えを持つべきではないとわかっていたのだが、抑えることはできなかった。

残り時間がどんどん減っていく。僕は自分には出場のチャンスがないかもしれないと自覚し始めた。無性に腹が立った。残り数分の時点で、僕はピッチサイドで試合の状況を見守った。ウォーミングアップ用の固定自転車にまたがり、指示されてもいないのにペダルを漕ぎ、コーチの方を何度も見た。「試合に出してくれ」「もう試合は決まってるじゃないか」——そう心のなかでつぶやいたが、コーチは僕を出場させてはくれなかった。試合はそのまま終了した。猛烈な怒りがこみ上げてきた。

数日後、タッチラグビーなどスプリント系の無酸素運動を多用するトレーニングセッションがあった。まだイタリア戦のことで憤慨していた僕は、その怒りをぶつけるかのように全力で練習にンググランド戦だった。僕は試合前の一週間、まったく練習できなかったが、どうしてもプレーがしたかったおかげで、アキレス腱を痛めて次の試合にも出られなくなってしまった。ツアー最終戦はイタリア戦を逃し、そしてその後に怒りにまかせて馬鹿みたいに走り回ったからだと思い知った。

木曜日になってもアキレス腱の状態は回復しなかった。まだ足を引きずっていたので、週末の試合には出場できなかった。

ところが、木曜日までチーム練習はなかった。練習を中断した。当に泥濘んでいた。ウォーミングアップをしていると、アキレス腱の痛みが強くなってきた。僕は

た。小さなクラブチームでも、もっとましな場所で練習している。数日間降り続いた雨で地面は相

チームは次戦に向けてウェールズに移動した。練習用にあてがわれたグラウンドの状態は悪かっ

いと痛感した。

——知っているはずがなかった。僕は、もっとコーチに自分の考えをオープンにしなければならな

したかったのだ、と。ハンセンは僕がそんな気持ちだったことを、まったく知らなかったと言った

た。テストマッチ通算一〇〇試合目をホームで迎えるために、数分間でもいいからその試合に出場

しでも多くプレーさせたかったからだという答えが返ってきた。僕は正直に自分の気持ちを伝え

次の日、ハンセンと話をした。なぜ試合で使ってくれなかったのかと尋ねると、クルーデンに少

あって、余計に身体を激しく動かしてしまった。

続けた。僕は自分の考えをコーチに伝えることが苦手だ。怒りをうまく説明できないもどかしさも

いつもならこんなときは力を抜くのだが、そのときは頭に血が上っていたので、そのまま練習を

痛めたのとは逆の足だ）に張りを感じ始めた。

取り組んだ。頑張りすぎたのが良くなかったらしい。しばらくして、右のアキレス腱（フランスで

たかった。

僕の足の状態は良くなかったが、火曜日、チームメイトもトラブルに見舞われた。キャンプに参加していたほぼ全員の選手が、悪質なウイルスに感染してしまったのだ。下痢や嘔吐がひどく、誰もがトイレに閉じこもって出てこられないような状態になった。チームのスケジュールは大幅に狂ってしまった。

木曜日の練習の段階でも、まだベッドから出てこられない選手が何人もいた。僕は幸い、他の数人の選手と同様、ウイルス感染を逃れていた。チーム全体のエネルギーはすっかり低下していた。こんなふうに集団で体調を崩してしまうのは、シーズンのどの時点であってもチームにとって大きなダメージになる。疲れの溜まりやすい、シーズン最後の時期ならなおさらだった。だけど、僕たちはこれを言い訳にはしたくなかった。そして、できる限りの準備をした。

モチベーションを高める要因は他にもあった。今年最後のテストマッチを前にして、僕は今年のＩＲＢ（国際ラグビーボード）年間最優秀選手の候補として、二位のリッチー・マコウにわずかなポイント差をつけて首位にいると知らされた。マコウも僕も、競争心が強い人間だ。僕はこのままマコウに勝ちたいと思った。この時点では、上位三選手全員に年間最優秀選手になるチャンスがあった。僕は試合の序盤でアキレス腱を痛めてしまい途中交代したが、マコウも珍しく試合を欠場したので、ポイント差は変わらなかった。オールブラックスは二一対三八で破れ、シーズンの無敗記録がストップした。負けたのは残念だったが、個人的にはワールドカップの翌年に復活を印象付ける活躍ができたことを誇りに思ったし、二度目のＩＲＢ年間最優秀選手を受賞できて嬉しかった。前年のシーズンが散々だっただけに、自分の能力をあらためて証明できたような気がした。

残念だったのは、受賞の正式な知らせがなかったことだ。僕は数日後の日曜日に、チーム・マネージャーから受賞を知らされた。日曜日の夜、ＩＲＢ主催によるささやかな受賞パーティーがあったらしい。僕はプロモーションの仕事のためにドイツにいた。パーティーにはハンセンとマコウが参加し、僕の賞はハンセンが代わりに受けとってくれたとのことだった。もっと盛大に祝いたかったので、僕としては期待外れの形になった。

もっと残念だったのは、ニュージーランド国内のラグビー選手を表彰するスタインラガー・アワードだった。僕はＩＲＢの賞も手にしたし、年間を通じて良いプレーができたという手応えもあった。だから、最優秀選手に選ばれてもおかしくはないと思っていた。だけど、ノミネートすらされていなかった。それはこの一年に、後味の悪さを残した。僕は賞のためにプレーしているのではない。だけど、ＩＲＢの年間最優秀選手に選ばれるだけの活躍をしたのだから、少なくともニュージーランドでも年間最優秀選手にノミネートはされて然るべきだと思った。

そんなこともあって、シーズンを通じて自分のプレーには満足していたにもかかわらず、僕はいくらか後ろ向きな気持ちで一年を終えることになった。もちろん、それは賞の一件も関係していた。だが、アキレス腱の怪我が心に重くのしかかり、ネガティブ思考のスパイラルに陥り始めていたという理由もあった。その後、僕がこれまで経験したことがなかったような長い低迷期に苦しむようになるなかで、このネガティブ思考はピークに達することになる。

ファイナルイヤー・ダイアリー 7

ウェリントン、二〇一五年八月三〇日

ワールドカップのメンバー発表の前に、ウェリントンのインターコンチネンタル・ホテルからの通話を録音。

シドニーでは、とても疲れた。チームとしてフィールド上で取り組まなければならないことは多く、新しい動きもたくさん覚えなければならなかった。加えて、新しい組み合わせの選手同士でコンビネーションを学びながら、それまでのテストマッチのときとは別のチームとして戦おうとしていた。だから今振り返れば、試合に向けてチームの気合いは高まっていたものの、負けてしまったのは驚きではなかった。

それでも僕は、選手間の組み合わせが不慣れだったり、ゲームプランが不十分だったりしたせいで負けたのだとは言いたくない。特別な原因がなくても、なぜかチームがちぐはぐなプレーをしてしまう日はある。それがシドニーでの僕たちだったということだ。僕たちは強いチームだ。おそらく現時点では世界最強のチームだろう。だから僕たちは自信を持って試合に臨んだ。そして、負けた。

この試合の前には、新しい戦略が効果的だと思えた。僕たちは両サイドに幅広くボールを動かす、オープンなゲームプランを立てていた。オーストラリアの弱点はそこだと見ていたからだ。だが、僕たちは間違っていた。

その結果、ブレディスロー・カップの第二戦、チームは戦い方を大きく変えた。僕たちは余計なことは一切考えず、シンプルかつ直接的な試合をした。僕たちはまずボールを持ったら少しでも前に進むことを考えた。そしてその次に、スペースにボールを動かそうとした。

この変化はリーダー格の選手が主導したものだった。このチームは、リーダーと選手がゲームプランを明確に理解し、共通のメッセージを胸にプレーをしたときに目覚ましい力を発揮する。ちょっとした戦術の変更を全員が意識するだけで、チームのパフォーマンスと選手の気持ちには大きな違いが生じるのだ。

イーデンパークでの試合を控えた一週間、僕はアシスタントコーチのイアン・フォスターとよく話をした。フォスターは、僕をやる気にさせる言葉をかけてくれた。「これは君のチームなんだ。チームを引っ張ってほしい。フィールド上で味方に指示を出してほしい。試合はしっかりとしたゲームプランを持って戦う。だけど、途中で何かを変えたくなったら、そうしてもかまわない。これは君のチームなんだ。フィールド上では君が作戦に責任を持て」

フォスターとこうした話をしたことで、僕には強い責任感が芽生えた。そのことが嬉しかった。僕のキャリアからすればおかしな話だと思うかもしれないが、オールブラックスの試合には出たり出なかったりといった状況がもう何年も続いていたので、自分が主軸となってこのチームを動かしているという、かつてはあった感覚が薄れていた。

フォスターは、その忘れていた感覚を取り戻すように僕を促してくれた。そして僕は彼の期待に応えた。たとえばラインアウトのとき、僕たちバックスの選手は味方のフォワードがキャッチしたボールを展開するために、チームの戦い方に合わせた並び方をしてその斜め後ろで待機している。だけど僕はゲームの流れに応じて、自分の判断でバックスの選手の並び方を変えるように指示した。それは効果的だった。こんなふうにフィールド上でリーダーシップを発揮し、それがチームに良い結果をもたらしたとき、試合後に何より大きな満足感が得られる。

この一週間はさまざまな意味で特別だった。この試合はチームにとって今年最後のホームゲームであり、多くの選手にとってはオールブラックスとしての最後のホームゲームになる。マコウにとっては新記録を更新する記念すべき一戦でもあった。でも、一番印象的だったのは、試合に向けた準備期間中の出来事だった。今年、チームのディフェンスには「ウィレム」という呼称がつけられていた。アフガン戦争での功績によって、イギリス最高の戦功章とされる「ヴィクトリア十字章」を初めて存命中に授かったニュージーランドの軍人、ウィリー・アピアタにちなんでつけられたものだった。ディフェンスコーチのウェイン・スミスはチームミーティング時に何度かアピアタの話をしていた。敵の攻撃をかいくぐりながら負傷した味方を背負って運んだアピアタの勇敢な行為を、ディフェンス陣は見習おう、と。

土曜日に試合を控えた木曜日、アピアタはチームミーティングの場に招かれていた。彼はミーティングの最後に、当初は予定していなかったスピーチをすることになった。それは素晴らしかった。これほど聴き手の気持ちを高ぶらせることのできるスピーカーは、そうはいないはずだ。

アピアタの話を聴いた誰もが、気分を高揚させて会議室を出た。土曜日のイーデンパークの試合で僕たちが目覚ましいパフォーマンスを見せた大きな理由は、このスピーチにあったと思う。

僕はかなりのプレッシャーを感じていた。それ以前のテストマッチでメディアから叩かれていただけに、いいプレーをしたいという個人的な欲もあった。でもそれ以上に、このオーストラリアとの毎年恒例の対抗戦「ブレディスロー・カップ」を失いたくないという思いがあった。このカップには個人的に並々ならぬ思い入れがあった。オールブラックスに選ばれてからは、一度もブレディスロー・カップをオーストラリアに渡したことはなかった。だから、余計に負けたくなかった。それに、これはニュージーランドのラグビーではめったに体験できない、やるかやられるかのプレーオフ形式の試合でもあった。試合は熾烈な戦いになり、オールブラックスが勝利。僕はニュージーランドでの最後のテストマッチに勝つことができて、大きな安堵感を覚えた。

その後の一週間は穏やかに過ぎていった。ITMカップに戻らない僕を含む選手たちは、タウランガでのキャンプに参加した。このキャンプの主な目的はコンディショニングで、トレーナーのピーター・ギャラガーとニック・ギルにたっぷりと絞られた。その後、僕はオークランドに飛んだ。マコウたちと一緒に取り組んでいる慈善事業「iSport」(旧「ウォーター・フォア・エブリワン」)のイベントがベクターアリーナで開催されたからだ。寄付金はその夜だけで二〇万ドルも集まった。イベントでは、アリ・ウィリアムズがユーモアあふれたスピーチをし、マコウも僕たちを代表して素晴らしいスピーチをした。MCを務めたのはジョン・キャンベル。会場は素晴らしい雰囲気に包まれていた。

その後、ワールドカップのメンバーが発表されるまでのあいだに、オフの期間があった。こんな場合にはいつもそうであるように、僕はこのオフをスポンサー活動に費やすことになった。それは、僕のキャリアのなかでもっとも楽しいものになった。マスターカードは〝サプライズ〟キャンペーンを実行していた。同社のコマーシャルで、僕は八歳以下のラグビーチームの練習場にタックルパッドとヘルメット姿で潜入する。僕に向かってタックルの練習をする子供たちは、それがコーチだと思い込んでいる。僕がヘルメットを脱いだ瞬間、子供たちがどれくらい驚いた表情をしたかは、言わなくてもわかるだろう。

クライストチャーチでの別の撮影では、さらに印象深い出来事があった。撮影日の午前中は、この映像にボイスオーバーとして使う音声のためのインタビューをした。僕はサウスブリッジでラグビーに夢中になっていた頃の思い出を話した。

午後はカンタベリーのトレーニンググラウンドに移動して撮影をした。僕はラグビーの動作を何回か繰り返した。次のテイクは、僕が道を歩いている様子を映像に収めるというものだった。建物のなかに入ったとき、ラグビーのジャージを着た男たちが駆け寄ってきた。何が起こったのかわからなかった。殴られるのかと思った。僕は動揺しながら、彼らがサウスブリッジのラグビークラブのジャージを着ていることに気づいた。集団は、僕にタックルする直前で足を止めた。僕はここで初めて目の前の彼らの顔をはっきりと見た。

そこには、僕が生まれて初めて入ったラグビーチームで一緒にプレーした三人の仲間がいた。全員、もう一五年から二〇年も会っていなかった。それはいつまでも後を引く大きな衝撃であり、嬉しい驚きだった。仲間との思いがけない再会によって、それは特別な日になった。

オールブラックスに選ばれたことを知らされたのは今朝だ。チーム・マネージャーのダレン・シャンドからの電話が鳴ったとき、僕はプレールームで二人の息子と遊んでいた。もう何度も体験してきたのに、いまだに慣れることはない。今でもまだ胸がドキドキしている。

電話があったのは朝の九時頃。午前一〇時には、飛行機の予定とこれから先二週間ほどのスケジュールを知らされた。午後二時にはもう、ウェリントンに向かう飛行機のなかにいた。着陸すると、すぐにチームミーティングがあった。ヘッドコーチのスティーブ・ハンセンが、ワールドカップの話をし、僕たちに祝福の言葉を述べ、チームに寄せられた期待について語った。全身をアドレナリンが駆け巡った。僕たちはいつでもプレーできるという気持ちで会議室を出た。あと一カ月もしないうちに、大会が始まるのだ。

第15章

引退したい

その考えはゆっくりと這い上がってきて、いったん心に棲み着いたら、二度と出て行こうとしなくなった。それは僕がバーベルを持ち上げているときにこっそりと忍び込んでくる。眠れない夜に脳裡に浮かんでくる。だけど、それが頭から離れなくて悩まされるのは、なんといってもリハビリの最中だ――壊れた体を治そうとして、終わりのない、報われないリハビリをしている最中だ。頭のなかでその考えが何度も繰り返される。「なぜ僕はこんなことをしてるんだ?」「なぜ引退しないんだ?」

ラグビーの世界では、毎年たくさんの選手が引退する。僕たち現役選手にとって辛いのは、身近な仲間が引退していくことだ。ジミー・カーワンとアリ・ウィリアムズがジャージを脱いだのは、僕の心に大きな打撃を与えた。二人はフィールドを離れても仲良くしていた親友だった。年代別のチームに所属していた頃からの仲であるカーワンは、寛容な心の持ち主だった。浮ついたところのない、地に足のついた誠実な人間だった。ウィリアムズはまた別のタイプだった。「コミカルアリ」

というニックネームが、彼との友情がどんなものだったかをよく物語っている。オールブラックスの選手は、大きなプレッシャーや期待にさらされて自分自身を見失いそうになることが多い。特に僕のような内向的な人間の場合はそうだ。だけどウィリアムズは、僕が自分の内側に引きこもろうとするのを許してくれなかった。彼のいたずらやジョークで笑うとき、みんなはチームの目標に向けて前向きな気持ちで一致団結することができた。

二人がスーパーラグビーを離れて北半球のチームに移籍したとき、寂しさを覚えた。僕がラグビーに関わることで感じていた楽しさが、失われてしまったような気がした。特に、オールブラックスの一員としているときに。

オールブラックスには、新参の若手グループがいた。彼らはフィールドの内外でとても仲が良く、同じ音楽を聴き、一緒に食事をし、時間をつぶし、ビデオゲームやカードで遊んでいた。ウィリアムズやマコウ、僕たちがオールブラックスに入ったばかりの頃もそうだった。最初は遠慮していたが、すぐにこれは自分たちのチームだという感覚を持てるようになった。

若手はみんな、ほぼ同世代だった。僕はアーロン・クルーデンがスタンドオフとして台頭してくるのを目の当たりにし、その才能に感嘆すると同時に、脅威も感じた。ただし、クルーデンのことは選手として尊敬しつつも、自分にもチームに貢献できる能力は十分にあると感じていた。僕はチーム内に健全かつフレンドリーな競争があることを望んでいたし、新しい選手が鳴り物入りで入ってきても、そのことで神経質になったりはしなかった。僕のなかの競争心は、その挑戦を楽しんでいた。

少なくとも、それまでの僕はそうだった。だが今、僕の身体は壊れてしまった。それは終わりなきサイクルだった。数試合プレーをして、またどこかを負傷し、再び数週間のリハビリに取り組む――。自分の身体を信頼できなかった。フィールドに足を踏み入れる度に、次はどこを怪我するのだろうと思った。もし怪我をしたら――という不安が、心のなかで渦巻いていた。それは、絶好調の選手が考えることではない。結果的に僕は、うまくプレーのリズムに乗ることができなくなっていた。それは二〇一三年の冬だった。それまでは大きな喜びだったラグビーが、僕にとって監獄のようなものになってしまっていた。

怪我は、選手が年をとるごとに、重たくのしかかってくるようになる。負傷を、身体からの裏切りだと感じるようになる。そのときの僕には、深刻なものではないにせよ、身体を動かす度にどこかに痛みを感じるような気配があった。そして、痛みや違和感を覚えたとき、最悪の事態を想定するようになった。何か致命的な故障が生じる前触れではないかと恐れ、スポーツ医のトニー・ペイジや筋肉療法士のジョージ・ダンカンに身体を診てもらったり、メンタルコーチのギルバート・エノカに精神面の相談をしたりした。

そして、試合の日はピッチの外で戦いぶりを見守らなくてはならなかった。僕は見つめた――チームのみんなが感じている喜びを、その爆発的な運動能力を。僕は孤独だった。特に若い選手を見ていると、大きな喪失感を味わった。二〇〇〇年代、僕もまさに同じような若きプレーヤーだった。チーム全体を仲間のように感じた。そこには大きな一体感があった。練習に打ち込み、試合に全力を尽くし、その後は仲間たちと大いに楽しむ。そんな日々が永遠に続くような気がした。素晴らしいライフスタイルだった。

だが今では、バスの後部座席に乗り込んで周りを見渡しても、昔なじみのチームメイトの姿が五人ほどいればラッキーな方だ。古い戦友たちもみな、僕と同じように怪我に泣かされ、チームを出たり入ったりを繰り返している。プロ生活の最後の輝きを求めて北半球のクラブに移籍し、二度とオールブラックスに戻ってこない者もいる。その度に、僕は新たな喪失感を覚える。そして、チームの中心と結びついているという感覚が、薄れ始めていくのを感じる。

妻と幼い子供たちと一緒に暮らすようになったことで、長期の遠征も以前のようには楽しめなくなった。何社もの企業とスポンサー契約を結んでいたので、ツアーの最中でさえも自分の時間がほとんどなかった。メールに返信しなければならないし、イベントにも出席しなければならない。プロモーション用の撮影もあるし、握手会もある。僕がこれまでずっと愛してきたラグビーというスポーツは、獰猛《どうもう》な野獣のようなものに変わった。僕はラグビーにエネルギーをすっかり吸い取られ、以前のようには体力と気力を回復させられなくなっていた。毎週のように、ある考えが僕につきまとうようになった――いっそ引退してしまいたい。

そんな思いに悩まされた日の翌朝はよく、目を覚ましたときに、自分がラグビーをどれほど愛していたかを思い出したりした――かつて僕は、怪我に苦しむことなくトレーニングをし、みんなと言葉を交わし、試合すらも楽しんでいた。だけど数日もすると、また底なし沼に落ち込んだ。もうラグビーをやめたいと思った。二〇一一年に四年契約を結んだことを思い起こしては、後悔した。あのとき二年契約にしていたら、今頃は自由の身になっていたのに、と。それは心身を消耗させられる日々だった。〝引退してしまえ〟という悪魔の囁きと戦いながら、ラグビーをプレーし、プロスポーツの厳しい世界にさらされ、リハビリに取り組むのは、並大抵のことではなかった。

この辛い期間、僕の心の支えになっていたのはサバティカルだった。二〇一三年の末に、半年間の休みがもらえることになっていた。それは遠くに見える灯台の明かりだった。もしサバティカルがなかったら、僕はおそらく現役を続けることをどこかの時点で諦めていたのではないかと思う。だけど僕は毎日、一歩ずつ休みが近づいているのを実感できた。なんとかこのシーズンを乗り切れば、休暇が待っていると自分に言い聞かせた。六カ月間ラグビーから離れ、心と身体を立て直すことができる。そうすれば、再び新鮮な気持ちでラグビーに向かえるはずだ、ラグビーを愛する気持ちを取り戻せるはずだ、と。

辛かったのは、そんな気持ちをチームメイトには伝える気持ちになれなかったことだ。それを話すことが、仲間のためになるとは思えなかった。ラグビー選手に弱気な態度は似合わない。岩のように屈強な人間であることが、ラガーマンの売りにもなっている。そうしたイメージを保つことで、観客やスポンサーを惹きつけることはできる。でもその代わりに、心の内側にどんな思いを抱えていようとも、表向きは強い人間を演じなければならないのだ。ラグビーは大きな犠牲が求められる、残酷なスポーツだ。僕は何度もホナーに真情を吐露した。彼女は同じスポーツ選手として共感を示しながら、慰めの言葉をかけてくれた。

サバティカルの他にも、心の支えになっていたものがあった。それは、ある記録だった。僕は、スーパーラグビーの通算得点王になり、ラグビーの国際試合の通算得点王になった。だけど記録を塗り替えたとき、そのことにようやく気づいた程度だった。僕はこれらの記録のためにラグビーをしていたわけではなかった。だけど、負傷を繰り返すようになった頃から、ある一つの記録に取り憑かれるようになった。

それは、テストマッチ通算一〇〇試合出場だった。まず、リッチー・マコウがこの記録を達成した。続いて、ミルズ・ムリアイナ、ケヴェン・メアラム、トニー・ウッドコックが〝一〇〇試合クラブ〟の仲間入りをした。僕も最初は順調にこの記録に向かって進んでいた。二〇〇六年から二〇〇八年のあいだには、オールブラックスとして三五試合に出場している。だけど九〇試合を越えてからは、怪我のせいでなかなか記録に近づくことができなくなっていた。一、二試合に出場すると、すぐに怪我をして一カ月間欠場する。そんなことを繰り返していた。ときどき、自分はこの記録に到達できないように運命づけられているのではないかという思いに駆られることもあった——二〇一一年のワールドカップのときに、いつもと同じようにキックをしただけで大怪我をしてしまったように、何かの力によって記録が阻止されてしまうのではないかと。僕は自分の身体に恐怖を感じるようになった。練習中に走っていて、たとえばふくらはぎにかすかな違和感があったとする。それだけで、ものすごく大きな不安がよぎった——「やってしまったのか？　ふくらはぎを痛めてしまったのか？」。そして数分後、ようやく何もなかったと安心するのだ。

僕の怪我を治せると主張する人が、あらゆるところから現れた。ニュージーランドじゅうの医師やカイロプラクター、神経科医が、僕の故障の原因を説明する持論を持っていた。専門家は実家の両親のところに電話をかけ、僕の怪我の原因がわかる、それを治すこともできると売り込んできた。だけど、僕はそのオファーをすべて断った。なぜなら、自分の身体はもう末期的だと思っていたからだ。アキレス腱は去年からずっと弾力を失ったままだった。ふくらはぎやハムストリングスにも問題を抱えていた。まるで身体のあらゆる場所に爆弾が埋め込まれていて、それらが一つずつ顕在化していくことになっているかのようだった。すでに検知されたものもあれば、まだ眠っているものもある、というように。

コンスタントに試合に出場できないことは、たまにプレーしたときのパフォーマンスにも悪影響をもたらしていた。僕が自分に課していた目標はとてつもなく高かった。それは世界最高の選手であることだった。だが二〇一三年には、出場した試合のベストプレーヤーにすらほど遠かった。若い頃から苦楽を共にしてきた仲間たちは、一人また一人とニュージーランドから離れていった。毎週のように、誰かが日本やフランス、アイルランドのチームとの契約書にサインをしていた。度重なる怪我と、友人たちの離脱を目の当たりにして、こう自問せざるを得なかった――なぜ僕はここにいるんだ？

サバティカルは、僕の身体を再生させるための時間だった。よちよち歩きを始めたときから何よりも大好きだったスポーツへの愛を、再発見するための時間だった。僕はラグビー一家に生まれ、最初にボールを手にした瞬間から、他のどんなことよりもラグビーに夢中になってきた。これまで二〇年以上、僕の身体は頑丈だった。ラグビーへの愛が揺らぐことなどなかった。だけど今は、ラグビー以外のすべてが魅力的に見えた。とはいえ、サバティカル休暇はまだ数カ月先の話だった。ホナーに悩みを打ち明けられるのは幸いだった。彼女のアドバイスはいつも「嫌なことは忘れましょう。明日になったらもっと気分が良くなっているはずよ」というものだった。そして、それは真実だった。だけど、翌日になっても前の日と同じように暗い気持ちのままのときもあった。いったい、どうすればいいのだろう？

僕は精神の問題を、身体の問題と同じように扱うことにした。つまり、専門家の助けを得ることにした。幸い、オールブラックスにはラグビー界屈指のメンタルコーチ、ギルバート・エノカとセリ・エヴァンスがいた。僕は二人に何度も相談し、自分が人から見れば世界一と思われるような恵まれた仕事をしていること、その仕事を続けていられる期間もあとわずかしかないことを考えるようにした。自分は信じられないほど幸運だということに、目を向けようとしたのだ。世間一般からすれば、僕はジムでバーベルを持ち上げ、グラウンドでボールをあちこちに放り投げて、後はチームメイトとコーヒーでも飲みながら楽しく過ごしているだけで、普通の人には手が届かないような大金をもらっている、うらやましい存在に見えるに違いない。ほとんどの人は、一日中オフィスで働いているのだ（とはいえ、僕にはスポンサーやメディアへの対応という仕事もあった。一日まったくそのような仕事と無縁でいられるケースはほとんどないくらいだし、夜明け前から夜更けまで拘束されることもあった）。

唯一の問題は、エノカやエヴァンスに対して正直になりたいと思いつつ、それをためらってしまう自分がいたことだった。彼らはあくまでもチーム専属のメンタルコーチだった。僕は二人のことを信頼していたが、ヘッドコーチのスティーブ・ハンセンたちに自分の考えが筒抜けになっているかもしれないと思うと、恐怖でぞっとした。だから僕は、ネガティブな考えを抱く時間をできるだけ短くして、この辛い時期を乗り越えるように心がけた。

僕は、ハンセンに自分の気持ちを知られるのを恐れていた。僕たちの関係は、二〇一三年にひどく悪化した。僕はほとんど彼に話しかけなかった。ハンセンは忙しそうだったし、たくさんの人間の相手をしなければならない立場だった。だから僕はハンセンの邪魔をしたくないと思った。彼はもともと話しかけやすいタイプでもなかった。だから結局、僕たちは言葉を交わさないまま、お互いに〝相手はこんなふうに考えているはずだ〟と見当をつけ合うような関係になっていた。

心のなかで、ハンセンから信頼されていないのではないかと疑うようになった。「ハンセンはもはや、このチームのメンバーとして僕を必要としていない。必要とする理由もない。怪我ばかりしている選手のことを、信頼できるはずがないからだ」。僕の頭から、この疑念が消えることはなかった。

この年も、僕は怪我に悩まされた。シーズンの皮切りとなったホームでのフランスとの三連戦、僕は腕の骨折のために、最初の二試合を欠場した。さらにラグビー・チャンピオンシップの中盤、イーデンパークでの南アフリカ戦で、スプリングボクスのフッカー、ビスマルク・デュプレッシーに負傷させられてしまった。僕がアーロン・スミスからボールを受けた直後、すぐ近くにいたデュプレッシーが完璧なタイミングでタックルをしてきた。それは反則ではない、正当なタックルだった。僕は真っ二つに叩き切られたみたいになぎ倒され、肩を骨折した。全治六週間。この年の僕のラグビー・チャンピオンシップは終わった。

翌朝、通算一〇〇試合はいつ達成できるのだろうかと考えた。記録は九七試合でストップしてしまった。またしても、記録は達成できないのではないかという不安を感じ始めた。年末のツアーのメンバーに選ばれないのではないかという疑問すら浮かんだ。たしかに僕はこの一〇年、チームの主力選手としてプレーしてきた。だけど今は、自分がメンバーに選ばれ続けているのは、現在の調子や能力ではなく、実績だけを見てのことではないかという気がした。

リハビリ中、事態はさらに悪化した。僕はウエイトトレーニングができないのを埋め合わせようとして、ひたすらに走った。肩を負傷していても、ランニングはできる。ある日、イライラを打ち消すかのようにして激しく走っていたとき、またしてもアキレス腱を痛めてしまった。復活にかすかな望みをかけていた年末のブレディスロー・カップに出場するチャンスは、これで消えた。これは、僕にとってその年の五度目の怪我だった。僕は再び負のスパイラルに落ちていった。

メンタルコーチのエノカは、いつものように優れた直感で僕の異変に気づいた。そして僕を説得し、ヘッドコーチのハンセンとの話し合いを設定してくれた。僕の将来や、チームでの立場について話をすればいい、と。エノカは、僕がハンセンについて考えていることと、ハンセンが実際に考えていることとのあいだには大きなギャップがあることに気づいていた。こうしてハンセンと僕は、週に一回のペースでコーヒーを飲みながら話をすることになった。

九月に行われた初めての話し合いで、ハンセンと僕は多くの気づきを得た。僕が自分の考えを伝えると、彼はショックを受けていた。僕がそんなことを考えていたなんて、想像もしていなかった、と。僕は大きく安堵した。そして年末のツアーを、自分のキャリアを左右するような深刻なものとして受け止めるのではなく、パフォーマンスの質をあまり気にすることなく、わずかでもプレーすることを目標にすればいいと、頭を切り替えられるようになった。

僕は、年の始めにオールブラックスのチームドクターを前任のデブ・ロビンソンから引き継いだトニー・ペイジと会った。周りの誰もが、僕がテストマッチ通算一〇〇試合の達成に並々ならぬ意欲を燃やしているのを知っていた。僕はアディダスに頼んで、この試合専用の記念のシューズをデザインしてもらっていたくらいだった。この金と赤のシューズを試合で履く日を迎えるのが、楽しみでしかたなかった。しかし僕は、怪我のためになかなか試合に出場できない期間が続いたことで、このシューズを履いてピッチに立つ日が本当に来るのかと疑心暗鬼になっていた。結局、ペイジと相談し、アキレス腱付近（アキレス腱そのものではなく）にコルチゾン注射をすることにした。それによって、プレーができる程度にアキレス腱の不快感を減らすのに役立つとのことだった。注射の効果が持続するのは三、四週間程度だが、その間は走れるようになる。

僕たちはヨーロッパに向かう途中で、まず日本と試合をした。これは僕にとって、テストマッチ通算九八試合目になった。一〇〇試合達成に向けた残り三試合の、第一戦という位置づけだ。この試合に出場できて、肩の荷をかなり降ろすことができた。五〇分間ほどプレーしたが、出来は僕のキャリアのなかでも指折り数えられるくらいに良くなかった。その後も、アキレス腱に硬直感があり、走ったり練習したりすることがほとんどできなかった。他の状況なら、無理はしなかっただろう。だけど僕はどうしてもこのツアーで一〇〇試合を達成したかった。もう一度この記録に挑むチャンスが得られるかどうかはわからなかった。それを判断するのは、コーチと医療スタッフだった。サバティカルによって自分がどう変わるのかもわからなかった。ラグビーのない生活を経験した後、もう一度プレーしたいと思うのだろうか？　だからこそ、このツアーで記録を達成したかった。そうしなければ、一生後悔につきまとわれるかもしれない。

次のフランス戦、僕は先発して五〇分強プレーした。日本戦よりもはるかに自由に走ることができた。ウォーミングアップを終えたとき、アキレス腱に違和感はなかった。僕は大きな安心感を覚えた。これでテストマッチ通算九九試合目。次のトゥイッケナムでのイングランド戦に出場すれば、ついに一〇〇試合に到達できる。ラグビーの聖地トゥイッケナムほどの大舞台はない。記念すべき試合に向けて、最高のお膳立てが整ったとも言えた。

試合の数日前には、父もイングランドにやってきてくれた。頼もしかった。父はいつだって、僕の最大のサポーターでありメンターだ。記者会見も開いた。それは特別な気持ちにさせられるものだった。これまでの歩みを振り返ることで、初めて自分のキャリアを全体的にとらえることができたように感じたからだ。イギリスのメディアは辛辣だ。だが、彼らにはこのような節目の試合が持つ意味を文脈に沿って説明できるだけの能力があった。それだけに、ロンドンでこの試合を迎えられたのは僕にとって幸運だった。イングランドのチームも僕に敬意を示してくれた。試合後には、選手全員のサイン入りのジャージをプレゼントしてくれた。

気分は高揚していたが、コンディションは万全とはほど遠かった。走れたが、自由度はかなり制限されていた。コルチゾンの注射からすでに三週間が経過していたので、そろそろ効き目がなくなってくる頃だった。それでも、どうしてもこの試合に出場したかった。だから、どうなろうとかまわないという強い決意を抱いていた。試合当日、黄金のシューズを履いてトゥイッケナムのフィールドに飛び出した。最高の気分だった。観客も大喝采で迎えてくれた。鳥肌が立った。今でも思い出す度に鳥肌が立つ。

僕たちはハカを踊った。その日、ハカをリードしたのはリーアム・メッサムだった。メッサムはハカの途中で、僕のジャージをつかみ、そのまま僕の身体を引き上げた。それは完全に予定外の、そして予想外の動作だった。僕はどう反応すべきかわからず、戸惑いながらもそのままハカを踊り続けた。それはメッサムが見せた、非常にまれな形の敬意の証だった。僕の選手生活を通じても、このようなシーンに出会ったことはほとんどない。

序盤は順調だった。晴れ舞台に張り切っていた僕は、ここ数カ月では見せたことのないほどの良いプレーをした。ステップ、パス、パントをする度に、これまで味わってきた苦しみが洗い流されていくようだった。前半二〇分、僕はボールを受け、ステップを踏み、タックルをしてきた相手と激突した。倒れたとき、アキレス腱に嫌な感触があった。鋭い痛みだった。立ち上がり、五分ほど足を引きずりながらプレーしたが、もう終わりだとわかった。僕は片足のみで前に進みながら、チームの役に立てなかったことを自覚しつつ、不本意ながらもピッチを去った。この一週間、今日の試合のために最大限の準備をしてきたことを思えば、それはおぞましい結末だった。去年も、同じようにしてフィールドを去ったことを思い出した。しかも、今回の怪我の方が深刻なのがわかっていた。

足を引きずりながら、サバティカルのことを考えずにはいられなかった。このサバティカルは、僕にとって静養のための期間になるはずだった。身体を回復させ、調子を整えるための期間になるはずだった。そして、ラグビーなしの生活をすることで、このスポーツへの愛を再発見するための期間になるはずだった。それが、たった今のこの怪我によって、この期間を新たなリハビリに費やさなければならなくなる。

僕は思った。今日のゲームは、自分にとって現役最後の試合になるだろう——。

第16章

パトリオット・ゲーム

それはボストンの典型的な冬の日だった。空気は清々しく、空は澄み渡り、凍えそうなほどに寒い。二〇一三年の年末、僕にとって二回目のサバティカルの始まりだった。僕はラグビーが大好きだという思いを蘇らせるために、いったんこのスポーツから完全に離れたかった。そのとき一緒にいたのは、スポーツ・エージェントとして働いている友人のルーク・ロイド・デイヴィスだった。僕がNFLのファンであることを知っていたルークは、ニューヨークでのAIG社向けのプロモーションの仕事の後に、ニューイングランド・ペイトリオッツの施設を見学しようと言ってくれたのだ。

月曜日、スタジアムを訪れた僕たちは、受付に向かった。それはホームゲームの翌日で、施設はオープンしていたものの、ほとんど人影はなかった。受付につくと、僕たちは名前を呼ばれて歓迎された。まるで、アポイントメントをとっていたかのような扱いだった。僕はそのとき、何か様子がおかしいと気づいた。すぐに、ペイトリオッツのスカウト二人が現れた。彼らは僕に、シューズは用意してきていないのかと尋ねた。

そう、スカウトたちは、僕がトライアウトを受けにきたと思っていたのだ。僕は腰が抜けそうになるほど驚いた。同時に心のなかで、少しばかり惜しいことをしたとも思った。アメリカンフットボールがどんなものかを体験してみたいという純粋な好奇心がわき上がったからだ。しかし、アキレス腱を怪我していたし、数カ月はキックをすることができない状況だったので、それは叶わなかった。

彼らは意気消沈しているように見えた。まるで僕たちのスタジアム訪問について、チームから間違った情報を与えられていたとでもいうように。それはシュールな光景だった。僕たちは観光客のように施設を見学するつもりだった。だがペイトリオッツの考えは明らかに違った。なぜそうなってしまったのかは、いまだによくわからない。ともかく僕たちはそのままスカウトと話を続けた。ほどなくして、スカウトが言った。「ミスター・クラフトが君たちに会いたがっている」

ミスター・クラフトとは、チームの伝説的なオーナー、ロバート・クラフトのことだ。製紙ビジネスで財産を築いたクラフトは、一九八〇年代にペイトリオッツのスタジアム周辺の土地を購入し始めた。そして一九九四年、このNFLチームを一億七二〇〇万ドルで買収した。これは、スポーツチームの購入価格としては当時の史上最高額だった。そんな大物が僕に会いたがっているなんて、信じられなかった。

僕たちはクラフトの秘書の案内に従い、スタジアムの奥深くにあるオフィススペースを進んでいった。オフィスの前につくと、椅子に腰掛けてしばらく待った。クラフトの部屋から出てきた秘書が、格式張った口調で言った。「ミスター・クラフトの準備が整いました。これからあなたたちにお会いになられます」

室内には、成功の匂いが充満していた。木製の棚には記念品やトロフィーが所狭しと並べられていた。昔ながらのスタイルだ。クラフトは単刀直入に僕たちに質問をぶつけてきた。彼が大成功を収めることができたのかがわかったような気がした。

「アメリカンフットボールがしたいのか？」

「このチームに何をもたらせるのか？」

「ラグビーからＮＦＬにうまく転向できると思うか？」

世間話のようなものは何もなかった。僕はしどろもどろになりながら質問に答えた。途中でルークの方を何度かちらりと見たが、彼も僕と同じように面食らっていた。ルークもこの訪問を、気楽な見学のようなものだと思っていたのだ。ともかく僕たちは、アメリカンフットボールの世界の現実について、そして僕がこのスポーツに転向することは可能かどうかについて、一〇分から一五分くらい話をした。行きがかり上、そうするしかなかった。

だけど正直に言えば、僕はクラフトの話に少しばかり興味をそそられていた。そのときの僕と同じような立場に立たされたら、いっぱしのアスリートなら誰だってちょっとはその気になったはずだ。僕がトゥイッケナムでアキレス腱を負傷していなかったら、ひょっとしたら未来は変わっていたかもしれない。それは誰にもわからないことだ。とはいえ、残念ながら僕は怪我をしていたので、クラフトとの会話はいささか現実味に乏しいものになった。ルークが話題を少しだけ現実的な方向に変えた。水曜日にマディソン・スクエア・ガーデンで開催されるエルトン・ジョンのコンサートだ。実は、僕たちがニューヨークに来た一番の理由はこのコンサートだった。

ルークが勤務していたのは、サー・エルトン・ジョンの帝国のエンターテインメント部門とスポーツマネジメント部門を司る会社、ロケット社だった。同社では、エド・シーランなどのアーティストから、ツール・ド・フランスのサイクリスト、ゲラント・トーマスなどのアスリートまで幅広い人材のマネジメントを行っている。僕は数年前にルークと知り合い、友達になった。ルークのボスであるエルトンは、ミスター・クラフト（誰も彼のことをロバートとは呼べない）の親しい友人だった。僕たちがペイトリオッツの施設を見学させてもらえることになったのも、そんな背景があったからだった。クラフトとの話を終えた後、僕たちは別の部屋に移動し、チームのスカウト部長と、僕がアメフトをプレーする可能性について真面目に話し合った。

スカウト部長は、入団テストからトレーニング内容に至るチームのプロセスについて詳しく説明してくれた。ペイトリオッツは、優秀な人材を集めるためにさまざまな努力をしているのだという。大学からも、毎年大勢の若い才能がこの球団に入ってくる。僕はそれを聞いて、自分がこのチームでやっていくのは簡単なことではないと思った。だが、スカウト部長も言っていたように、ミスター・クラフトは常識外れのことをするのが好きだった。クラフトは、もし僕がこのチームに入ったら、メディアやファンに大きな話題を提供できることも知っていた。だから、僕にとってそれはおとぎ話のように思えたが、チームの人間はみんな僕のことを新人候補として真剣に考えていた。もちろん、それが型破りなことであるのは承知のうえではあったけれど。僕は、続けてペイトリオッツのスペシャルチームの責任者とも話をすることになった。チームのキッカーの指導やサポートをしているという彼に、トップクラスのプレースキッカーがどんなキックをしているのかを、映像を見ながら二時間ほどかけて説明してもらった。

僕はこれまで何年間も、ラグビー・リーグの選手だったダリル・ハリガンやオーストラリアン・フットボールの選手だったミック・バーンといった一流のコーチにキックを指導してもらっていた。特にミックは、僕のキッカーとしての成功に大きな役割を果たしてきた。しかし、ペイトリオッツでの指導は、僕たちのそれよりもはるかに細かかった。僕は彼と、軸足の位置や、ボールのスイートスポットを的確にとらえるための助走角度などについて話し合った。彼は六人ものNFLのキッカーの映像を僕に見せながら、細かな解説をしてくれた。

僕はアメフトとラグビーとのプレースキックの違いは、ヘルメットをかぶることくらいだろうと思っていた。だけど彼の説明を聞いて、それが大きな間違いだと気づいた。アメリカンフットボールでのプレースキックでは、キックの直前にチームメイトにボールを適切な位置にセットしてもらわなければならない。つまり、助走の段階ではキッカーにはボールは見えておらず、味方が然るべき場所にボールを置いてくれることを信じて走り込まなければならないのだ。キックティーでボールをセットし、固定されたそのボールを見ながら助走をするラグビーとは大違いだ。

ようやくセッションが終わった。彼は僕に美しいNFLの試合球をプレゼントしてくれた。そして、僕にぜひチームに入ってほしいと言った。僕には二〇一五年の末までのクルセイダーズとの契約があった。それでも彼らは、僕がチームに来るのを望んでいるように見えた。テストを受けるためには自分を売り込むためのテープを球団に提出する必要があった。彼はテープの提出期限やトライアウトなどのスケジュールを教えてくれた。

僕は目眩を感じながらスタジアムの外に出た。その日の朝、僕たちは単にこの巨大なスタジアムを見学するつもりだった。それが昼食時には、たった今示されたばかりの新しい可能性のことで頭がいっぱいだった。アキレス腱のリハビリに向けて新たな意欲が湧いた。これが現実の話なのか、サバティカルの合間に見た夢にすぎなかったのかをはっきりとさせたいと思ったからだ。

ミスター・クラフトは、僕たちに彼の運転手付きの高級車で飛行場に行き、彼のプライベート機でニューヨークに戻ったらいいと言ってくれた。僕たちは夕方に別の予定があったので、丁重にそれを断った。とはいえ、それはNFLの世界がいかに裕福で、いかに高いプロ意識があるかを垣間見せるものだった。そこには引き込まれてしまうような魅力があった。

その週には、これと同じくらいシュールな出来事があった。僕は友人でテレビワンの記者をしているジャック・テイムと一緒に、マディソン・スクエア・ガーデンでのエルトン・ジョンのコンサートを鑑賞した。最高のコンサートだった。年齢を重ねていても、エルトンの存在感とカリスマ性はまったく衰えていなかった。それは圧倒的だった。僕は自分が彼の曲を驚くほどたくさん知っていること、それらが大好きだということをあらためて実感した。ショーの最後に、ルークが僕たち二人を発見し、エルトンに会わないかと言った。

僕たちは控え室にお邪魔し、生きる伝説と一五分を過ごした。最初、僕は緊張で固まってしまった――エルトンのような人物を前にして、いったい何をしゃべればいいというのだろう？　だけどエルトンは僕たちをリラックスさせてくれた。彼はさまざまなスポーツが大好きで、オールブラックスの完璧なシーズンを祝ってくれた。そこには、ジャック、ルーク、エルトン、そしてエルトンの当時のボーイフレンドで、今は夫になったデビッドがいた。僕たちはしばらくスポーツについて話をした。ふと、エルトンが僕の方に身を寄せ、来年の三月頃は何をしているのかと尋ねた。

六カ月間のサバティカルの最中であることを伝えると、エルトンが言った。「じゃあ、僕のオスカーパーティーにぜひ来てくれ」。僕は、それは素晴らしいと言った。実際、その通りだった。ホナーと一緒に、世界でも指折りの豪華なパーティーに参加できるなんて。今でもそのことを思うと、信じられないような気分になる。コンサートが終わり、帰国のときが来た。ニュージーランドに戻った僕は、それまでと同じように家族とくつろいだ時間を過ごす日々を再開した。

リラックスした日々には、終わりがなかった。その夏、僕はハイスクールを卒業して以来、もっともだらしなく、もっとも気ままで、もっとも楽しい毎日を過ごした。それは最高の時間だった。それこそがまさに僕が求めていたものだった。一二月から一月にかけて、僕はラグビーのことをまったく考えなかった。オールブラックスのことも、スーパーラグビーのことも、何より、練習のことも。練習が大好きで、これまで二五年以上もランニングやウエイトトレーニング、リハビリをしてきた人間にとっては、大きな変化だった。僕の身体は休養を必要としていた。プロのスポーツ選手には、怪我がつきものだ。怪我は絶えず僕たちの身近にある。身体のあちこちに、漠然とした違和感があることも多い。

三〇代に入ると、僕の身体は満身創痍《そうい》の様相を呈してきた。一箇所の不調は別の箇所の不調と鎖のようにつながっていた。骨と筋肉は、古傷を結ぶ蜘蛛の巣のようだった。怪我をした箇所をかばうために、身体じゅうに負担がかかっていた。

このときの問題の根源は足首だった。北半球ツアーの後、僕は手術をして足首に残っていた小さな骨片を取り除いた。コルチゾン注射のおかげで、プレーができないほど状態が悪いわけではなかった。それでも、膝をつま先よりも前に出すことができなかった。その結果、ふくらはぎやハムストリングス、そして両脚全体に大きな負荷をかけることになってしまっていた。

ＭＲＩの結果、イングランド戦の負傷によってアキレス腱が断裂していることもわかった。アキレス腱断裂を治すための最良の方法は、手術ではなく休養して自然治癒に任せることだ。だがシーズン中の選手は、早く試合に復帰するために手術に踏み切らざるを得ないことも多い。こうやって無理を重ねていくことで、一つの怪我が、全身のさまざまな場所に悪影響を及ぼしていくようになる。今回のサバティカルの狙いには、ラグビーへの愛を回復させることだけではなく、身体を自然な状態で休ませるという側面もあった。

サバティカルに入って二カ月、傷は癒え始めていた。まだ痛みはあったが、僕はコンディショニング・トレーニングを開始したくてうずうずしていた。体重は休暇前に比べて八キロも減っていた。僕は、練習をしないと逆に痩せる体質なのだ。ここまで体重が落ちたのは二〇〇一年以来のことだった。これで、再び身体をつくり直すことのできる状態が整った。

二〇一四年二月一日、僕はこのプロセスを本格的に開始した。まず、オールブラックスのフィジカル・トレーナーのピーター・ギャラガーとストレングス・アンド・コンディショニング・コーチのニック・ギルに、オークランドのビクトリア・ストリートにあるレ・ミルズ・ジムで今後のベースラインとするために現時点の僕のフィットネスを測定してもらった。そのまま三人で同じストリートにあるベスト・アグリーという店に行き、コーヒーを飲みながら今後四カ月の計画を立てた。目的は、新しいダン・カーターをつくり上げること、僕の身体から古いがらくたをすべて叩き出すことだ。

僕は筋肉をだいぶ失っていたが、それはあまり気にしていなかった。身体が大きくなりすぎていたからだ。ピーク時には九八キロもあり、ベスト体重を四、五キロも上回っていた。筋肉が多すぎると、関節に負担がかかり、怪我につながりやすい。

コーチたちが指摘した僕の欠点は、予想通り、体幹が弱いことだった。僕も以前からそれを自覚していた。特に、臀部の筋肉が弱かった。僕たちは今後、月に一度会ってトレーニングの進捗状況を評価し、それに応じて計画を修正していくことにした。二月、まずは基礎的な運動を始めた。身体の感覚を取り戻し、再び一から土台を築いていくための、スクワットなどを主体にした自重トレーニングだ。この運動は、近所のジムや、ちょっとしたスペースがあればどこでもできるものだった。ただし僕は、このトレーニング・プロセスを急いで進めようとはしなかった。大切なのは、長年の選手生活で蓄積したさまざまな身体の問題を一つひとつ解決していくことだった。ラグビーから離れて家族と過ごしたり旅行をすることを優先させたかった。

僕たちはトレーニングの開始にあたり、ストレスや怪我を減らすためのルールを定めた。その一つは、「長い移動をした翌日はトレーニングをしない」というものだった。これは少しばかり厄介だった。僕はその後数カ月、いくつもの旅行を計画していたからだ。以前から観戦したかったスポーツイベントにたくさん出かけたいと思っていたし、エルトン・ジョンのパーティーも大きな楽しみとして控えていた。

ホナーと僕はどちらも田舎の出身で、派手なパーティーはもともとあまり性に合わない。世界有数の豪華なイベントならなおさらだった。だから最初、僕たちはエルトンのパーティーに行くのはやめようと思っていた。あまりにも場違いな気がしたからだ。

だけどしばらくして、僕たちは考えをあらためた。ほとんどの人にとって、あのパーティーはどんな手段を使ってでも参加してみたいと思わせるような夢のイベントだ。年をとったときに、やっぱりあのとき出席しておけばよかったと後悔したくはない。ルークに電話をして、参加の手続きをすべてしてもらうことにした。僕たちがすべきことは、航空券の予約だけだった。

だが予約を終えると、すぐに次の心配事が浮かんできた。パーティーには、何を着ていけばいいのだろう？　特にホナーにとって、それは切実な問題だった。結局、僕たちは結婚式で世話になった人たちに再び頼ることにした。ホナーはアンナ・シンメルに依頼してドレスを新調し、僕はクレーン・ブラザーズにタキシードをつくってもらった。僕たちはパーティーの数日前にLAに飛び、観光を楽しむことにした。僕はLAの街があまり好きにはなれなかった。ハリウッドのけばけばしさが、どぎついと感じたからだ。特に、アカデミー賞の授賞式を直前に控えたこの時期はそれが顕著だった。それでも、僕たちは現地に住む友人たちと楽しい時を過ごした。親という立場から解放されるのも久しぶりだった。この数日間は、息子のマルコはホナーの母親とベビーシッターに面倒を見てもらうことにしていた。

いよいよパーティー当日。僕たちはドレスアップし、深呼吸をしてイベント会場に向かった。これはエルトンが、エルトン・ジョン・エイズ基金への寄付金を集めるために主催しているパーティーだ。大勢の豪華ゲストが出席し、アカデミー賞の授賞式の様子を会場の巨大スクリーンで鑑賞し、その後でオークションをする。ルークにそそのかされてレッドカーペットを歩くことになった僕たちは、目の前の光景を見て怖じ気づいた。僕たちの前に歩いたのはシェリル・クロウだった。観衆とパパラッチが興奮して歓声を上げ、カメラのフラッシュが次々とたかれた。僕たちの番になった。「ダン、アンド、ホナー・カーター！」アナウンサーが威勢よく叫んだが、何の反応もなかった。カメラマンが二人ほど僕たちの名前を叫んでくれたが、僕にはそれはお情けのように聞こえた。ものすごく恥ずかしかったが、スリルも感じた。

場内に入った僕たちは、あちこちにいる有名人に目を奪われた。ふと気づくと、隣にはイギリスのシンガーソングライター、エド・シーランが立っていた。シーランはとても楽しい男で、ニュージーランドが好きだと言ってくれた。彼はパーティーの終盤、エルトンと「キャンドル・イン・ザ・ウインド」をデュエットした。テーブルに案内されて着席した僕たちは、パーティーのあまりの豪華さに圧倒された。向こうのテーブルにはレディー・ガガがいた。その隣のテーブルにはキム・カーダシアンがいて、さらにその後ろにはブリトニー・スピアーズがいた。見渡す限り、スターだらけだ。僕たちのテーブルには、あのアメリカのコメディアン、ティム・〝ツールマン〟アレンがいた。

ホナーと僕は、隣に座っていた女性と雑談を始めた。彼女は実に気さくで、僕たちはおしゃべりを楽しんだ。彼女が席を外したとき、隣にいた男性から「彼女が誰だか知っているのか？」と尋ねられた。「残念ながら、知らないんだ」僕は答えた。そして、僕たちがよそ者であることを説明し、申し訳ない気持ちを表すために、「僕たちはニュージーランドから来たんだ」と付け加えた。

「彼女はテイタム・オニールだよ！」彼は、彼女のことを知らないなんてとんでもないといったニュアンスを漂わせながら言った。「それはすごいな」僕はそう言いながらも、まだ彼女が誰なのかがわからなかった。「最年少のオスカー受賞者だぞ！」男性が言った。僕は、それは事実ではないと思った。「いや、違うな。それはアンナ・パキンだよ」僕は自信満々で言った。「ほら、彼女はあそこにいる」

「彼女は二番目さ」男性はきっぱりと言い返した。僕は携帯電話を取り出し、グーグルで彼女のことを調べることにした。そうすれば、この男性がこんなにむきになっている理由もわかるはずだ。僕はオニールが一〇歳でオスカーを受賞していたことを知った。彼女の人生は波瀾万丈だった。ジョン・マッケンローと結婚し、薬物の問題を体験し、多くの作品に出演していた。オニールは信じられないほど有名な人物だった。それなのに僕は、何も知らずに彼女と話をしていたのだ。この逸話は、この夜に僕が体験したことをよく物語っていた。

しばらくして、ペイトリオッツのオーナー、ミスター・ロバート・クラフトと再会した。クラフトは僕のことをはっきりと覚えていただけではなく、入団テストを受けるためのテープはもうつくったかと冗談めかして僕を驚かせた。僕はその場を笑い流したが、彼がまだ僕に興味を持ってくれているのを光栄だと思った。アメリカンフットボールに転向するというアイデアには、まだ少しだけ心を惹かれていた。

アカデミー賞授賞式の中継が終わると、エアロスミスのボーカル、スティーヴン・タイラーがステージに上がり、オークションが始まった。このオークションは、この夜のゲストがとてつもない大金持ちであることを如実に示すものだった。エルトンのサイン入りのピアノの競りは、五〇万ドルからスタートした。僕は両手をしっかりとテーブルの下に固定しながらオークションの様子を見ていた。オークション後、ホナーと僕は会場内にタイラーがいるのを見つけた。ホナーが一緒に写真を撮らせてほしいとお願いすると、タイラーは喜んで応じてくれた。だけど僕が同じように記念写真をねだったときは、あまり嬉しそうにはしてくれなかった。

この夜は、こんなふうに信じられないような瞬間の連続だった。僕たちはパーティーを存分に楽しみ、翌日、愛するマルコや家族、友人が待つ日常の世界に向けて帰国の途についた。

僕はサバティカルの期間を過ごしているあいだ、ラグビーへの愛が蘇るのをずっと待っていた。シーズンが近づいてきたら、プレーをしたいという意欲がいつものように湧いてくるのではないかと期待していた。だけど、そうはならなかった。いつまで経ってもラグビーに興味が持てなかった。ごくたまに、クルセイダーズの試合のテレビ中継を見ることはあった。だが、それだけだった。僕はそんな自分にがっかりもした。六カ月も休暇をとったのに、それでもまだラグビーをしたいと思えない。トレーニングには充実感を覚えていた。だけど、次の土曜日に試合に出たいかと尋ねられれば、そんなのはまっぴらご免だった。

幸い、そんな僕の気分を紛らわしてくれるイベントは他にもあった。三月下旬、マレーシアのクアラルンプールで開催される「ローレウス世界スポーツ賞」の授賞式に出席することになったのだ。これは世界の優れたスポーツ選手やチームを表彰する賞で、その年の年間最優秀チームにオールブラックスがノミネートされていた。だが、シーズン中で選手もコーチも手が離せない。そこで、僕がチームを代表して授賞式に参加することになったのだ。当初、ホナーと僕はマレーシア航空の便を利用するつもりだった。だがほどなくして、同社のMH三七〇便の行方がわからなくなるという事件が起こった。僕たちは恐ろしさを感じながら、別の航空会社の便でマレーシアに向かった。

この事件は授賞式に暗い影を落としていた。この時期にクアラルンプールに滞在するのは、いたたまれないような気分にさせられる体験だった。同便の乗客の家族が感じているであろう大きな悲しみや不安が、ひしひしと伝わってくるようだった。そのため、授賞式もトーンダウンしたものになった。誰もが、この雰囲気のなかでこの類いのお祝い事をするのは相応しくないと感じていた。
とはいえ僕は、その夜に会場に集った豪華な顔触れを見て心を躍らさずにはいられなかった。それはさしずめ、スポーツ界のアカデミー賞だった。ルイス・ハミルトンやセバスチャン・ベッテルなどのF1ドライバー、カール・ルイスやセバスチャン・コーなどの元陸上選手——どこを見ても、世界に名を知られたアスリートがいた。残念ながらオールブラックスは受賞を逃したが（選ばれたのはドイツのサッカーチーム、バイエルン・ミュンヘンだった）、それは忘れられない体験になった。

その後、僕たちは香港に移動してホナーの妹夫妻と時間を過ごし、そのまま現地で七人制ラグビーの大会「香港セブンズ」の試合を観戦した。セブンズを観るのは初めてだった。僕はこの体験をものすごく楽しめた。一人の観客として、なんのプレッシャーもなくゲームを観ることができたからだ。練習をする必要もないし、プレーをする必要もないし、メディアやスポンサー向けの仕事をする必要もなかった。僕はただの観客でいられた。僕たち現役選手は、世界各地のビッグスタジアムを転々としながら試合をしているが、シーズン中には大きなスポーツの大会を一観客として楽しめる機会はほとんどない。一ファンとして国際的なスポーツイベントを観戦できるのは素晴らしいことだった。

ホナーはその後でニュージーランドに帰国したが、僕はゴルフのマスターズを観戦するためにジョージア州オーガスタに向かった。そこでは、友人のクリス・リデル、そして彼のビジネスパートナーであるクレイグ・ハートリーと会った。ハートリーはニュージーランドビジネス界の伝説的な人物で、八〇年代にブライアリーインベストメント社やウールワース社を渡り歩き、その後でスカイ社を創業したことで知られている。ゴルフの腕前も一流で、アメリカの大きなプロアマ大会で何度か優勝したこともある。それもあって、ニュージーランド人としては唯一、オーガスタナショナルの会員という特権的な地位を得ていた。

僕はこれまでラグビー選手としてさまざまな経験を積んできた。だが、オーガスタは僕がそれまでに見てきた世界とは何もかもが大きく異なっていた。その歴史、伝統、エチケットは、現代のスポーツイベントの多くで失われているものだった。カメラの持ち込みが許可されていないので、携帯電話すら持ち歩けなかった。僕はこの大会の格式の高さを実感し、そこに居合わせることのできる幸せを噛みしめた。

ハートリーが大会のメディア委員長だったこともあり、僕は普通なら入れないような場所にも紛れ込ませてもらった。アダム・スコットの記者会見も生で見たし、その後で彼と少し話もした。ゴルフコースも歩かせてもらった。素晴らしい体験だった。

僕はこの間もトレーニングを続けていた。プログラムは三カ月目に入っていて、コンディションにはかなり手応えも感じていた――まだフィールド上で身体を動かしてみたいという気持ちにはなっていなかったのではあるが。オーガスタでは、ゴルフコース付近の施設内にトレーニングジムがあった。そこには大会に出場しているゴルファーも何人か出入りしていた。僕は同じプロスポーツ選手として、トレーニング中に人からじろじろと見られたり声をかけられたりすることの辛さを知っていた。だから、なるべく目立たないようにして、彼らに話しかけたりもしなかった。ある日、このジムでトレーニングをしていたとき、少し離れた位置にローリー・マキロイがいるのに気づいた。知らないふりをしてトレーニングに精を出したが、マキロイが何度もこちらの方を見ているのがわかった。僕は彼の邪魔をしたくなかった。マキロイは世界最高峰のゴルフ大会でプレーするためにここに来ているのだ。

突然、マキロイのアイリッシュ訛りの大声がジム内に響いた。

「ダン・カーターじゃないか。こんなところで何をしてるんだい？」

マキロイは、ラグビーの大ファンだった。結局、僕たちはその場でラグビーやゴルフ、人生についてしばし語り合った。こうしてまた僕はこのサバティカルの期間にいくつも体験してきたように、魅惑的かつ不思議な瞬間を味わったのだった。

気がつけば、長い休暇も幕を閉じようとしていた。カリフォルニアの音楽イベント「コーチェラ・フェスティバル」を楽しんだ後、僕はニュージーランドに帰国し、本格的な練習に取り組み始めた。サバティカルの終わりが見え始めたなか、これまでのジムトレーニングに加え、ラグビーの練習も開始した。ようやく、ラグビーをしたいという意欲が戻ってきたのを感じるようになった。スーパーラグビーのシーズンにも注目するようになったし、オールブラックスのシーズンが迫ってきているのも意識するようになった。それでも、急には復帰できなかった。それまで世界中を旅行し、自主トレしかしていなかったのに、いきなりトップレベルの試合に出るのは無理だと思った。

そこで、まずはクラブチームでプレーさせてもらうことにした。僕がクラブチームで試合に出ていたときは、クルセイダーズはトレーニング期間中で、オールブラックスは試合をしていた。だから、平日はクルセイダーズで練習をし、土曜日はサウスブリッジのチームの試合に出場して、試合後はクラブハウスにある大画面テレビでオールブラックスの試合を観るといった時期もあった。代表チームとはかけ離れた環境にいて、自分のいないオールブラックスが試合するのを観ていると、もう一度黒のジャージを着たいという意欲が高まった。リハビリをもっと頑張ろうと思えた。

しかしオールブラックスとしてプレーする前に、まずはスーパーラグビーのプレーオフが残っていた。クルセイダーズはその年もいつもと同じようなスロースターターの戦いぶりだった。序盤はもたつくが、後半にエンジンがかかる。僕がチームに復帰したときは、スタンドオフではコリン・スレイドが好調なプレーをしていた。チームがそのまま勢いを維持できれば、プレーオフの出場権も獲得できる位置にいた。だから僕はコーチから、チームのリズムを崩さないために、スタンドオフではなくインサイドセンターとしてプレーしてほしいと言われた。僕としてもそれはありがたかったし、実際にプレーもうまくいった。司令塔としての役割が求められるスタンドオフとは違い、インサイドセンターでは必要以上に戦術的なことを考えなくてもよかった。その分、単純明快にプレーできた。僕はこの二年間で味わったことがないほどの自信を感じながら、攻撃的にグラウンドを走り回った。

クルセイダーズはレギュラーシーズンを二位で終了してプレーオフに進出、第二シードとしてホームでのシャークスとの準決勝から登場し、難なく勝利を収めた。その前の二シーズン、決勝でチーフスに敗れていただけに、再び決勝に残れたのは嬉しかった。しかし、決勝の相手は今シーズン圧倒的な強さを誇っていたワラタスであり、まったく気は抜けなかった。僕たちは自分たちのプレーに自信を持ちながら決勝の地であるシドニーに飛んだ。万全の準備を整えることができたと思っていた。

ところが、試合開始と同時にワラタスが猛攻を仕掛けてきた。前半一五分の時点で一四対〇とリードを奪われた。だがマット・トッドがトライを決め、僕たちは主導権を取り戻しつつあると感じ始めた。相手の攻撃を耐える時間帯を乗り越えた今、反撃の準備は整った、と。僕のところにアンディ・エリスからのパスが回ってきた。相手のディフェンスは目の前にいた。パスを受けた直後、相手のキャプテンのフーパーとフッカーのポロタナウの強烈なタックルを食らった。その瞬間、足に激痛が走った。かなり痛みはあるが、単なる打撲だろうと思った。立ち上がり、プレーを続けた。痛めたのは軸足の右足だったので、スレイドが代わりにキックを蹴った。だが次にブレイクダウンからプレースキックを得たとき、スレイドは僕にキックを譲った。僕は歯を食いしばり、思い切りボールを蹴った。痛みで思わず地面に倒れ込んだ。

ただの打撲ではないのかもしれないと思った。だがこれは決勝だった。そのままプレーを続行した。しかし、すぐにこれ以上プレーをするのは無理だとわかった。やむを得ず、足を引きずりながらピッチを後にした。その後は、チームが一点差で敗れるのをフィールドの外から見ているしかなかった。それは、この時代のクルセイダーズが何度も味わった、決勝での悔しい敗戦だった。

試合終了後、僕はオールブラックスに復帰することに気持ちを切り替えようと思った。だから、チームのみんながシーズンの終わりを祝ってビールで乾杯しているときも、ホテルの部屋で患部をアイシングしていた。僕はチームに復帰したとき、今年の自分に賭けるために、禁酒すると決めていた。翌日、クライストチャーチに戻ったその朝、僕はオールブラックスに選ばれたことを知らされた。さらにモチベーションを高めた僕は、その日のチームの打ち上げにも参加せず、アイシングを続けた。だが、足の状態は回復しなかった。

翌朝、元チームドクターのデブ・ロビンソンに怪我のことを報告した。彼女はCTスキャンを予約してくれた。スキャンの結果を見て、僕は筋肉が負傷しているのがわかった。だが、医者たちは他にも問題点があるのを見つけていた。腓骨に亀裂が入っていたのだ。終わりだった。僕は再びチームを離脱することになった。全治六週間。長い期間をかけて身体をつくり直し、チームに復帰したと思ったら、またしても同じ場所に逆戻りだ――自分と、怪我と、暗闇だけの世界に。

メディアはすぐに、「怪我ばかり繰り返すカーター」と書き立てた。僕は苛立った。あれは誰だって怪我をするようなプレーだった。二〇歳の若くてピンピンしている選手だって、同じようなタックルをされたら怪我をしたはずだ、と。メディアの記事は、僕をさらに落ち込ませた。その夜、またチームの打ち上げがあった。僕はこの日は酒を飲んだ。結局はこうなってしまうのなら、ストイックになっても意味がない――そんな心境だった。僕は最近の五試合に出場しただけで、長いブランクがあった。だからみんなとのあいだには壁のようなものができていた。それでもこの夜は、楽しいひとときを過ごせた。

翌朝、僕はオークランドの自宅に戻り、もう一度最初からやり直そうと思った。唯一の救いは、サバティカルでの休養の効果によって、身体そのものは良好な状態だったということだった。今回怪我をしてしまったのは、コンタクトスポーツにつきもののちょっとした不運によるものだった。ただ、ソファに座ってオールブラックスの試合を観戦するのは辛かった。チームではボーデン・バレットがスタンドオフとして頭角を現し始めていた。バレットはハリケーンズでも好調なシーズンを送っていた。コリン・スレイドも、クルセイダーズでスタンドオフとして良いプレーをしていた。つまり突然、僕のライバルはアーロン・クルーデンだけではなくなった。バレットもスレイドも、みんな背番号一〇を争う立場にいた。僕はテレビを観ながら、自分が怪我をしたことで、彼らに多くのチャンスを与えすぎてしまったのだと思った。それは僕がこの一〇年間で、初めて自分がオールブラックス一番のスタンドオフではないと感じた瞬間だった。

最低の状態だった二〇一三年ですら、本調子ならオールブラックスのスタンドオフは自分しかいないと思っていた。それが今は、くじのようなものに変わった。そのときに一番調子の良い者が、黒のジャージのスタンドオフに相応しい選手なのだ。この状況は、今後もずっと変わらないだろうと思った。二〇一五年は、スーパーラグビーで最高の活躍をしたスタンドオフが、オールブラックスの一〇番になるのだろう、と。これまでは他の誰がどんなプレーをしていようとも、自分の力さえ十分に発揮すれば誰にも負けるはずがないと思っていた。だが現実を見れば、僕は二〇一二年以来、オールブラックスでまともなプレーができていなかった。そして今、再び本調子を取り戻そうとして努力していたときに、またしても足を骨折してしまったのだ。

一週間ほど思い悩んだ後、僕は重い腰を上げて、メンタルコーチのセリ・エヴァンスとギルバート・エノカに会いに行った。その結果、不確実な未来にはなるべく目を向けないようにして、目の前の目標に集中することを意識するようにした。これは良い結果をもたらした。僕は数年ぶりにカンタベリー代表チームに参加し、彼らと一緒にトレーニングをした。サウスランドとの試合では、四〇分間プレーする予定だったが、二〇分の時点で足を強打してしまった。その後はあまり動けなくはなったものの、僕は交代を拒否し、ハーフタイムまでなんとかプレーを続けた。

それは回復と怪我のもどかしいサイクルの始まりだった。怪我の箇所が、かろうじて歩けるくらいの状態にまで悪化してしまう。しばらくすると、痛みは消える。それから数日間は、支障なく練習もできる。プレーができると思うようになる。すると、また足首を痛めて動けなくなる。このサイクルは、一日や二日といった短い時間のなかでも繰り返された。ときには、数時間のことさえあった。痛みは、車の運転中や息子を持ち上げたときなど、予想もしないときにもやってきた。医療チームは、当初考えていた以上に問題が複雑なことに気づき始めた。完治には六週間かかると思われていたが、それは一二週間に訂正された。僕は去年と同じような最低の状態に戻ってしまった。むしろ、事態は去年よりも悪化していた。ドクターは、僕の足首が抱えている真の問題が何かを正確に把握できていなかったからだ。

そんななか、来るワールドカップへの期待が徐々に高まり始めていた。僕はインタビューをいくつも受け、来年に迫ったこの大会が自分にとってどれほど大きな意味を持つかについて語った。そして、サバティカルのタイミングで、いっそのこと引退すればよかったのかもしれないとも考えた。プロになって、これほど厳しい試練を迎えたのは初めてだった。

以前にも述べたように、僕はメンタルコーチのギルバートの提案に従い、ヘッドコーチのスティーブ・ハンセンと定期的に話をするようになっていた。僕は自分がどれほどプレーをしたいと思っているかをハンセンに伝えていた。しかし、ＩＴＭカップは終わりに近づいていたし、僕はまだフィールドに立てる状態ではなかった。僕はレギュラーシーズンの最後のラウンドでプレーをすることで、ツアーのメンバーに選ばれることを目標にした。カンタベリー代表はオールブラックスにスレイドをとられていたために、僕にスタンドオフでプレーさせたがっていた。僕はなんとしてもプレーしたかったが、足の怪我がそれを許してくれなかった。

僕は怪我のために一度もまともにプレーできなかった。年末のツアー向けのオールブラックスのメンバー発表が間近に迫っていた。僕は、メンバーに選ばれなかった場合の心の準備を始めた。メンバー発表の朝、僕は極度にナーバスになっていた。自分のフィットネスを証明する機会を逃してしまったことがひどく悔やまれた。祈るような気持ちでラジオに耳を傾けた。サム・ケインとデイン・コールズのあいだで、僕の名前が呼ばれた。心底ほっとした。難しい数年間を過ごした後で、僕はこの期間は無駄ではなかったのだと思った。そして、最後のワールドカップを納得のいくものにするためのチャンスが訪れたと思った。

ファイナルイヤー・ダイアリー 8

スウォンジー、二〇一五年一〇月二二日

準々決勝を前にして、ウェールズ、マリオット・スウォンジー・ホテルでWhatsAppでの通話を録音。

ずっとホテル暮らしの日々が続いている。まるで永遠に移動しているみたいだ。同じようなホテルに移動し、同じような町で、同じような一週間のキャンプを張る。その繰り返しだ。移動は大変だったが、それ以外は素晴らしかった。僕は、これが自分にとってオールブラックスとしての最後の日々だということを強く意識していた。チームが選手にこのチームの一員であることの誇りを持つよう働きかけていたことも、僕にとってはよかった。選手はチームから、オールブラックスについての冊子を手渡された。以前から配布されていたもので、オールブラックスの歴史――ジャージやハカ、帽子やネクタイ、獲得したトロフィーなど――が記されている。僕も、二〇〇五年のライオンズシリーズでの戦いや、それが自分やチームにとって何を意味するかについ

ての文章を寄稿していた。この冊子を読むと、自分たちがここにいる理由や、目指しているものがあらためて心に浮かぶようになる。

僕はそんな気持ちを継続させるために、本の裏表紙にメモを書き留めていた。たとえばアルゼンチン戦の前には、こんな言葉を書いている。

——気持ちが最高に高まっている。

——小さなことを一つひとつ大切にしていくこと。

——みんなと積極的にコミュニケーションをとる。

——楽しもう。

僕は試合を前にして興奮していた。オールブラックスはもう一カ月も試合をしていなかった。早く八万人の前でプレーしたくてたまらなかった。アルゼンチンも僕たちに意地をぶつけてきた。試合は熾烈な戦いになった。僕は自分のプレーにそれなりに満足できた。チームとしてはまだまとまりに欠けていたが、個人としてはすべきことをし、試合をよくコントロールできたと思う。大会初戦としては悪くない出来だという手応えをつかみながら、ピッチを後にした。

プールステージ三試合目のジョージア戦、僕の気合いは十分で、いいプレーができるという確信もあった。思う存分力を発揮したかった。この試合の前には、なぜか冊子のことは頭から抜け落ちていて、裏表紙にはメモはしなかった。試合の序盤、チームは苦戦を強いられた。僕はゴールキックを二本外してしまったし、相手のプレッシャーもきつかった。試合は僕たちが望んでいたようには展開してくれなかった。終盤になってようやくオールブラックスらしいプレーができるようになり、いいトライも何本か決めた。だけど、チームのほとんどがそうだったように、僕も自分のパフォーマンスには納得していなかった。

僕はコーチの〝フォジー〟ことイアン・フォスターと一緒にこの試合をレビューした。フォジーはいくつか適切なアドバイスをくれた後、問題の根源を突き止めるために、メンタルコーチのギルバート・エノカと話をすべきだと提案してくれた。エノカは、僕がパフォーマンスと結果に気をとられすぎていたことを指摘した。つまり、僕のジョージア戦での低調なパフォーマンスは、準備やスキルの問題ではなく、メンタルの問題だった。僕はマン・オブ・ザ・マッチに選ばれたいと思っていた。ゴールキックを全部決めてやろうと思っていた。だが、序盤でミスをしたりキックを外したりしてしまい、目論見が大きく外れた。試合前に描いていた理想の結果に手が届かなくなったことで、ゲームの残りの時間を、ずっとフラストレーションを抱えながらプレーすることになっていたのだ。それは僕にとって大きな教訓になった。

翌週、僕は再び試合に出場することになった。相手はトンガ。試合までの準備期間は、とにかく〝結果については考えないこと〟を自分に言い聞かせる一週間だった。僕は前の試合よりもはるかに肩の力を抜き、冷静な気持ちでフィールドに立ち、前の試合よりも良いパフォーマンスを発揮できた。それは、自分の望む基準に達するプレーだった。

試合後、このゲームでテストマッチ出場一〇〇試合を達成したマア・ノヌーと一緒にフィールドを一周した。ノヌーはチームのことを本当に大切にする男だ。僕は彼が最初にオールブラックスの試合に出たときから、ずっと共に長い道のりを歩んできた。側で見ていて、この一週間がいかにノヌーにとって特別だったのかがよくわかった。

僕はこの素晴らしい仲間のことが自慢だった。彼のキャリアには浮き沈みもあった。オールブラックスに選ばれなかった時期もあり、二〇〇七年のワールドカップには出場できなかった。だが逆境を乗り越えて、このようなワールドクラスの、チームにとって不可欠の選手になったのだ。僕は兄弟も同然のノヌーのことを心から誇りに思った。

プールステージが終わり、ノックアウトステージが始まる。いよいよここからが本当のワールドカップだ。準々決勝の相手はフランスに決まった。これが僕にとってオールブラックス最後の試合になる可能性は大いにある。今日、フランス戦のメンバー発表があり、僕はスタメンに選ばれた。とても気分が高揚している。僕はこのジャージを着て、また一つ重要な試合を戦う機会を与えられた。そして、それを最後の試合にしたくはない。あと一週間、チームが勝ち残るために自分にできるあらゆることをしていくつもりだ。

僕たちが勝ち残れるという保証はどこにもない。開催国のイングランドもすでに姿を消していた。僕は他のチームのプールステージの試合もテレビでいくつも観戦した。そのなかには、イングランド対オーストラリア、ウェールズ対オーストラリアといった強豪同士の対戦もあった。それは激しく、タフなゲームだった。凄まじかった。

今度は、僕たちがそんな試合をする番だ。

サリー、二〇一五年一〇月二六日

トゥイッケナムでの準決勝、南アフリカ《スプリングボクス》戦に二〇対一八と勝利した翌日、オートランズ・パークホテルでWhatsAppでの通話を録音。

プールステージ最終戦を前にして、僕たちは何度も「相手がフランスになろうがアイルランドになろうが関係ない」と口にしていた。僕たちは本心からそう言っていたのだと思う。だけど、相手がフランスに決まるとすぐに、僕は二〇〇七年大会の準々決勝で彼らに一八対二〇で負けた試合を思い出した。

メディアにはその思いは語らなかった。火に油を注ぐようなことはしたくなかったからだ。だけど、あの屈辱を忘れることはできなかった。二〇〇七年の借りを返したかった。これはそのための絶好の機会だった。こんなときにどんな気持ちで試合に向けた準備をするかには、二つの方法がある。一つは、また同じように負けてしまうのではないかという不安に怯えること。もう一つは、これを二〇〇七年のあの日以来、ずっと待ち望んでいたチャンスだと前向きにとらえることだ——同じスタジアムで同じチームと戦う、だけど今回は僕たちが勝利する、と。

僕たちの心をかき立てていたのは相手の存在だけではなかった。この大会を通じてチームが満足のいくパフォーマンスを発揮できていなかったことが、フランス戦を前にしてチームの不安を煽っていた。時間帯によっては良いプレーもあった。だが八〇分全体を通した安定感がなかった。この不安に加えて、二〇〇七年と同じく準々決勝でフランスと、それも同じカーディフのスタジアムで試合をするという奇遇があったことで、チームの週末の試合に向けた準備には一段と気合いが入った。

チームはこの準備期間中、心理学者のセリ・エヴァンスからアドバイスを受けた。エヴァンスは高所から数十メートル下の海や湖に飛び込むクリフ・ダイビングと呼ばれるスポーツの映像を僕たちに見せた。僕たちラグビー選手はよく、「死ぬ気でプレーする」という言葉を口にする。だが、この種のエクストリーム競技の選手たちは、文字通り生きるか死ぬかの危険と隣り合わせの世界にいる。失敗してしまえば、命を失ってしまうこともある。だからクリフ・ダイバーたちは、ジャンプの瞬間にとてつもなく集中しなければならない。エヴァンスの話を聴いた僕たちは、結果ではなくプロセスに集中することの大切さをあらためて肝に銘じたのだった。

試合の出来が良かったとき、その原因を正確に突き止めるのは難しい。八年前の準々決勝の再現となる、カーディフでのフランスとの対戦だったこと、エヴァンスのクリフ・ダイビングの話、この大会でのパフォーマンスが低調だったこと——何が理由だったのかは定かではないが、ともかく準々決勝はすべてがうまくいった。僕たちのプレーは冴え渡っていた。オールブラックスは二〇〇七年と二〇〇三年の経験から、準々決勝以降では、その先の試合のことを考えるとろくな結果につながらないことを学んでいた。だから僕たちは、このフランス戦を決勝のつもりで戦った。目の前の試合のことだけを考えてプレーした。試合後、僕たちは次の一週間もワールドカップを戦えることを本当に嬉しく思った。

フランスに勝ってから丸一日、僕たちは自分たちの素晴らしいパフォーマンスの余韻に浸った。最高の試合をした喜びを存分に味わった。だが月曜日にフランス戦のレビューをした後、僕たちは準々決勝のことは完全に忘れて、準決勝の南アフリカ戦に向けた準備に集中し始めた。とはいえ、決勝のことを考えないようにするのは難しかった。ファンも、友人も、メディアも、みんなそのことを話題にしていたからだ。

加えて、僕はもっと大きな問題を抱えていた。フランス戦の前半終了間際に、軸足である右足を痛めてしまったのだ。ハーフタイムにスタッフには報告したが、途中交代をしようとはまったく思わなかった。だが後半に入っても右足の違和感はなくならず、前半に比べて目立った活躍もできなかった。試合終了間際にはふくらはぎが痙攣し始めたが、それでもまだ単なる打撲だと思っていた。試合後、右足をアイシングしながら、明日の午前中には痛みは治まるだろうと気楽に考えていた。

しかし翌日、右足はむしろ悪化し、歩くのがやっとという状態になってしまった。月曜日は悪化しなかったものの、痛みは前日と変わらなかった。火曜日になると、準決勝には出場できないのではないかという思いが頭に浮かぶようになった。チームの医療スタッフの診断の結果、右足の内側側副靭帯《MCL》を捻っていたことがわかった。コルチゾン注射をしてもらい、月曜日と火曜日はまったく練習しなかった。水曜日はチームの休養日だったので、僕は木曜日に回復することを目指した。木曜日には、週末の試合に出られるチャンスがどれくらいあるかがもっとはっきりするだろうと思った。

その間、僕は最悪のケースをできるだけ考えないようにした。これまでのトレーニングやリハビリが、すべて無駄になってしまうかもしれない、大舞台に立つチャンスをまたしても逃してしまうかもしれない――そんな考えを頭から消し去ろうとした。メンタルコーチのギルバート・エノカも力になってくれた。エノカは、一日を二時間のブロックにわけて考えるようにアドバイスしてくれた。最初の二時間はジムでのトレーニングとリカバリーのセッション、次の二時間はメディア対応、といった具合だ。それによって、行動のコントロールと集中力の維持がしやすくなった。

木曜日になった。この日からチーム練習は一日二回になった。朝の練習は軽めの内容だった。僕は無理をしない範囲でフィールド上を走ってみた。感触は悪くなかったが、まだ自信はなかった。痛みは残っていたし、患部からのメッセージを受けとっていた脳が身体にブレーキをかけていたので、自由な動きができなかった。練習が終わった後、膝に局所麻酔を打ってもらうことにした。この注射によって、ようやく僕はハードな練習ができるようになり、大いに自信を取り戻した。

足の調子が良くなったので、ようやく対戦相手に集中できるようになった。考えるべきは、スプリングボクスのことだけだった。南アフリカはタフな強敵であり、僕たちとよく似たチームだと言えた。彼らは熱いハートと魂でプレーをしていた。

試合は大接戦になった。だが僕は、不安を感じなかった。プレーをしている方が、スタンドで観戦しているよりもはるかに楽だと思った。前回のワールドカップ、僕はスタンドから味方の戦いを見守った。正直に言って、それはとてつもなくもどかしく、辛い体験だった。どれほど試合が接戦でも、緊迫していても、観客席からはどうすることもできず、ハラハラしながら見ていることしかできない。だけど少なくともフィールドの上でプレーをしていれば、自分の手で試合を動かせる余地が残されている。勝つか負けるかを、自力で決めることができるのだ。どれだけ互角の勝負をしていようとも、たとえ相手にリードされていたとしても、僕にはチームは必ず打開策を見つけることができるはずだという自信があった。このチームは過去四年間、実際にそうやって何度も形勢を逆転してきた。だから準決勝というプレッシャーがかかる試合ではあったが、僕はチームは必ず勝てると信じていた。そして、実際に僕たちは勝った。

僕は、あまり感情を表に出すのは好きではない人間だ。だけど、試合終了のホイッスルの後は、さすがに気持ちを抑えることができなかった。ついに決勝に進出する。最高に気分が高ぶっていた。夢の実現に大きく一歩近づいた。そう、オールブラックスは、これまでにどのチームも為しえたことのないワールドカップ連覇という偉業を目前にしていた。僕たちはこの四年間、何度もチャンピオンの座を守り抜くと誓い合ってきた。それは果てしなく遠い目標だった。だが、それがあと一勝のところまで迫っているのだ。

この一年は僕にとって、苦難の連続だった。怪我は長引き、パフォーマンスも安定しなかった。ワールドカップの大舞台には立てないかもしれないと、自信を失ったこともあった。引退せずに現役を続けたのは間違いだったのではないか、プロになって以来一〇年以上も追い求めてきた、ワールドカップ決勝でプレーをして優勝するという夢は、この身体では叶えられないのではないか——

そんな疑念も何度も浮かんできた。

それでも、決勝を前にして身体の調子はいい。納得のいくプレーもできている。そのことが、とても嬉しい。パズルのピースはすべて、収まるべきところに収まった。今、僕はなんとしてもこの目標を達成したい。僕自身のためだけでも、僕が乗り越えてきたことのためだけでもなく、このチームのために、そしてこのチームがこの四年間で積み重ねてきたもののために。

その夢の実現まで、あと一試合だ。

謝辞

以下の人々に感謝を捧げる。長年にわたって僕を導き、大きな価値をもたらしてくれた、ディーン、サイモン、ルー。いつも側で僕を支えてくれた母さんと姉のサラ。僕が生まれた日から、ラグビー選手としての僕を励まし、信じてくれた父さん。素晴らしい友人であり、この本に目を通してくれたベン・ハースト。

これまで僕を指導し、多くを与えてくれたすべてのコーチたち。リッチー・マコウ、アーロン・スミス、デブ・ロビンソン、そしてこの本のために労力を費やしてくれたエッセンシャリー社の人々。

最後に、この一年、いつもよりもさらに家を不在にしがちにして迷惑をかけてしまった、妻のホナーと息子のマルコ、フォックスに。フランスでは、もっと家族と一緒に時間を過ごすつもりだ。

ダン・カーター

次の人たちに感謝する。このプロジェクトをサポートし、数カ月も筆が進まないときにも辛抱強く待っていてくれたアップスタート・プレス社のウォーレンとケビン。

プロジェクトをサポートしてくれただけではなく、契約やスポンサーシップなどの普通ならあまり口外したくはないであろう領域についても話をしてくれた、ディーン、ルー、サイモンをはじめとするエッセンシャリー社の人々。私のすべての担当編集者。特にスポーツ記事を担当してくれた、サイモン・ウィルソン、スコッティ・スティーブンソン、エリック・ヤング。忙しい私の代わりにウェブサイト「ザ・スピンオフ」の運営をしてくれたアレックス・ケーシー。

ダンの妻ホナーは、最初は妊娠中、出産後は生まれたばかりの赤ちゃんと幼児の世話をしなければならないという大変な時期に、ダンがこの本のために時間を費やすのを許してくれた。

そして、ダン・カーターに。ダンはこのプロジェクトに多くの労力を捧げてくれ、このような個人的な物語を語るうえで書き手の私を信頼してくれた。

私の家族に。本好きな人間に育ててくれた母、ラグビー好きな人間に育ててくれた父。本書の執筆中、忙しく、不在にしがちだった夫であり父親であった私のことを許してくれた、妻のニキと最愛の子供たち、ジェット、ロビン、ヴィヴィアン。家族の支えなしでは、この本は書けなかった。

ダンカン・グレイブ

解説

野澤 武史

本書は、ラグビー王国ニュージーランドで生きる伝説となったダン・カーターが、自らの人生を語ったものである。彼は、二〇一五年ラグビーワールドカップ・イングランド大会を圧倒的なパフォーマンスで優勝に導き、見事三度目の年間MVPを獲得した。さらにワールドカップ後には、フランスのクラブチーム・ラシン92に移籍するや否や、すぐさまチームをヨーロピアンラグビーチャンピオンズカップのファイナリストに引き上げた。なんという星の下に生まれた選手だろうか。

しかし、順風満帆に映る彼のラグビー人生は決して平たんなものではなかった。度重なる怪我、若手の台頭、その中で起こる日々の葛藤。本書にはカーターの成功と失敗の歴史が刻まれている。

それは、私が描いていた彼のイメージからはかい離していた。プレーから推測する彼のイメージは、もっと冷静沈着なものであったが、その仮説は間違っていた。

ダン・カーターは、我々と同じように苦悩・煩悶し勝利に一喜一憂する一人のラガーマンであり、誰も真似できないパフォーマンスを発揮する唯一無二のラグビープレーヤーである。どちらの切り口も彼を的確に表現している。

ここで改めて彼の凄さについて触れておきたい。

まずダン・カーターを語る上でどうしても外せないのが、オールブラックスの存在である。ニュージーランド代表、通称オールブラックスは、国際ゲームテストマッチの勝率が七七%、ワールドカップで三度の優勝を誇る、世界で最も強く、そしてポピュラーなチームである。オールブラックスに過去勝利を収めたことがある国は、たった五カ国しかない。

ラグビースタイルは時代によって変化しているが、個々のスキルが高く、ボールが目まぐるしく動くアタッキングラグビーである点はどの時代も共通している。とりわけここ数年は、「トランジション」と呼ばれる攻守の切り替えからの攻防を強みとしており、ゲームスピードにはさらに磨きがかかっている。世界一の判断力とスキルを有している、と言っても反論する者はいないだろう。

ダン・カーターは、そのオールブラックスにおいて特別な存在だ。彼が務めるスタンドオフ（10番）というポジションは、いわゆる司令塔に当たり、スクラムハーフに次いで多くボールをタッチする。

スタンドオフには様々なタイプがいる。イングランドをワールドカップ唯一の優勝に導いたジョニー・ウィルキンソンは、正確なキックとタックルが武器だった。二〇〇三年ワールドカップでニュージーランドの司令塔を務めたカルロス・スペンサーは、華麗なランを武器とするファンタジスタだった。

では、ダン・カーターの凄さとは一体何か。それは、卓越した判断力にある。彼が下す判断一つひとつが、きわめて「最善解」に近いのである。

スタンドオフはプレー中、大きく分けて二つのことを決断する。一つは、誰を起点にアタックを仕掛けるべきかを指示すること。もう一つは、自分がボールを持ったときはラン、パス、キックから最善のオプションを導き出すことである。

ボールが密集から出るまでの約三秒、相手ディフェンスとの距離は約一〇メートル。その間にスタンドオフは、事前に情報収集しておいた敵の陣形、ミスを犯す選手、アタックに参加できる味方のタレント、当日の力関係、点差、時間帯、天候を加味して決断を下さなければならない。

例えば、二〇一五年のワールドカップで彼は、一試合に約四八回ボールタッチしている。言い換えれば、カーターは自らがアタックの起点となった場合、四八回の決断を繰り返したことになるのだが、その決断の精度が世界で最も高いのである。ラグビーに答えはないが、最善解を求めるという点において、カーターは他のプレーヤーを圧倒している。

カーターよりスピードやパスの距離に秀でるスタンドオフは何人もいる。しかし、カーターと対戦したチームは、徐々に追い詰められていく。まるで、真綿で首を絞められるかのごとく、気がつくとチェックメイトを宣告されているのだ。

私は現役時代、ディフェンスを生業とするフランカーというポジションだった。プレーヤー目線でいうならば、カーターよりも止めにくいスタンドオフは存在する。しかし、カーターが司令塔を務めるチームから勝利をもぎ取るほど難しい作業はないだろう。それは、彼によって他の一四人が活かされ、最大限のパフォーマンスを発揮するからに他ならない。

ではなぜ、そんな超人のようなことができるのか。

理由は二つある。第一に、本書にも書かれているが、彼が人一倍失敗を積み重ねてきたこと。そして第二に、プロフェッショナルとしてのルーティンを崩さないことだ。

当たり前のことを当たり前にできるようになるためには、その何倍もミスをしてそこから学ばなければならない。そして、勝利へのあくなき準備が求められる。常に国民の期待を背負いながら、一貫したパフォーマンスを発揮するためには、いい準備が必要だ。負けても自分に失望せず、勝っても驕らず。世界で最も注目を集めるチームにおいては、世界で最も質の高い準備が必要である。つまり、準備とは、その選手の目の高さを表している。彼が生まれ持った天才でないことは、本書が示している。

二〇一五年のワールドカップ前、私はカーターのパフォーマンスには期待できないと考えていた。ここ数年のパフォーマンスは全盛期に比べ単調で、度重なる怪我や加齢から、ピークアウトしたものと思っていたからだ。アーロン・クルーデン、ボーデン・バレット、リマ・ソポアガという若い司令塔の出現に押され、第三のスタンドオフと言われることもあった。

しかし、大会前に正スタンドオフと目されていたクルーデンが膝の怪我で大会出場が絶望となると、カーター待望論は再燃した。大会前に行われたラグビーチャンピオンシップでは、全盛期を彷彿とさせるランを披露し、本大会では「三三歳にして、ここが彼の全盛期」だったことを世界に知らしめた。私の予想はいい方に裏切られた。

私は決勝戦をトゥイッケナムスタジアムで観戦したが、彼は完全にスタジアムを支配していた。プレーをしていると、「絶対に勝てる」とは言い切れないが、「絶対に負けない」と思えることがある。彼のファイナルのゲームメイクは、まさにそれだった。

六四分に四点差までオーストラリアに詰め寄られたが、その勢いは六九分のカーターのドロップゴールでピタリとかき消された。この五分間のゲームメイクにカーターの英知のすべてが注ぎ込まれていた。ノーサイドの笛を聞くまであと一一分を要したが、勝負はほぼ、あの瞬間に決していた。

さて、現在日本では空前のラグビーブームが起こっている。これは、先のワールドカップで日本代表が大活躍したおかげである。この大会は、日本におけるラグビーのステータスを変えた。二〇一九年（ワールドカップ・日本大会）に近づくにつれ、さらにラグビーの露出は増えると予想できる。今後三〇年先まで見据えるならば、今こそが日本ラグビーのターニングポイントであることは間違いない。

日本代表が子どもたちを引き込む試合をし続け、日本中で正しいコーチングが行われるなどインフラが整備されれば、二〇一九年が日本ラグビーのピークではなく、元年としてさらに発展させることができるだろう。日本がラグビー大国になることも決して夢ではない。そして、その先には日本からもダン・カーターのような選手が現れるはずだ。……そんなことを期待しながら本書を読んでいただくのも一興である。

[著者略歴]

ダニエル・カーター(Daniel Carter)

1982年3月5日、ニュージーランド、クライストチャーチ郊外のサウスブリッジ生まれ。世界最高のラグビー選手との呼び声が高い。ラグビーの国際試合(テストマッチ)での個人通算ポイント数歴代最多記録保持者。ラグビーニュージーランド代表「オールブラックス」でのスタンドオフとしての最多出場記録保持者。オールブラックスとして通算112試合に出場、1598得点を記録。W杯決勝でマン・オブ・ザ・マッチに選ばれた2015年を含め、ワールドラグビーが認定する世界年間最優秀選手を3度受賞。

ダンカン・グレイブ(Duncan Greive)

ジャーナリスト、編集者。音楽ジャーナリズム界で活躍した後、2005年から雑誌にスポーツ記事を寄稿し始める。バスケットプレイヤーのディロン・バウチャーや10代の女性ゴルファー、リディア・コなど、ニュージーランドのトップスポーツ選手などを題材にした記事が評価され、Canon Awardsを受賞。現在はスポーツやカルチャー関連の情報を発信するウェブサイト「The Spinoff」(http://thespinoff.co.nz/)の運営に携わる。妻のニコラ、三人の子供たち、ジェット、ロビン、ヴィヴィアンと共にオークランドに在住。

[解説者略歴]

野澤武史(のざわ たけし)

1979年、東京都生まれ。慶應大学蹴球部では大学日本一に貢献(2年)し、日本代表にも選出される(3年・キャップ数4)。4年時には主将を務める。その後、神戸製鋼コベルコスティーラーズで活躍。現役引退後は母校である慶應高校や慶應大学でコーチを務め、現在は日本ラグビーフットボール協会リソースコーチとして若年層の指導のほか、トップリーグやスーパーラグビーなどの解説でも活躍中。グロービス経営大学院卒(MBA取得)。

[訳者略歴]

児島 修(こじま おさむ)

英日翻訳者。1970年生まれ。立命館大学文学部卒。訳書に『シークレット・レース ～ツール・ド・フランスの知られざる内幕』(小学館文庫)、『スター・ウォーズはいかにして宇宙を征服したのか』(パブラボ)、『やってのける ～意志力を使わずに自分を動かす』(大和書房)など。

カバー写真　Hannah Peters/Getty Images

ダン・カーター自伝
オールブラックス伝説の10番

2016(平成28)年7月16日　初版第1刷発行

著者　ダン・カーター／ダンカン・グレイブ
訳者　児島 修
解説者　野澤武史
発行者　錦織圭之介
発行所　株式会社 東洋館出版社
〒113-0021　東京都文京区本駒込5-16-7
営業部　TEL 03-3823-9206／FAX 03-3823-9208
編集部　TEL 03-3823-9207／FAX 03-3823-9209
振替　00180-7-96823
URL　http://www.toyokan.co.jp

装幀　水戸部 功
印刷・製本　藤原印刷株式会社

ISBN978-4-491-03235-1 / Printed in Japan